CobiT

Pour une meilleure gouvernance
des systèmes d'information

DOMINIQUE **MOISAND**
FABRICE **GARNIER DE LABAREYRE**

Préface de **Bruno Ménard**, président du Cigref

Avec la collaboration de **J.-M. Chabbal**, **T. Gasiorowski**, **M. Issaly**, **F. Legger** et **L. Vakil**

CobiT

Pour une meilleure gouvernance des systèmes d'information

Deuxième édition

EYROLLES

ÉDITIONS EYROLLES
61, bd Saint-Germain
75240 Paris Cedex 05
www.editions-eyrolles.com

Préface

La gouvernance et le management d'une Direction des systèmes d'information (DSI) ne peuvent plus se concevoir aujourd'hui sans recours à un ou plusieurs référentiels de management ou de pratiques.

Ces référentiels renforcent l'excellence opérationnelle et la création de valeur. Ils facilitent la gestion des risques et la diffusion des bonnes pratiques au sein de l'entreprise. Ils incitent également à l'amélioration continue qui doit accompagner le développement toujours rapide des services fournis aux acteurs des organisations.

Mais surtout, ces référentiels ancrent, de façon définitive, la gouvernance des SI dans celle de l'entreprise, traduisant la professionnalisation des services et activités des DSI.

C'est donc avec grand plaisir que je préface cet ouvrage qui consacre l'importance croissante et la qualité du référentiel de gouvernance CobiT.

Le succès de CobiT et son inscription durable dans le paysage tiennent sans doute à la conjonction de plusieurs facteurs : son alignement sur la gouvernance de l'entreprise, son exhaustivité, sa modularité, sa dimension internationale, son lien avec une démarche de certification et son ouverture vers les autres référentiels et les autres fonctions de l'entreprise.

La deuxième édition de cet ouvrage présente un certain nombre de nouveautés très intéressantes, notamment la prise en compte de nouveaux référentiels tels que Val IT, Risk IT et eSCM.

Pour conclure, je souhaite mentionner quelques recommandations[1] essentielles pour une bonne utilisation de ces référentiels :

- La démarche doit rester pragmatique (modularité, granularité…).
- La mise en œuvre des pratiques n'est pas une fin en soi et doit être confrontée, en permanence, aux attentes ou objectifs fixés.
- La traduction de la démarche en enjeux métier permet d'adapter l'usage des référentiels.
- Les référentiels doivent s'inscrire dans les processus de l'entreprise.

---

1. Issues du rapport *Les référentiels de la DSI* (2009) — *www.cigref.fr*

- La mise en place d'un référentiel doit se gérer comme un projet.
- La conduite du changement ne se réduit pas à la formation.

Je vous souhaite une très bonne lecture, et surtout, une application réussie dans votre organisation. N'hésitez pas à rejoindre les communautés qui font vivre ces référentiels de pratiques indispensables !

Bruno Ménard, président du Cigref

Table des matières

Partie II

Description détaillée des processus

Partie III

Mettre en œuvre CobiT

Partie IV

Annexes

Avant-propos

Cet ouvrage s'adresse à tous ceux qui s'intéressent à la gouvernance des systèmes d'information. En raison du foisonnement des référentiels et des standards, il est indispensable de situer CobiT V4.1 dans cet ensemble. Nous avons retenu quatre grands courants qui alimentent cette recherche incessante : l'ISACA (*Information System Audit and Control Association*), association basée aux États-Unis, très active dans le monde entier et qui est à l'origine de CobiT ; le SEI (*Software Engineering Institute*) dont les recherches ont abouti à la création de CMMI ; l'OGC (*Office of Government Commerce*), très présent en Grande-Bretagne, en particulier à l'origine d'ITIL, et enfin l'ISO (Organisation internationale de normalisation) qui accompagne ces travaux en les insérant dans un cadre juridique normatif.

La première partie de ce livre est consacrée à une présentation générale de CobiT et des autres référentiels. Le chapitre 1 rappelle l'historique qui a conduit des premières versions de CobiT, orientées référentiels d'audit, à la série des versions 4, axées en priorité « guide de management ». Le chapitre 2 brosse un rapide tableau des principaux référentiels auxquels le DSI doit se confronter, soit parce qu'il s'agit de standards de facto ou parce que leur apport dans la gouvernance des systèmes d'information est incontournable. Le chapitre 3 permet d'appréhender CobiT comme fédérateur des principaux référentiels. Il reprend tout d'abord l'essentiel de la présentation de l'ouvrage de l'AFAI sur la V4.1 de CobiT, puis décrit la multitude de documents disponibles sur le site *www.isaca.org* (en anglais) à la date de parution de ce livre. Ce chapitre sert d'introduction à la partie suivante.

La deuxième partie offre une lecture commentée de CobiT en détaillant ses 34 processus selon quatre chapitres, correspondant aux quatre domaines de processus du référentiel : Planifier et Organiser, Acquérir et Implanter, Délivrer et Supporter, Surveiller et Évaluer. Au sein de ces chapitres, les processus sont décrits en respectant un plan standardisé.

La troisième partie aborde la mise en œuvre de CobiT, avec trois cibles : la première correspond à l'audit, le cœur de cible initial de CobiT depuis quinze ans environ, la deuxième place CobiT en fédérateur des autres référentiels de la gouvernance, et la troisième aborde le déploiement de CobiT à partir d'exemples précis. En synthèse, nous proposons une sorte de modèle progressif de déploiement, tiré des expériences de mission menées depuis une dizaine d'années sur ces sujets.

Cet ouvrage se veut pragmatique et utile. Aussi n'avons-nous pas hésité à prendre position sur la pertinence de certains composants du référentiel, sur ce qui, à nos yeux, fait la force de CobiT ou au contraire ne figure qu'à titre indicatif.

PARTIE 1

CobiT et la gouvernance TI

La gouvernance des Technologies de l'Information (TI) regroupe l'ensemble du système de management (processus, procédures, organisation) permettant de piloter les TI. Cette préoccupation est une déclinaison de la volonté d'assurer une gouvernance d'entreprise (*corporate gouvernance*).

Il existe un grand nombre de référentiels qui reflètent les bonnes pratiques mises au point au fil des années. On peut s'en étonner. La réalité est que chacun d'eux part d'une préoccupation particulière : la sécurité, la qualité, les services offerts aux clients, l'audit, le développement de projet, etc. C'est un mal nécessaire pour que chaque fonction se reconnaisse dans ses propres pratiques. Simultanément se pose la question de la mise en place d'un cadre global, unique pour la DSI, qui réponde à toutes les attentes.

CobiT se positionne à la fois comme un référentiel d'audit et un référentiel de gouvernance. Sur le plan de la gouvernance, il se place d'emblée en alignement avec les métiers et la stratégie de l'entreprise. Au-delà de ces positionnements, CobiT est conçu, développé et amélioré en permanence pour fédérer l'ensemble des référentiels en rapport avec les TI.

L'ensemble de cette problématique, gouvernance des TI, diversité des référentiels et convergence pour la DSI, est traitée dans cette première partie, qui présente également la structure de base de CobiT.

Chapitre 1

Présentation générale de CobiT

Historique de CobiT

CobiT est le résultat des travaux collectifs réalisés par les principaux acteurs de la profession, auditeurs internes ou externes, fédérés au sein de l'ISACA (*Information System Audit and Control Association*). Cette association mondiale basée aux États-Unis est déployée dans les plus grandes villes du monde. Elle est représentée en France par l'AFAI (Association française pour l'audit et le conseil en informatique).

Dans ses premières versions, publiées à partir de 1996, CobiT (*Control OBjectives for Information and related Technology*) se positionne comme un référentiel de contrôle. Il décline sur le domaine IT les principes du référentiel COSO (*Committee of Sponsoring Organizations of the Treadway Commission*), publiés pour la première fois en 1992 et dont l'objectif est d'aider les entreprises à évaluer et à améliorer leur système de contrôle interne.

La mise en chantier de CobiT résultait donc de la volonté des auditeurs de répondre aux exigences du COSO et de partager les mêmes plans d'audit. La plupart des grands cabinets d'audit internationaux (les *big 6* à l'époque) y ont participé. C'est ainsi devenu un standard de fait, au moins pour les auditeurs informatiques. On y trouvait l'essentiel de la structuration actuelle en domaines, processus et objectifs de contrôle détaillés.

En 1998, l'ITGI (*Information Technology Governance Institute*) a été créé sur l'initiative de l'ISACA, en réponse à la place de plus en plus importante occupée par les technologies de l'information. En effet, dans la plupart des organisations ou des entreprises, l'un des principaux facteurs de succès réside dans la capacité des systèmes d'information à apporter à la fois la

> **Des Big 8 aux Big 4**
>
> Dans les années 1970-1980, les principaux groupes d'audit mondiaux étaient surnommés les *Big 8* ; il s'agissait de : Arthur Andersen, Arthur Young, Coopers & Lybrand, Ernst & Whinney, Haskins & Sells (fusionné avec Deloitte), KPMG, Price Waterhouse, Touche Ross.
>
> Dans les années 1990, les *Big 8* deviennent les *Big 6* suite à la fusion d'Erns & Whinney avec Arthur Young pour former Ernst & Young, et de la fusion de Deloitte, Haskins & Sells avec Touche Ross pour créer Deloitte & Touche.
>
> En 1998, les *Big 6* deviennent les *Big 5*, suite à la fusion de Price Waterhouse et Coopers & Lybrand pour former PricewaterhouseCoopers.
>
> Depuis 2002 et le scandale Enron qui a abouti au démantèlement d'Andersen, on parle des *Big 4*. (Deloitte, Ernst & Young, KPMG, PricewaterhouseCoopers).

différenciation stratégique et le support des activités. Dans un tel contexte, la « gouvernance » des systèmes d'information devient aussi critique que la gouvernance d'entreprise.

Depuis une dizaine d'années, l'ITGI a mené de nombreuses recherches au travers de groupes de travail répartis dans le monde entier. Le résultat de ces recherches a notamment donné lieu en 2000 à la publication de la version V3 du référentiel CobiT proposant, parallèlement à un « guide d'audit », un « guide de management » préfigurant les versions ultérieures.

À la suite des scandales ayant eu lieu au début des années 2000 (Enron, etc.), le Congrès américain vote, en 2002, la loi Sarbanes-Oxley (SOX) afin de redonner confiance aux investisseurs et aux actionnaires en garantissant à la fois la transparence des comptes, l'existence de processus d'alerte et l'engagement des dirigeants (PDG, DAF). Ceci se traduit par un renforcement des contrôles liés aux processus financiers. On retiendra, par exemple, la section 404 qui exige un contrôle strict des accès et des autorisations. CobiT a été reconnu comme une réponse à ces nouvelles exigences, tant en termes de contrôle que de gouvernance.

1. *Information Technology* (IT) : se rapporte tantôt au potentiel global offert par les technologies de l'information (TI), ou à leur utilisation dans l'entreprise sous forme de systèmes d'information (SI).

La généralisation de la loi SOX ou de ses déclinaisons locales ou sectorielles (IFRS, *International Financial Reporting Standards*, LSF, Loi de sécurité financière, normes Bâle II) a considérablement renforcé le rôle des auditeurs. Ces dispositions réglementaires ont accéléré la diffusion de CobiT comme référentiel de contrôle et de gouvernance des SI. Ensuite, l'ISACA a publié successivement la version 4 (décembre 2005) puis la version 4.1 (2007) de CobiT, en regroupant deux visions : le « contrôle » et le « management » des systèmes d'information (SI) et, plus largement, des technologies de l'information (TI)[1].

CobiT et la gouvernance TI

L'apport de CobiT

En tant que référentiel de la gouvernance des systèmes d'information, le périmètre de CobiT dépasse celui dévolu à la direction des systèmes d'information pour englober toutes les parties prenantes des SI dans l'entreprise (*stakeholders*[1]). Ainsi, selon CobiT, « la gouvernance des systèmes d'information est de la responsabilité des dirigeants et du conseil d'administration, elle est constituée des structures et processus de commandement et de fonctionnement qui conduisent l'informatique de l'entreprise à soutenir les stratégies et les objectifs de l'entreprise, et à lui permettre de les élargir ».

1. Stakeholders : représente l'ensemble des acteurs concernés par la gouvernance des SI, aussi bien les actionnaires et la direction générale que les métiers. Ce terme est souvent traduit par les *parties prenantes*.

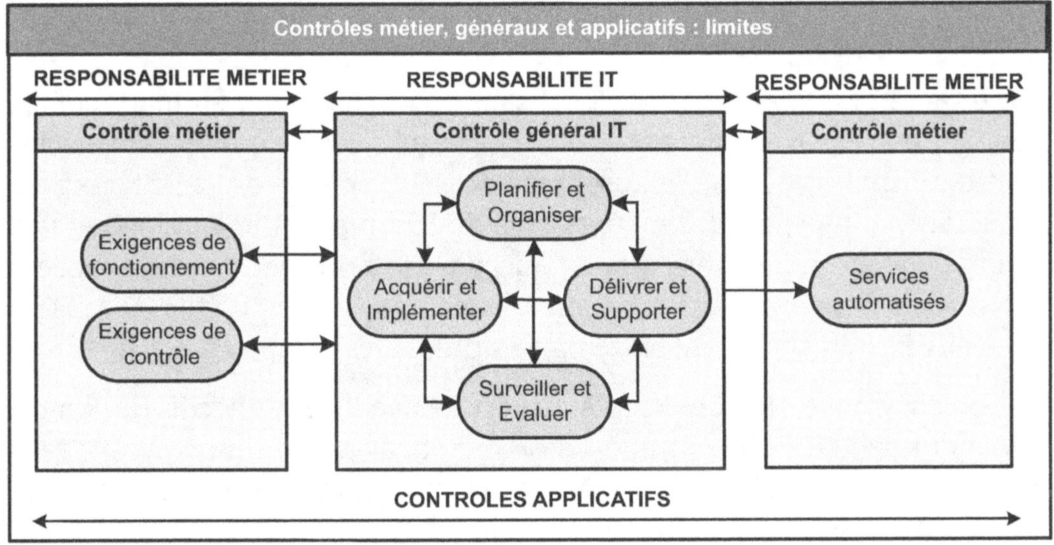

Figure 1-1 : Répartition des responsabilités de la gouvernance TI

La figure 1-1 illustre aussi bien la responsabilité de la fonction IT sur les quatre grands domaines de la gouvernance selon CobiT (planifier et organiser, délivrer et supporter, surveiller et évaluer, acquérir et implémenter) que les responsabilités des métiers.

CobiT se fixe des objectifs très pragmatiques reflétant les préoccupations de la direction générale, tels que :

- articuler le système d'information aux besoins des métiers, c'est l'alignement stratégique ;

- apporter des avantages concrets au fonctionnement des processus métier (efficacité et efficience) ;

- utiliser l'ensemble des ressources en liaison avec les SI (infrastructures, applications, informations et personnes) de façon optimisée et responsable ;

- maîtriser les risques liés au SI et leurs impacts pour les métiers.

Structuré en processus[1], CobiT prend en compte les besoins des métiers, et plus généralement des parties prenantes, dans une logique d'amélioration continue. Le préalable à toute diffusion de CobiT est donc la diffusion d'une culture de l'amélioration au service des clients de la DSI. Cette approche rappelle l'ISO 9001.

Les entrées des processus CobiT sont basées sur les exigences négociées des parties prenantes (métiers, etc.) conduisant à des objectifs. Ensuite, l'exécution des processus est garantie par des responsabilités clairement affectées et des mesures de performances face aux objectifs fixés. La satisfaction des « clients » fait partie des mesures de performance.

À ce stade, l'originalité de CobiT est sans doute de créer systématiquement un lien entre parties prenantes et DSI, ce qui nécessite bien souvent une petite révolution culturelle aussi bien pour les acteurs de la DSI dans leur tour d'ivoire que pour les métiers et la direction générale qui ignoreraient superbement le caractère stratégique des SI. Le point clé sous-jacent à cette démarche est l'instauration de dialogues constructifs à tous les niveaux de l'organisation, entre parties prenantes et DSI.

Ce postulat posé, chaque processus propose une liste d'objectifs de contrôle qui nous semble solide et une vision du management du processus (activités principales, responsabilités et indicateurs) qui nous paraît plutôt indicative et sujette à contextualisation.

Le référentiel CobiT, avec ses 34 processus génériques, est une proposition qui pourra être revue pour s'adapter à la cartographie propre de l'organisation considérée. De la même façon, on pourra facilement coupler CobiT à d'autres référentiels du marché (ISO 27001, ITIL pour *Information Technology Infrastructure Library* ou CMMI pour *Capability Maturity Model Integration*) en bâtissant un cadre de référence satisfaisant l'ensemble des exigences. Ceci est d'autant plus vrai que les processus de CobiT sont parfois globaux et s'interprètent souvent comme des « macroprocessus » de référentiels plus spécialisés. CobiT est donc un cadre fédérateur.

CobiT sert aussi à comparer entre elles (*benchmark*) différentes entités de l'entreprise. Il permet également, avec les restrictions d'usage, de se comparer à d'autres entreprises. Plus couramment, il conduit à la définition de ses propres objectifs et à leur évaluation périodique.

1. On entend par processus un ensemble d'activités corrélées qui transforme des éléments entrants en éléments sortants, les activités étant elles-mêmes décrites dans des procédures.

Les membres de l'ISACA utilisent CobiT dans de nombreux secteurs d'activité à travers le monde. Les spécificités culturelles et les différences d'avance de développement sur le plan technologique ne semblent pas limiter l'adéquation de CobiT pour l'alignement des systèmes d'information aux objectifs stratégiques de l'entreprise.

Les cinq axes stratégiques

En réponse à la volonté d'exercer une bonne gouvernance des SI, CobiT s'attache aux cinq axes présentés ci-après.

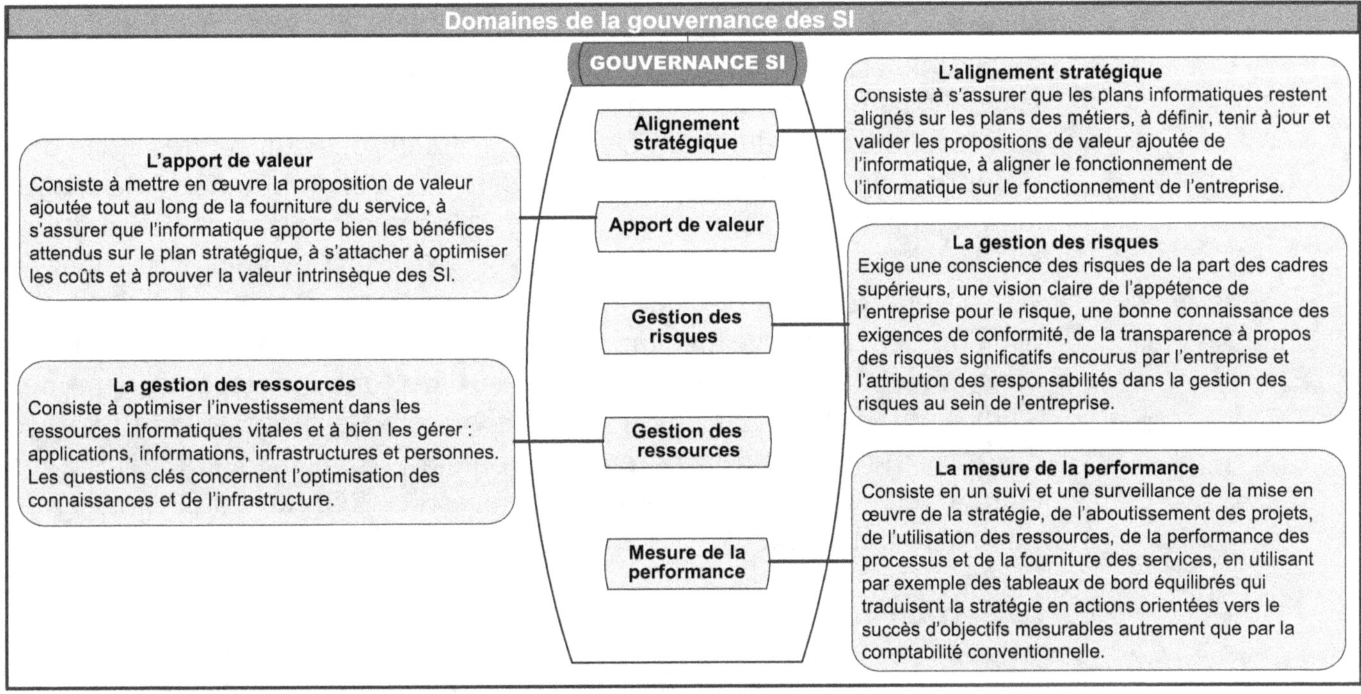

Figure 1-2 : Les domaines de la gouvernance des TI

L'alignement stratégique

Les activités informatiques prennent de plus en plus d'importance dans le fonctionnement des métiers de l'entreprise. Il est donc indispensable que la réponse de l'informatique soit celle attendue par les métiers. Prenons, par exemple, une direction marketing qui souhaite lancer un nouveau produit ou service. Il est indispensable de s'assurer que les exemplaires de ce produit, lorsqu'ils seront disponibles, pourront être commandés puis facturés. Si le canal de commande est le Web, la disponibilité de l'application de commande en ligne doit être assurée avec l'ensemble des éléments nécessaires à la commande du produit (références, prix, conditions particulières, etc.). Par alignement stratégique, il faut donc entendre la capacité à fournir les services souhaités en temps et en heure avec le niveau de qualité requis.

Dans le cas de notre direction marketing, cela signifie que le projet de mise à disposition de commande en ligne doit être identifié et priorisé dès la réflexion amont par la direction marketing, ceci afin d'être dans les temps au moment de l'annonce du produit au marché. L'alignement stratégique se matérialise par un plan stratégique qui devra traiter des budgets d'investissements et de fonctionnement, des sources de financement, des stratégies de fourniture et d'achats tout en intégrant les exigences légales et réglementaires.

L'apport de valeur

L'informatique doit également pouvoir apporter un gain identifiable dans la bonne exécution des processus métier. Dans le cas de notre direction marketing, l'apport de valeur va se matérialiser par la mise en place d'un canal de distribution adressant une nouvelle clientèle. Il permettra la vente permanente du produit tout en s'affranchissant des contraintes de la distribution classique organisée autour d'un lieu géographique et de plages horaires plus limitées que l'accès Web. Dans le processus de distribution, l'apport de l'informatique doit pouvoir être mesuré afin d'identifier la valeur apportée en termes de volume de ventes, de progression de chiffre d'affaires et de marge par rapport aux prévisions. L'apport de valeur se concrétise par la maîtrise des processus de fonctionnement en termes d'efficacité et d'efficience. Ceci vient compléter le processus de pilotage des investissements qui traitera des coûts, des bénéfices et des priorités en fonction de critères d'investissement établis (ROI [*Return On Investment*], durée d'amortissement, valeur nette actuelle).

La gestion des ressources

1. Make or buy : décision stratégique de confier une activité à un tiers ou de la développer en interne. Ainsi, par exemple, les centres d'appel pour le support informatique sont souvent confiés à des tiers. Les raisons de ce choix sont multiples : compétences à mobiliser, masse critique, professionnalisation, logistique, temps de mise en œuvre, prix.

Les ressources pour mesurer l'activité informatique doivent être optimales pour répondre aux exigences des métiers. Dans notre exemple de direction marketing, cela revient à dire que les ressources humaines et technologiques sont mobilisées au mieux en termes de volume, d'expertise/compétences, de délai et de capacité. Cette gestion des ressources se matérialise par une cartographie des compétences et un plan de recrutement/formation en ce qui concerne les ressources humaines. Cette gestion des ressources est articulée à la gestion des tiers afin d'optimiser le *make or buy*[1].

Les ressources technologiques font partie du périmètre et donneront lieu à un plan d'infrastructure. Celui-ci traitera des orientations technologiques, des acquisitions, des standards et des migrations. Dans ce cas, la responsabilité du métier consiste à exprimer ses besoins, par exemple, en termes de capacité (comme le nombre de clients en ligne simultanément).

La gestion des risques

Dans certains secteurs, l'activité cœur de métier de l'entreprise peut être mise en péril en cas d'arrêt ou de dysfonctionnement de ses systèmes informatiques, car la dépendance des processus métier envers l'informatique est totale. Dans notre exemple de distribution par le Web, si ce canal est le seul prévu pour le produit en question, l'indisponibilité pour cause de panne ou de retard dans l'ouverture du service de commande en ligne se solde par une perte nette de revenus qui ne sera jamais récupérée. Dans le secteur du transport aérien, la panne du système de réservation peut clouer au sol l'ensemble des avions d'une compagnie. Dans le monde boursier, l'arrêt des systèmes informatiques stoppe immédiatement toutes les transactions. La gestion des risques informatiques ou des systèmes d'information correspond à un référentiel qui comprend une analyse de risque et un plan de traitement des risques associé. Ce plan de traitement des risques doit être établi selon des critères de tolérance par rapport au préjudice financier lié à la réalisation des risques. Cela veut dire en d'autres termes que les moyens engagés pour couvrir les risques ne doivent pas coûter plus cher que le préjudice lui-même.

La mesure de la performance

La mesure de la performance répond aux exigences de transparence et de compréhension des coûts, des bénéfices, des stratégies, des politiques et des niveaux de services informatiques offerts conformément aux attentes de la gouvernance des systèmes d'information. Là encore, CobiT tente de faire le lien entre les objectifs de la gouvernance et les objectifs à décliner sur les processus ou les activités. Ce faisant, on crée du lien et on donne du sens aux objectifs de performance des SI comme support aux métiers.

Ces mesures peuvent facilement se traduire par la mise en place d'un BSC (*Balanced Scorecard*[1]) qui va offrir une vision d'ensemble de la performance.

1. BSC, Balanced Scorecard (ou tableau de bord équilibré) : représentation de la performance de l'entreprise selon 4 quadrants – le financier, la relation client, l'anticipation et l'opérationnel. Le BSC a été développé en 1992 par Robert S. Kaplan et David Norton.

Chapitre 2

Les autres référentiels de la gouvernance des TI

En ce qui concerne la gouvernance des TI, il existe de nombreux cadres de référence, chacun avec leur point de vue. Ainsi, chaque cadre de référence offre un niveau de détail approprié dans son domaine. L'une des difficultés de la gouvernance des TI est bien de faire coexister les approches terrain, forcément détaillées et spécialisées, et les synthèses de pilotage stratégique. Ce chapitre présente les principaux référentiels en matière de pilotage global, de pilotage des services, des projets, et de la sécurité des TI.

Le pilotage stratégique

Nous allons ici aborder deux approches distinctes de la gouvernance d'entreprise, le COSO et le Balanced Scorecard (BSC).

Le COSO

Le COSO (*Committee of Sponsoring Organizations of the Treadway Commission*) a publié en 1992 un cadre de référence pour le contrôle interne afin d'aider les entreprises à évaluer et à améliorer leur système de contrôle interne. Le contrôle interne y est décrit comme un processus étant sous la responsabilité d'une instance constituée dans le but d'assurer la réalisation d'objectifs regroupés dans les domaines suivants :

- efficacité et efficience des opérations ;
- fiabilité des rapports financiers ;
- conformité aux lois et règlements.

En 2004, le COSO a publié le document *Management des risques dans l'entreprise* (*Enterprise Risk Management* ou ERM) qui élargit le périmètre du contrôle interne. L'ERM englobe :

- la notion de portefeuille de risques ;

- une structuration en quatre catégories d'objectifs (opérations, reporting, conformité et objectifs stratégiques) ;

- le niveau de prise de risque décidé de façon stratégique par l'entreprise ;

- les événements qui impactent les risques ;

- les quatre catégories de réponse aux risques (éviter, réduire, partager et accepter) ;

- le périmètre de l'information et de la communication ;

- les rôles et les responsabilités des acteurs en charge de la sécurité mais aussi des directeurs (*board*).

Un résumé en français de ce document est disponible à l'adresse suivante : *http://www.coso.org/documents/COSO_ERM_Executive-Summary_french.pdf.*

Le Balanced Scorecard (BSC)

Le Balanced Scorecard (BSC), ou tableau de bord prospectif, est une représentation qui permet de clarifier la vision et la stratégie d'une entreprise, et de la traduire en plans d'action. Il donne aussi bien le retour sur le fonctionnement des processus internes que des contraintes externes, permettant d'entrer dans une amélioration permanente de la stratégie et de la performance. Ses auteurs, Robert Kaplan et David Norton, le décrivent comme suit : « Le BSC prend en compte les résultats financiers traditionnels, mais ces résultats n'éclairent que le passé, ce qui convenait à l'ère industrielle, avec des investissements à long terme et une relation client peu présente. Ces éléments financiers sont inadaptés, cependant, pour piloter les entreprises de l'ère de l'information qui doivent construire leur future valeur au travers de l'investissement dans leurs clients, leurs fournisseurs, leurs employés, leurs processus, leur technologie et leur innovation. »

Dans leur livre, *The Balanced Scorecard: Translating Strategy into Action*, traduit en français sous le titre *Le tableau de bord prospectif*, Robert Kaplan et David Norton proposent un instrument de pilotage qui présente l'organisation sous quatre facettes : finance, client, processus internes et construction du futur. Il est désormais acquis que cette approche conduit à une bonne vision de la gouvernance d'entreprise.

Cette représentation valable pour l'entreprise peut également être utilisée pour la gouvernance des systèmes d'information.

Contribution et Alignement	**Clients et Utilisateurs**
Contrôle des coûts Réduction des coûts ROI / Automatisation Valeur adaptative Management de valeur	Niveaux de service (SLA) Conformité aux besoins Exigences réglementaires Respect du budget Niveau de demande
Indicateurs	**Indicateurs**
Budget informatique Benchmarks Performance de l'entreprise	Qualité du service vs SLA Satisfaction des utilisateurs et clients Réclamations
Futur et Anticipation	**Performances opérationnelles**
Gestion des compétences Sourcing / Achats Veille technologique Architecture technique Urbanisation	Approvisionnements Conduite de projets Maintenance des applications Exploitation, Administration Support..
Indicateurs	**Indicateurs**
Influence sur : performances, coûts, niveaux de service	Performances Benchmarks et tendances Coûts standards

Figure 2-1 : Les quatre cartes stratégiques du Balanced Scorecard (BSC)

Dans cette représentation, le cadran 4, Performances opérationnelles, s'intéresse aux processus informatiques qui peuvent faire l'objet de *benchmarks* et d'indicateurs concrets, au sein de l'entreprise ou d'une entreprise à une autre. Les efforts menés sur ce cadran sont typiquement du ressort de la DSI qui cherche à se professionnaliser au mieux. Dans cet effort de progression, elle doit tenir compte de deux contraintes :

- **clients et utilisateurs (cadran 2)**, à la fois sous l'angle du niveau de service à rendre, mais aussi de la consommation du service ;

- **contribution et alignement (cadran 1)**, qui mettent l'informatique sous contrainte de coûts, de flexibilité et de performance.

Le cadran 3, Futur et anticipation, représente la veille qu'il faut mener pour optimiser à 3, 4 ou 5 ans le système d'information (choix d'investissement, recrutements, externalisation, etc.).

La DSI pilote directement les cadrans 3 et 4, sous contrainte des cadrans 1 et 2.

Val IT : la gouvernance des investissements informatiques

Val IT est un cadre de référence pour la gouvernance des investissements informatiques. Il apporte à l'entreprise une aide réelle pour analyser sa maturité et sa capacité à piloter ses projets.

Complémentaire à CobiT, le cadre de référence Val IT traite des aspects suivants :

- les investissements pour les projets métier à forte composante IT ;
- le management de portefeuilles de projets et de programmes ;
- l'élaboration et le suivi des business cases.

L'objectif de Val IT est d'accroître :

- la transparence des coûts, des risques et des bénéfices ;
- la probabilité d'identifier les options gagnantes et de les réussir.

… et de réduire :

- les coûts en ne faisant pas ce qu'il est inutile de faire ;
- les risques d'échec à fort impact négatif pour l'activité ;
- les incertitudes relatives aux coûts, aux délais et à la qualité des projets IT.

Val IT se concentre sur :

- la décision d'investissement – Faisons-nous ce qu'il faut ?
- la réalisation des bénéfices – En obtenons-nous les bénéfices ?

Alors que CobiT se concentre sur l'exécution :

- le faisons-nous comme il faut ?
- le faisons-nous faire comme il faut ?

La figure 2-2 résume les quatre bonnes questions à se poser pour arbitrer les investissements informatiques.

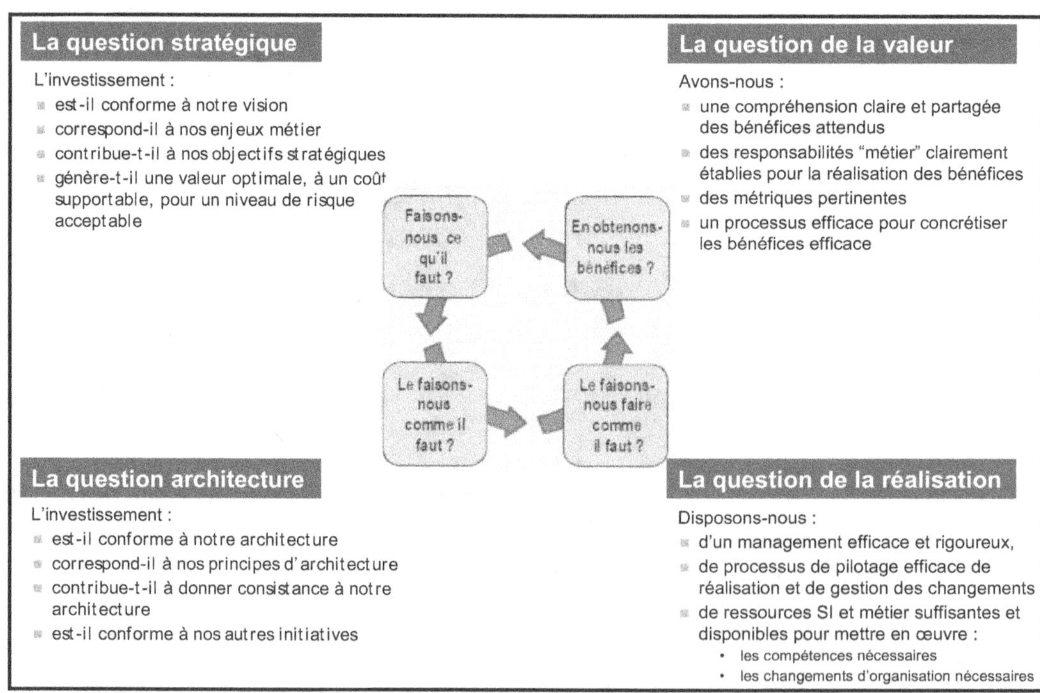

Figure 2-2 : Les quatre questions à se poser systématiquement et en permanence...

Val IT est un ensemble de trois modules complémentaires et cohérents :

- le référentiel : un cadre de référence pour obtenir une réelle valeur des investissements informatiques ;
- le business case : le rôle clé ;
- l'étude de cas ING : un retour d'expérience réel de mise en place chez ING Direct.

Le référentiel

Val IT est constitué de trois domaines de processus représentant les trois axes de gouvernance SI.

1. La gouvernance de la valeur (GV) qui, au travers de 25 bonnes pratiques (ou activités), traite de :
   - la création du cadre de gouvernance, de surveillance et de contrôle ;
   - la proposition d'une orientation stratégique pour les investissements ;
   - la définition des caractéristiques du portefeuille d'investissements.

2. La gestion de portefeuille (GP) qui, au travers de 22 bonnes pratiques, traite de :
   - la création et la gestion des profils de ressources ;
   - la définition des seuils d'investissement ;
   - l'évaluation, la priorisation et la sélection, le report ou le rejet des investissements ;
   - la gestion du portefeuille global ;
   - la surveillance et le reporting des performances du portefeuille.

3. La gestion des investissements (GI) qui, au travers de 21 bonnes pratiques, traite de :
   - l'identification des exigences métier ;
   - la définition des programmes d'investissements et des projets qui en font partie ;
   - l'analyse d'alternatives ;
   - la documentation du programme par des « business cases » détaillés qui précisent les bénéfices métier attendus ;
   - la définition claire des responsabilités ;
   - la gestion du programme tout au long de son cycle de vie économique ;
   - le contrôle et le compte-rendu des performances du programme.

Chaque processus comprend :

- une description des bonnes pratiques ;
- des directives de management :

- identification des objectifs, des activités et des indicateurs (métriques) ;
- la table des entrants et sortants pour chaque activité ;
- un RACI (*Responsible*, *Accountable*, *Consulted*, *Informed*) pour chaque activité ;
- un modèle de maturité (niveaux 0 à 5).

Le business case

Le business case est à la fois la pierre angulaire d'un projet et son argumentaire, qui doit reposer sur trois points clés afin d'en démontrer la création de valeur pour l'entreprise :

- l'alignement par rapport à la stratégie de l'entreprise et sa stratégie informatique ;
- l'engagement de réussir, assuré et assumé par un responsable (le sponsor) ;
- les indicateurs qui vont permettre de mesurer réellement les bénéfices atteints.

Val IT détaille ce que doit couvrir un bon business case, mais aussi son utilisation dans le pilotage des projets/programmes au travers d'une approche de contrôle du bon déroulement du programme et de sa conformité aux résultats attendus.

Le business case contient un ensemble de convictions et d'hypothèses sur la façon de créer de la valeur. Et pour s'assurer que les résultats attendus seront atteints, ces convictions et hypothèses doivent être soigneusement testées.

Les indicateurs qualitatifs et quantitatifs permettent de valider le business case et fournissent un aperçu des futures décisions d'investissement.

La qualité d'un business case dépend de ses indicateurs clés, financiers et non financiers, ainsi que de l'évaluation et de l'appréciation détaillée du risque sous-jacent.

Un business case comprend :

- les ressources nécessaires ;
- les trois courants d'activités conduisant à la mise en œuvre des compétences techniques, opérationnelles et métier générant une rentabilité financière ou d'autres résultats non financiers.

Chacun de ces courants doit être documenté par des données permettant d'éclairer la décision d'investissement et d'étayer les processus de gestion de portefeuille (initiatives, coûts, risques, hypothèses et résultats).

La figure 2-3 représente les relations entre les différentes composantes du business case.

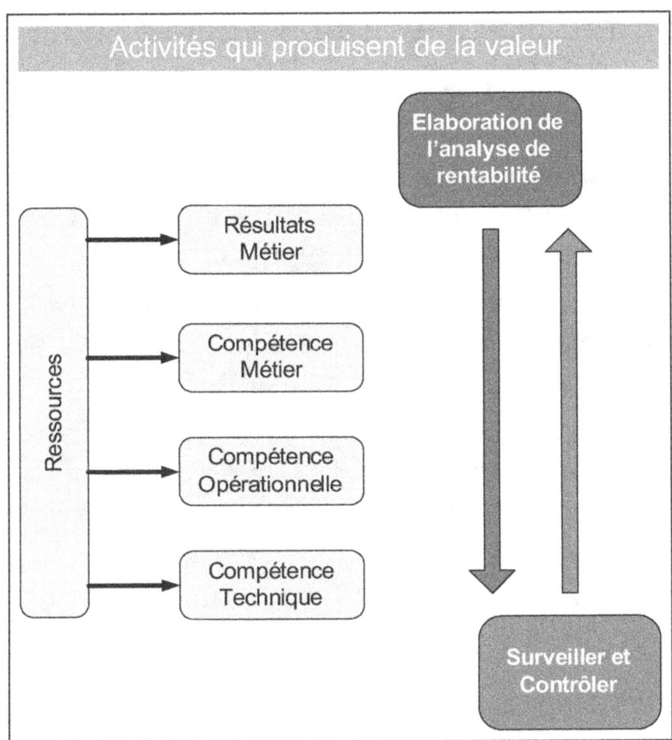

Figure 2-3 : La démarche business case

L'étude de cas ING Direct

Cette dernière sous-section présente un cas réel, celui de l'entreprise ING Direct. Elle y décrit les méthodes, les moyens et les outils mis en œuvre pour piloter et mettre en place la gouvernance de la valeur, piloter la gestion du portefeuille de programmes et garantir les bénéfices attendus.

Les trois axes de gouvernance ont été abordés : valeur, portefeuille de projets et investissements.

Sur deux ans, le résultat de la mise en œuvre de ces bonnes pratiques a permis à ING Direct :

- une réduction de 20 % de ses coûts informatiques ;
- une augmentation de près de 50 % de projets livrés en temps et heure ;
- une progression de 60 % de projets livrés dans le respect des budgets.

En conclusion, Val IT est indéniablement le complément indispensable à CobiT pour traiter de la performance des investissements informatiques et de leurs apports réels à la valeur de l'entreprise.

L'ensemble CobiT V4.1 et Val IT constitue un cadre de référence complet de la gouvernance des systèmes d'rformation en traitant respectivement de la performance de la fonction informatique (sous l'angle de l'excellence opérationnelle) et de celle de la création de valeur via les investissements maîtrisés.

Risk IT : la gouvernance des risques informatiques

Risk IT est un nouveau référentiel édité par l'AFAI (sorti fin 2009) portant sur les risques IT. Ce référentiel décrit les bonnes pratiques au niveau du SI, liées à la préservation de la valeur de l'entreprise. Il s'appuie sur CobiT, mais il prend en compte les enjeux du management associé au système d'information, alors que CobiT reste centré sur le SI.

Risk IT est conçu pour aider les entreprises à optimiser leurs retours sur opportunités en gérant plus efficacement les risques plutôt qu'en essayant de les éliminer complètement.

Comme CobiT, le référentiel Risk IT est basé sur les processus. Il se décompose en trois domaines : gouvernance des risques, évaluation des risques et réponse aux risques. Ces trois domaines recouvrent 9 processus et 47 activités (ou bonnes pratiques).

Chaque processus comprend :

- une description des bonnes pratiques ;
- des directives de management :
    - identification des objectifs, des activités et des indicateurs (métriques) ;
    - la table des entrants et sortants pour chaque activité ;
    - un RACI (*Responsible, Accountable, Consulted, Informed*) pour chaque activité ;
- un modèle de maturité (niveaux 0 à 5).

Les neuf processus de RisK IT sont :

- pour la gouvernance des risques (*Risk Governance* ou RG) :
    - RG1 : établir et maintenir une vision commune des risques ;
    - RG2 : intégrer les risques SI à la démarche de risque au niveau de l'entreprise ;
    - RG3 : prendre les décisions métier qui tiennent compte des risques ;
- pour l'évaluation des risques (*Risk Evaluation* ou RE) :
    - RE1 : collecter les données ;
    - RE2 : analyser les risques ;
    - RE3 : maintenir un profil de risque ;
- pour la réponse aux risques (*Risk Response* ou RR) :
    - RR1 : articuler la situation relative aux risques ;
    - RR2 : gérer les risques SI ;
    - RR3 : réagir aux événements.

Risk IT propose une vue exhaustive unique des risques métier liés aux systèmes d'information qui chaque année peuvent entraîner des pertes de revenus et d'opportunités pour les sociétés se chiffrant en millions.

Les risques informatiques sont appréhendés au travers de trois catégories.

- Le risque de livraison des services informatiques IT – Il est lié à la performance et à la continuité, et peut conduire à la perte ou à la réduction de valeur ; par exemple, les interruptions de services, les problèmes de sécurité, les problèmes de conformité…

- Le risque de ROI des solutions – Il est lié en général aux risques projets associés à la contribution du SI aux nouvelles solutions métier ou aux solutions améliorées sous forme de programmes et de projets comme la qualité et la pertinence des projets, les dépassements…

- Le risque de ne pas atteindre les bénéfices espérés – Il est lié à un manque d'utilisation des bonnes technologies pour améliorer l'efficacité et l'efficience des processus métier.

Risk IT complète CobiT et Val IT, mais peut aussi être utilisé seul.

Le référentiel RisK IT inclut :

- le cadre de référence Risk IT ;

- le guide de l'utilisateur (*Risk* IT *Practitioner Guide*).

Ces deux publications sont disponibles sur le site **www.isaca.org/riskit**.

Le management de la sécurité

Plusieurs normes, méthodes et référentiels de bonnes pratiques en matière de sécurité des systèmes d'information sont disponibles. Ils constituent des guides méthodologiques ainsi que les moyens de garantir une démarche de sécurité cohérente.

L'ISO a entrepris un vaste effort de rationalisation des travaux existants, donnant naissance à la série de normes ISO/IEC 27000. Ce nombre correspond à la réservation d'une série de normes relatives à la sécurité. À ce jour, toutes ces normes sont publiées, excepté la 27003. Certaines sont obligatoires pour obtenir une certification, les autres ne sont que de simples guides :

- la norme ISO/IEC 27000 présente le vocabulaire et les définitions du domaine de la sécurité des SI, applicables à chacun des standards ;

- la norme ISO/IEC 27001 décrit les exigences pour la mise en place d'un système de management de la sécurité des systèmes d'information (SMSI) au sein d'une entreprise, en vue de la certification ;

- la norme ISO/IEC 27002 constitue le guide de bonnes pratiques de la sécurité de l'information ;

- la norme ISO/IEC 27003 aura pour vocation d'être un guide d'implémentation du SMSI ;
- la norme ISO/IEC 27004 définit des métriques pour l'évaluation de l'efficacité de l'implémentation du SMSI ;
- la norme ISO/IEC 27005 est un guide de mise en œuvre du processus de gestion des risques liés à la sécurité de l'information ;
- la norme ISO/IEC 27006 résume les exigences applicables aux auditeurs externes dans leur mission de certification sur l'ISO 27001.

La norme ISO/IEC 27001

La norme ISO/IEC 27001, publiée en novembre 2005, a été élaborée pour fournir un modèle d'établissement, de mise en œuvre, de fonctionnement, de surveillance, de réexamen, de mise à jour et d'amélioration d'un SMSI (Système de management de la sécurité de l'information). Elle est issue de la spécification BS 7799-2:1999 (*Specification for Information Security Management Systems*) qui définit les exigences à respecter pour créer un ISMS (*Information Security Management System*).

La mise en œuvre d'un SMSI se réalise suivant quatre étapes successives.

1. Planification (*Plan*)
2. Déploiement (*Do*)
3. Contrôle (*Check*)
4. Amélioration (*Act*)

La phase de planification consiste à établir les bases du SMSI.

Il s'agit de définir :

- le périmètre du système de management de la sécurité de l'information ;
- la politique de sécurité des systèmes d'information (PSSI) ;
- l'analyse des risques liés à la sécurité du SI ;
- le traitement des risques ;
- la déclaration d'applicabilité (SoA[1] ou *Statement of Applicability*).

La norme ISO 27001 est une norme de certification au même titre que les normes ISO 9001 (Qualité) ou ISO 14001 (Environnement). Elle porte autant sur l'existence des dispositions mises en place, que sur leur efficacité et l'établissement d'une boucle d'amélioration[2] (PDCA, pour *Plan-Do-Check-Act*).

1. La certification d'un système de management de la sécurité de l'information (SMSI) suppose un cadre de référence qui permette de tracer les mesures qui ont été retenues et celles qui ont été écartées, c'est le SoA (*Statement of Applicability*).

2. L'implémentation d'un processus n'est rien sans la mise en œuvre de sa boucle d'amélioration ou roue de Deming. Elle consiste à implémenter un processus, le mettre en œuvre, en mesurer les résultats, puis l'améliorer, et ceci régulièrement.

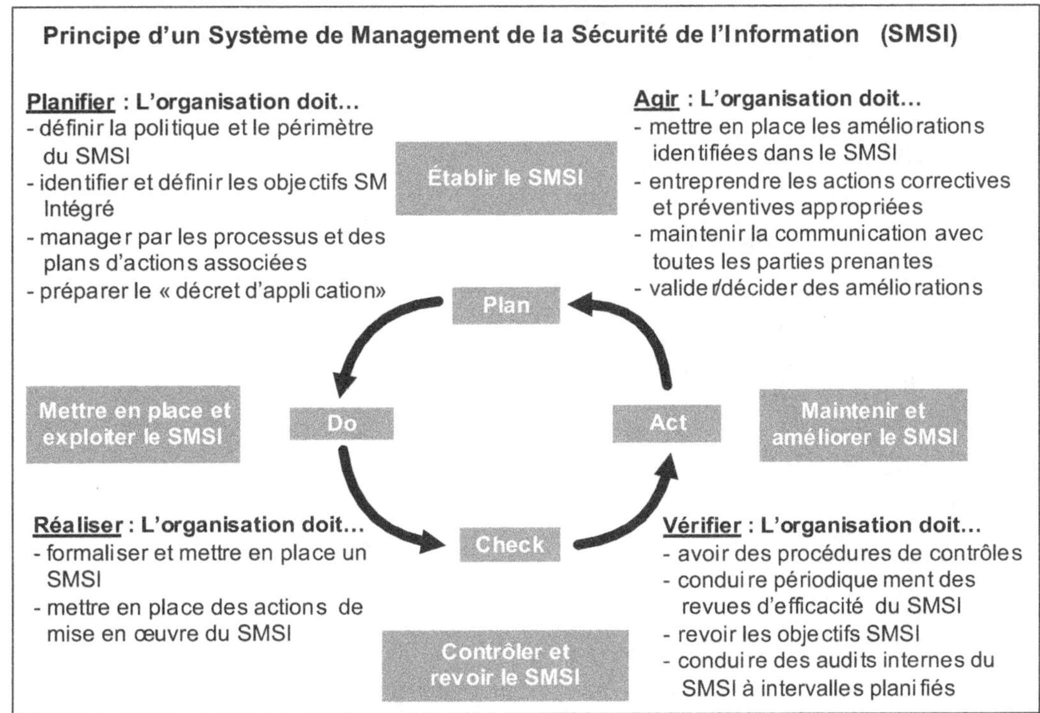

Figure 2-4 : La boucle PDCA appliquée au SMSI

La norme ISO/IEC 27002

La norme ISO/IEC 27002, anciennement ISO/IEC 17799 de 2005, établit des lignes directrices et des principes généraux pour préparer, mettre en œuvre, entretenir et améliorer la gestion de la sécurité de l'information au sein d'un organisme.

De façon schématique, la démarche de sécurisation du système d'information doit passer par quatre étapes de définition.

1. Périmètre à protéger (liste des biens sensibles)

2. Nature des menaces

3. Impact sur le système d'information

4. Mesures de protection à mettre en place

La norme ISO/IEC 27002 fournit des exemples et des indications sur les niveaux 1 à 3, et liste pour le niveau 4 une série de mesures à mettre en place.

Elle est constituée de 11 articles relatifs aux mesures de sécurité, qui comprennent un total de 39 catégories de sécurité et un article d'introduction sur l'appréciation et le traitement du risque.

Les 11 articles (accompagnés des catégories de sécurité principales incluses dans chaque article) sont les suivants.

- Politique de sécurité :
  - politique de sécurité de l'information.

- Organisation de la sécurité de l'information :
  - organisation interne ;
  - tiers.
- Gestion des biens :
  - responsabilités relatives aux biens ;
  - classification des informations.
- Sécurité liée aux ressources humaines :
  - avant le recrutement ;
  - pendant la durée du contrat ;
  - fin ou modification de contrat.
- Sécurité physique et environnementale :
  - zones sécurisées ;
  - sécurité du matériel.
- Gestion de l'exploitation et des télécommunications :
  - procédures et responsabilités liées à l'exploitation ;
  - gestion de la prestation de services par un tiers ;
  - planification et acceptation du système ;
  - protection contre les codes malveillants et mobiles ;
  - sauvegarde ;
  - gestion de la sécurité des réseaux ;
  - manipulation des supports ;
  - échange des informations ;
  - services de commerce électronique ;
  - surveillance.
- Contrôle d'accès :
  - exigences métier relatives au contrôle d'accès ;
  - gestion de l'accès utilisateur ;
  - responsabilités utilisateurs ;
  - contrôle d'accès au réseau ;
  - contrôle d'accès au système d'exploitation ;
  - contrôle d'accès aux applications et à l'information ;
  - informatique mobile et télétravail.
- Acquisition, développement et maintenance des systèmes d'information :
  - exigences de sécurité applicables aux systèmes d'information ;
  - bon fonctionnement des applications ;
  - mesures cryptographiques ;
  - sécurité des fichiers système ;
  - sécurité en matière de développement et d'assistance technique ;
  - gestion des vulnérabilités techniques.

- Gestion des incidents liés à la sécurité de l'information :
  - signalement des événements et des failles liés à la sécurité de l'information ;
  - gestion des améliorations et incidents liés à la sécurité de l'information.
- Gestion du plan de continuité de l'activité :
  - aspects de la sécurité de l'information en matière de gestion de la continuité de l'activité.
- Conformité :
  - conformité avec les exigences légales ;
  - conformité avec les politiques et normes de sécurité, et conformité technique ;
  - prises en compte de l'audit du système d'information.

La norme ISO/IEC 27002 est orientée processus et son application dépasse de ce fait les simples aspects de technique informatique. Elle s'intéresse à l'organisation du personnel ainsi qu'aux problèmes de sécurité physique (accès, locaux…).

La norme ISO/IEC 27005

La nouvelle norme ISO/IEC 27005 est la première norme internationale de gestion de risques en matière de sécurité de l'information. Elle a pour but d'aider à mettre en œuvre l'ISO/CEI 27001.

Elle propose une méthodologie de gestion de risques en matière d'information dans l'entreprise strictement conforme à la norme ISO/CEI 27001, tout en étant utilisable de manière autonome dans différentes situations. Elle explique en détail comment conduire l'appréciation des risques et le traitement des risques, dans le cadre de la sécurité de l'information.

La norme ISO/IEC 27005 applique à la gestion de risques le cycle d'amélioration continue PDCA (Plan-Do-Check-Act) utilisé dans les normes de systèmes de management, comme l'ISO/CEI 27001 en sécurité de l'information :

- Plan : identification des risques, évaluation des risques et définition des actions de réduction des risques ;
- Do : exécution de ces actions ;
- Check : contrôle du résultat ;
- Act : modification du traitement des risques selon les résultats.

La norme ISO/IEC 27005 contient la description du processus de gestion du risque en sécurité de l'information et ses activités.

Les informations générales sont fournies dans l'article 5 (Contexte). Un aperçu général du processus de gestion du risque en sécurité de l'information est donné dans l'article 6 (Présentation générale du processus de gestion du risque en sécurité de l'information).

Le processus de gestion du risque en sécurité de l'information comprend :

* l'établissement du contexte (article 7) ;
* l'appréciation du risque (article 8) ;
* le traitement du risque (article 9) ;
* l'acceptation du risque (article 10) ;
* la communication du risque (article 11) ;
* la surveillance et le réexamen du risque (article 12).

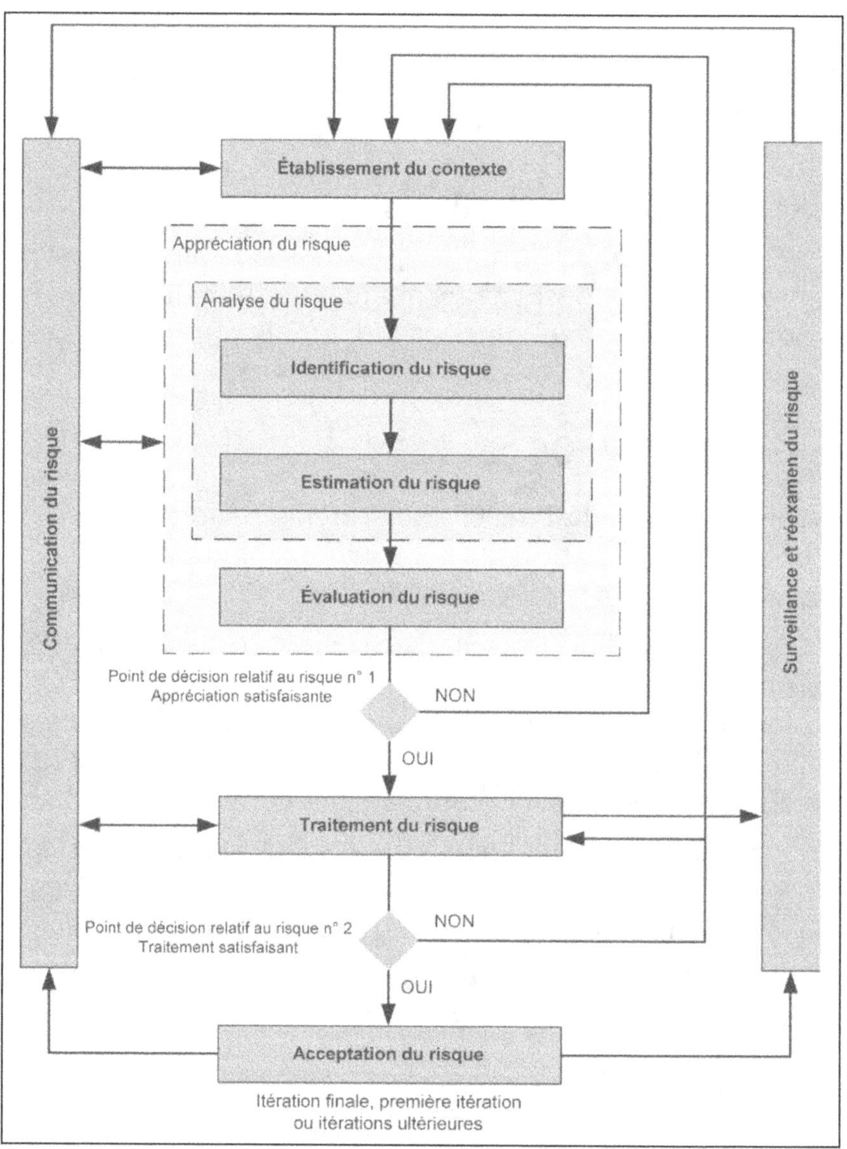

Figure 2-5 : Processus de gestion du risque en sécurité de l'information

Les critères communs (ISO/IEC 15408)

Origine

La norme ISO/IEC 15408 propose des critères communs d'évaluation de la sécurité des technologies de l'information, *Common Criteria* (CC) *for Information*

Technology Security Evaluation. Destinée avant tout aux industriels du secteur informatique, cette norme permet l'évaluation des produits (matériels, logiciels) au niveau international. Elle définit les procédures et les mesures techniques mises en place dans le cycle de vie d'un système d'information pour fournir une base de comparaison sur les caractéristiques de sécurité.

L'accord dit CCRA (*Common Criteria Recognition Arrangement*) a réuni 7 pays capables de délivrer des certifications, à savoir l'Allemagne, l'Australie, la Nouvelle-Zélande, le Canada, les États-Unis, la France et la Grande-Bretagne. Plusieurs autres pays (Finlande, Grèce, Italie, Israël, Japon, Pays-Bas, Norvège et Espagne) n'ont pas de structure de certification mais reconnaissent la validité des critères communs (CC). Cet accord reprend notamment les normes ITSEC en Europe et TCSEC (Livre Orange) aux États-Unis, et permet de définir et de valider un certain niveau de sécurité à atteindre.

Définition des critères communs (CC)

Les documents décrivant les critères communs sont disponibles sur le site de l'Anssi (Agence nationale de la sécurité des systèmes d'information) à l'adresse *http://www.ssi.gouv.fr/archive/fr/confiance/methodologie.html.*

L'Anssi, anciennement DCSSI (Direction centrale de la sécurité des systèmes d'information), est l'autorité nationale française de régulation de la sécurité des systèmes d'information ; elle dépend du Premier ministre. Les critères communs sont structurés en trois publications :

- introduction et modèle général ;
- exigences fonctionnelles de sécurité ;
- exigences d'assurance de sécurité.

La norme introduit plusieurs concepts fondamentaux :

- TOE (*Target of Evaluation*) : désignation de l'objet à certifier ;
- PP (*Protection Profile*) : ensemble type d'exigences de sécurité pour une catégorie de produits ;
- ST (*Security Target*) : niveau de sécurité spécifique souhaité pour le produit à évaluer ;
- les composants, qui représentent les ensembles élémentaires d'exigences de sécurité.

Les systèmes concernés par les critères communs

Les systèmes et produits concernés sont, bien sûr, ceux consacrés à la sécurité des systèmes d'information :

- antivirus ;
- authentification, PKI/KMI ;

- contrôle biométrique ;
- pare-feu (firewalls) ;
- IDS ;
- systèmes d'accès ;
- etc.

Et aussi les dispositifs dédiés aux communications :

- gestionnaires de réseaux ;
- routeurs, switchs, hubs ;
- VPN ;
- etc.

voire les systèmes d'exploitation eux-mêmes.

Les niveaux d'évaluation

La certification propose 7 niveaux d'assurance d'évaluation (EAL, *Evaluation Assurance Level*) des critères communs.

Tableau 2-1 : Niveaux d'évaluation des critères communs

Niveau d'évaluation	Critère
EAL1	Testé fonctionnellement.
EAL2	Testé structurellement.
EAL3	Testé et vérifié méthodiquement.
EAL4	Conçu, testé et vérifié méthodiquement.
EAL5	Conçu de façon semi-formelle et testé.
EAL6	Conception vérifiée de façon semi-formelle et testée.
EAL7	Conception vérifiée de façon formelle et testée.

Le distinguo entre conçu méthodiquement et conçu de façon semi-formelle ou formelle réside dans l'emploi ou non de techniques d'ingénierie sécurisée avérées.

Les CC sont utilisés pour certifier les objectifs d'évaluation (TOE) par rapport aux niveaux d'évaluation à garantir (EAL).

Chaque certification concerne une cible précise (désignation du système ou du périmètre concerné par la certification). Une telle cible peut être, par exemple :

- un système d'exploitation ;

- un réseau informatique ;
- une application.

La cible est libre, c'est le demandeur qui la définit. Elle peut être décrite soit par un constructeur, soit par toute autre organisation (entreprise cliente, pays, administration) qui demande la certification d'un produit. Chaque certificat possède sa propre cible d'évaluation, nommée TOE.

Les composants

La politique de sécurité est décrite à l'aide de composants qui constituent des ensembles d'exigences de sécurité. On trouve des composants fonctionnels (exigences fonctionnelles) et des composants d'assurance (garanties apportées). Par exemple, une famille de composants est dédiée à la protection des données de l'utilisateur, une autre à la gestion de la configuration.

PP (Protection Profile)

Pour guider les concepteurs et les évaluateurs, il existe des ensembles de critères prédéfinis, les profils de protection (on en compte près de 1 000).

Un PP définit un ensemble d'objectifs et d'exigences pour une catégorie de produits. Par exemple, le Celar (Délégation générale pour l'armement, DGA) a rédigé un profil pour pare-feu à protection élevée afin d'interconnecter deux réseaux ayant des politiques de sécurité différentes. Le niveau visé est EAL5+.

ST (Security Target)

Le ST contient la description des menaces et des objectifs de sécurité du produit à certifier. Il indique comment on veut évaluer le produit et jusqu'où on veut aller en matière de sécurité. Le ST est rédigé à partir du PP.

Au final, c'est l'Anssi qui valide l'agrément et délivre le certificat.

Le management des services

ITIL : Information Technology Infrastructure Library

Développé par l'OGC pour le gouvernement britannique, ITIL se présente comme une série de livres décrivant les bonnes pratiques pour le management des services TI. Son approche est davantage orientée sur le « quoi faire » que sur le « comment faire ».

Les principes qui sous-tendent ITIL sont l'orientation client, la prise en compte en amont de tout projet, des exigences de services et l'approche processus. ITIL est devenu un standard de fait, au moins pour le périmètre des centres d'assistance et des opérations.

Ceci étant, l'année 2007 a marqué une étape assez décisive, presque un schisme, puisque au moment même où l'ISO se basait sur ITIL V2 pour publier la norme ISO/IEC 20000, on assistait au lancement d'ITIL V3. À ce jour, la population des utilisateurs d'ITIL reflète surtout les déploiements d'ITIL V2, mais les nouveaux déploiements se font avec ITIL V3.

ITIL V2 et la norme ISO/IEC 20000

1. ITIL V2 est un référentiel très répandu, en DSI comme chez les infogérants. Il permet de structurer les processus et l'organisation des opérations à partir des centres de support (*help desks, services desks*). Son succès est en partie dû au système d'information dont il se dote (gestion des appels, des problèmes, etc.) et à la base de données des composants (CMDB) qu'il permet de renseigner.

La structure d'ITIL V2[1] fait apparaître sept domaines, dont les deux plus utilisés sont Fourniture des services (*Service Delivery*) et Soutien des services (*Service Support*). Ils correspondent à la couverture de la certification ISO/IEC 20000.

- Le domaine Fourniture des services concerne le moyen terme (planification et amélioration de la fourniture de services) et comprend :
  - la gestion des niveaux de services ;
  - la gestion financière ;
  - la gestion de la capacité ;
  - la gestion de la continuité de service informatique ;
  - la gestion de la disponibilité.
- Le domaine Soutien des services se focalise sur le quotidien et comprend :
  - le centre de services (*Service Desk*) ;
  - la gestion des incidents ;
  - la gestion des problèmes ;
  - la gestion des configurations ;
  - la gestion des changements ;
  - la gestion des mises en production.

Cette séparation en domaines est très pratique dans la mesure où elle distingue des ensembles cohérents de processus tout en différenciant le quotidien (court terme) du moyen terme. Enfin, il est manifeste que l'implémentation de ces deux domaines constitue à la fois une première étape pour la gouvernance TI et un minimum en la matière.

La présentation de la certification ISO/IEC 20000 est légèrement différente dans le regroupement des processus mais reprend l'ensemble des processus d'ITIL V2.

Par ailleurs, les cinq domaines couverts par ITIL V2 ne faisant pas l'objet de certification sont :

- *Business Perspective*, qui concerne les questions d'organisation (organisation de la production, relations entre les différents rôles, fonctions et responsabilités, relations avec les fournisseurs et prestataires externes) ;

- *Application Management*, qui concerne la gestion des relations entre études et exploitation (support applicatif, changement logiciel, mise en production) ;
- ICT *Infrastructure Management*, qui concerne le cycle de vie de l'infrastructure (automatisation, maintenance, installation) ;
- *Security Management*, qui concerne le pilotage de la sécurité informatique ;
- *Planning to Implement Service Management*, qui concerne la mise en place d'une orientation « client » au sein de la DSI.

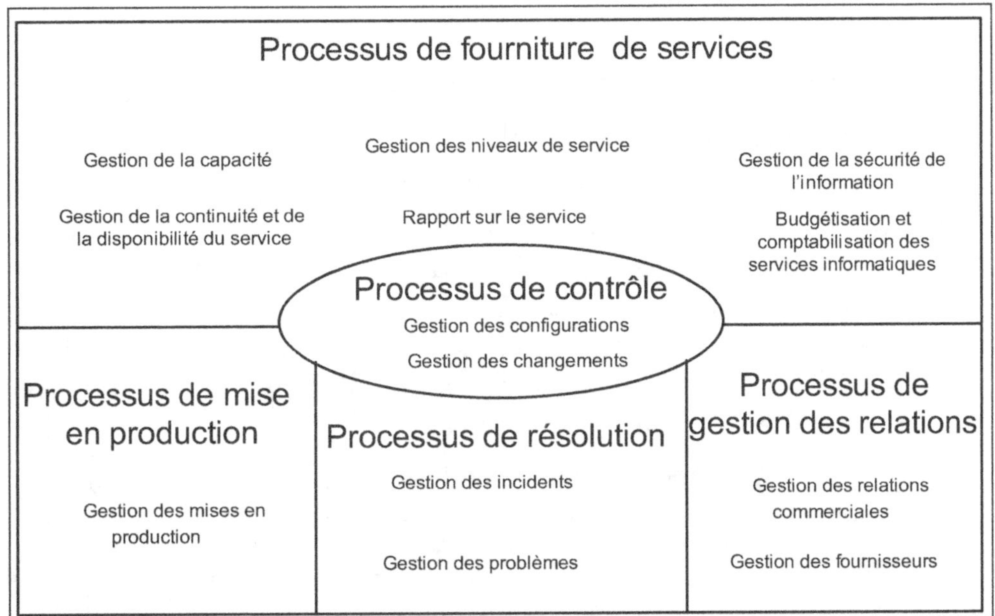

Figure 2-6 : Schéma des processus de gestion des services de la norme ISO/IEC 20000-1:2005

À chaque fois, ITIL adopte la même description des bonnes pratiques (objectifs, périmètre, concepts, bénéfices et difficultés, mise en place, activités, indicateurs et annexes).

ITIL V3

Apparue en 2007, la version V3 du référentiel ITIL est basée sur cinq livres principaux préconisant des bonnes pratiques, proposant des compléments par secteur ou par marché ainsi que des modèles génériques (cartes de processus, etc.).

- *Service Strategy* décrit la stratégie générale et l'apport de valeur des services. Il traite de l'alignement avec les métiers et la gouvernance des TI.
- *Service Design* propose des procédures, des architectures et des documents pour créer les processus de management des services.
- *Service Transition* propose des guides pour intégrer concrètement les processus de gestion des services entre métiers et opérations.
- *Service Operation* propose des guides pour réaliser les objectifs de qualité de service dans un souci d'efficacité et d'efficience.

- *Continual Service Improvement* propose des guides pour identifier et améliorer les processus. Il combine les méthodes du management de la qualité et la boucle d'amélioration PDCA.

ITIL V3 ne donne pas lieu à la certification des organisations. Cette nouvelle version met l'accent sur la boucle d'amélioration continue des services offerts aux clients de la DSI. Par rapport à la version antérieure, elle comprend également une dimension « stratégique » qui se rapproche de l'alignement stratégique cher à CobiT.

eSCM : eSourcing Capability Model

eSCM est un référentiel de bonnes pratiques de la relation client-fournisseur dans le cadre de l'externalisation des processus métier et informatiques.

Après CMMI pour le développement et ITIL pour la production, eSCM a pour objectif de régir les opérations d'outsourcing avec un référentiel miroir s'adressant à la fois aux prestataires et aux donneurs d'ordre (clients), afin de développer et améliorer la capacité de fournir et de gérer des prestations d'externalisation, tout en équilibrant les coûts de production, les risques et la qualité de service.

L'eSCM a été développé par l'institut ITsqc (*Information Technology Services Qualification Center*) de l'université du Carnegie-Mellon en 2001.

Le schéma de la figure 2-7 indique les domaines couverts par le référentiel eSCM.

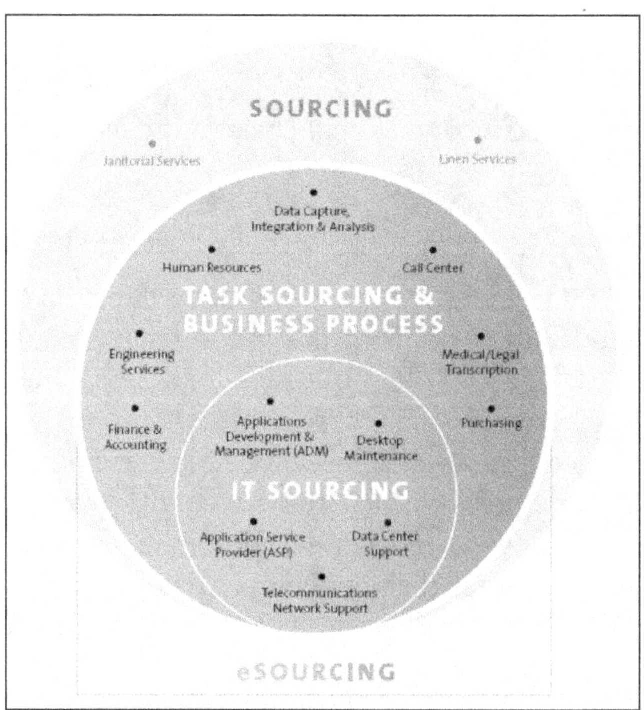

Figure 2-7 : Le périmètre du référentiel eSCM (source ITsqc)

Le référentiel eSCM se compose d'un modèle, d'une méthode d'évaluation de la capacité (aptitude) et d'un cursus de certification, aussi bien pour les individus que pour les organisations.

Ce modèle mesure l'aptitude d'un fournisseur à apporter un service externe à un client. Il est complémentaire à ITIL V3.

Il se décline en deux sous-modèles :

- eSCM-SP à l'attention des fournisseurs de services (*Service Providers*) ;
- eSCM-CL à l'attention des clients de ces services.

Organisation du référentiel

Le modèle eSCM est structuré en 3 dimensions : le cycle de vie du service, les domaines d'aptitude qui regroupent des pratiques sur lesquelles reposent le service, et le niveau d'aptitude associé à chaque pratique.

- Le cycle de vie du « sourcing » :
  - analyse (pour eSCM-CL seulement) ;
  - démarrage ;
  - fourniture ;
  - réversibilité ;
  - permanence (regroupe les pratiques permanentes du modèle).
- Le domaine d'aptitude :
  - 17 domaines pour CL comprenant 95 pratiques ;
  - 10 domaines pour SP comprenant 84 pratiques.
- Le niveau d'aptitude :
  - le modèle comprend 5 niveaux, de 1 à 5 ;
  - les pratiques sont évaluées de 2 à 4.

Les domaines d'aptitude (*pour eSCM-SP*)

Un domaine d'aptitude est un regroupement de pratiques de type procédure, règle et plan qui se rattache à une étape du cycle de vie.

Les pratiques relatives aux exigences des trois premières phases du cycle de vie (démarrage, fourniture et réversibilité) sont traitées dans les domaines suivants :

- contractualisation du sourcing ;
- conception et déploiement du service ;
- fourniture du service ;

- transfert du service.

Les pratiques permanentes du modèle sont réparties dans les domaines suivants :

- gestion de la performance ;
- gestion des relations ;
- gestion des risques ;
- gestion des ressources humaines ;
- gestion de la connaissance ;
- gestion des technologies.

Chaque pratique appartient à un seul domaine.

Les niveaux d'aptitude

Le modèle comporte 5 niveaux d'aptitude qui matérialisent une trajectoire d'amélioration de service. Chaque pratique se rattache à un niveau d'aptitude (niveaux 2, 3 et 4). L'évaluation d'aptitude s'étage du niveau 1 au niveau 5. Toutes les pratiques d'un niveau d'aptitude doivent être mises en œuvre pour pouvoir atteindre ce niveau.

- **Gestion empirique (niveau 1)**

  Le service est fournit sans pratique particulière. Les aptitudes varient fortement selon les contrats et les zones de l'organisation. Ce niveau est caractérisé par un risque d'échec.

- **Gestion cohérente du sourcing (niveau 2)**

  Les procédures sont formalisées :

  – les objectifs sont définis au niveau de chaque engagement ;

  – les attentes réciproques sont identifiées.

  Ce niveau signifie que l'organisation maîtrise 58 pratiques (pour les clients, 52 pour les prestataires).

- **Gestion de la performance de sourcing de toute l'organisation (niveau 3)**

  Focus sur l'ensemble de l'organisation :

  – les processus sont standardisés pour tous les services sourcés et pour l'ensemble de l'organisation ;

  – des compétences « sourcing » sont développées ;

  – gestion proactive de la relation ;

  – gestion des risques.

  Ce niveau signifie que l'organisation a mis en place les 29 pratiques supplémentaires (26 pour la version SP).

- **Gestion proactive de la valeur (niveau 4)**

  Les relations sont focalisées sur la création de la valeur :

  – innovation-valeur ajoutée ;

  – performances prévisibles.

  Pour atteindre ce niveau, l'organisation a mis en place les 8 pratiques supplémentaires. Toutes les pratiques sont mises en place.

- **Maintien de l'excellence (niveau 5)**

  Focus sur l'amélioration continue des processus. Pour atteindre ce niveau, l'organisation doit avoir obtenu deux certifications successives au niveau 4. Il n'y a pas de pratiques spécifiques associées au niveau 5.

Historique des versions du modèle

- 2001 : eSCM-SP V1
- 2004 : eSCM-SP V2
- 2005 : eSCM-CL V1.0
- 2006 : eSCM-SP V2.01 et eSCM-CL V1.1

Une association française, l'Ae-SCM, a été créée pour promouvoir l'eSCM. Elle est présidée par Marie-Noëlle Gibon, DSI de la branche courrier de La Poste.

Le management des études

Le CMMI et la norme ISO/IEC 15504

Le référentiel CMMI est destiné aux entreprises qui cherchent à maîtriser leur usine de développement de systèmes ou de logiciels. En ce sens, le CMMI s'adresse soit aux très grands comptes ayant un service études important, soit aux grandes sociétés de services ou intégrateurs. Le CMMI ne se substitue pas à une gestion de projet informatique au sens traditionnel. Au contraire, il s'appuie sur les méthodes (management de projet informatique, évaluation des charges et des coûts, planification, etc.) sous-jacentes aux projets.

En tant que référentiel de bonnes pratiques, le CMMI comprend 22 domaines de processus, correspondants à un découpage de l'environnement de développement (gestion des exigences, planification de projet, validation…), répartis en 4 grandes catégories (Management de processus, Management de projet, Ingénierie et Support). Chaque domaine de processus contient des objectifs à atteindre, ainsi que la description des pratiques auxquelles il sera fait appel (planifier les processus, fournir les ressources, assigner les responsabilités, former les personnes…).

Mentionnons pour mémoire la norme ISO/IEC 15504 (SPICE[1]) qui permet de certifier la capacité des organisations à produire du logiciel. Elle s'applique plus aux logiciels industriels ou à des systèmes, et concerne rarement la DSI. Cette norme présente des similarités avec le CMMI (modèle de maturité, par exemple).

L'intégration des différents modèles CMM

Au fil des années, la famille CMM (*Capabilty Maturity Model*) s'est agrandie avec l'apparition des éléments suivants :

- CMM ou SW-CMM (*Capability Maturity Model for Software*) correspond au modèle original créé en 1991 pour auditer les structures de développement de logiciel. Son succès explique qu'il soit à l'origine de plusieurs déclinaisons ultérieures ;

- SE-CMM (*System Engineering*), destiné au développement des systèmes ;

- SA-CMM (*Software Acquisition*), consacré aux méthodes d'acquisition des logiciels ;

- P-CMM (*People*), qui s'intéresse aux processus de gestion du personnel ;

- CMMI (*Capabilty Maturity Model Integrated*) améliore et intègre depuis 2000 l'ensemble des modèles CMM.

  CMMI-SE/SW, version de travail v1.02, est la première version du CMMI qui inclut l'ingénierie système, l'ingénierie logicielle et IPPD. Le modèle se décline suivant deux représentations : la représentation continue et la représentation étagée.

  En 2002, apparaît ensuite la version v1.1 qui intègre des modifications mineures de la précédente, des améliorations issues des retours d'expériences, ainsi que quelques pratiques relatives à l'acquisition (SS-SCM, *Supplier Sourcing*). Cela se traduit par la publication des deux modèles du CMMI v1.1 : CMMI-SE-SW-IPPD-SS v1.1 Continuous et CMMI-SE-SW-IPPD-SS v1.1 Staged.

Certaines organisations sont restées CMM-SW mais CMMI est devenu un standard de fait des grandes entreprises mondiales dont le métier est de produire des logiciels. Les entreprises indiennes ont joué un rôle majeur dans la généralisation du standard, en faisant un préalable de qualification dans les consultations.

Les évolutions du CMMI

CMMI v1.2

L'architecture du CMMI v1.2 est bâtie autour de 3 constellations complémentaires (CMMI *Product Suite*), comprenant chacune un noyau commun de 16 domaines de processus et 6 domaines de processus spécifiques à chaque constellation. Chaque constellation est donc composée de 22 domaines de processus. (*Une constellation est un ensemble de composants du CMMI employés pour créer des modèles, des outils de formation et des documents d'évaluation.*)

- CMMI *for Development* (CMMI-DEV v1.2), publié en août 2006.

  C'est le premier modèle du CMMI *Product Suite*. Issu de la fusion des deux modèles CMMI v1.1 (continu et étagé), il a pour objectif d'aider les entreprises à améliorer leurs processus de développement et de maintenance des produits et services.

- CMMI *for Acquisition* (CMMI-ACQ v1.2), publié en mai 2008.

  CMMI-ACQ définit un référentiel de bonnes pratiques de gestion de la relation avec le fournisseur, depuis sa sélection jusqu'au suivi de l'exécution de sa mission, en passant par la rédaction des contrats et la mise en place d'indicateurs permettant de détecter les éventuelles dérives.

- CMMI *for Services* (CMMI-SVC v1.2), publié en février 2009.

  CMMI-SVC a pour objectif d'aider les entreprises en améliorant leurs pratiques et de contribuer à améliorer leur performance, leur profitabilité et la satisfaction client. Le modèle couvre les activités nécessaires pour gérer, établir et délivrer des services.

CMMI v1.3

CMMI v1.3 est en cours de préparation. Sa publication est prévue pour fin 2010.

Le modèle reprendra les 3 constellations du CMMI v1.2 :

- CMMI-DEV v1.3 ;

- CMMI-ACQ v1.3 ;

- CMMI-SVC v1.3.

Quatre évolutions majeures caractérisent cette nouvelle version :

- la clarification et la restructuration des pratiques des domaines de processus des niveaux de maturité 4 et 5 (CAR, OPM, OID, OPP, QPM) ;

- la simplification des pratiques génériques (13 au lieu de 17 en v1.2) ;

- l'amélioration de l'efficacité des évaluations ;

- l'amélioration de la cohérence entre les 3 constellations.

Le modèle de maturité

Le CMMI s'intéresse à la qualité de l'organisation et à la maîtrise des processus. Il propose une démarche stricte pour évaluer les processus et définir des plans d'amélioration continue, ce qui constitue d'ailleurs le standard des modèles de maturité. Son modèle de maturité en 5 niveaux est devenu une référence de description des modèles de maturité.

- **Initial**

  Procédures et autorité mal définies. La réussite des projets dépend du savoir-faire de quelques personnes clés. Aucune ou mauvaise application des principes du génie logiciel. Difficulté à maîtriser les coûts et les délais.

- **Reproductible**

  Utilisation de méthodes standards pour gérer les activités de développement. Le développement est planifié et suivi. L'équipe maîtrise et applique des règles. Bonne gestion des coûts et des délais.

- **Défini**

  Utilisation des méthodes du génie logiciel et application des normes. L'efficacité de chaque processus est vérifiée et les meilleures pratiques sont mises en avant. Processus bien défini et raisonnablement compris.

- **Maîtrisé**

  Collecte et analyse systématique des données sur les processus. Les processus sont mesurés, les risques calculés et devancés. Processus bien compris, quantifiés, mesurés et raisonnablement maîtrisés.

- **En optimisation**

  Utilisation des données pour l'amélioration itérative des processus, capitalisation de l'expérience. Tous les processus sont optimisés et toutes les évolutions sont appréhendées. Maîtrise des processus.

Deux types de représentation sont proposés selon que l'on s'intéresse à la maturité de chacun des processus ou à celle de l'organisation.

- La représentation continue (*continuous*) : moins utilisée, cette représentation répond à un souci de mise en avant partielle de certains processus.

- La représentation étagée (*staged*) : c'est le modèle original en 5 niveaux. Cette représentation répond à un souci de progression et d'amélioration des processus.

Le niveau 1 est le niveau de départ. Les organisations bien rodées se satisferont des niveaux 2 et 3, ce dernier attestant de processus jugés généralement suffisamment optimisés et sécurisés. Les niveaux 4 et 5 sont l'apanage des structures très réactives, capables de surveiller et d'améliorer en permanence leur activité.

Il n'existe pas de certification CMMI au sens de l'ISO. Il y a cependant des méthodes qui permettent de situer le niveau de maturité d'une entreprise vis-à-vis du déploiement du CMMI. La plus complète est SCAMPI (*Standard CMMI Appraisal Method for Process Improvement*). Cette méthode est appliquée par des auditeurs certifiés aptes à délivrer une reconnaissance de « niveau de maturité » pour une organisation donnée.

> **Repère : le CMMI**
>
> Le déploiement de CMMI est un projet de transformation très sérieux. Il nécessite à la fois une bonne description des processus, un système d'information associé, une véritable conduite du changement et la standardisation des pratiques en termes de pilotage de projets. On compte au minimum 18 mois pour être niveau 2, et 18 mois de plus pour passer niveau 3. En France, le nombre d'organisations de niveau 3 est sans doute inférieur à 10 !

Les modèles « qualité »

La norme ISO 9001

L'ISO 9001 décrit les exigences pour un système de management de la qualité en vue d'une certification de l'organisme qui le met en œuvre ou de satisfaire une volonté de ses clients. Cette norme est un outil de management destiné aux organisations afin de maîtriser la chaîne client-fournisseur en :

- donnant confiance aux clients dans la capacité de l'entreprise à maîtriser tous ses processus impliqués dans la livraison des produits/services ;
- modélisant les organisations selon un référentiel commun.

La mise en œuvre de l'ISO 9001 repose sur les 8 principes suivants :

- l'écoute client ;
- le leadership ;
- l'implication du personnel ;
- l'approche processus ;
- le management par approche système ;
- l'amélioration continue ;
- l'approche factuelle pour la prise de décision ;
- les relations mutuellement bénéfiques avec les fournisseurs.

La certification s'appuie sur une évaluation de l'organisation ayant mis en œuvre un système de management selon un périmètre d'activité bien identifié. L'évaluation consiste à apprécier si le système est bien documenté et si sa mise en œuvre fournit les résultats attendus par rapport à la politique et aux objectifs fixés par la direction.

Une caractéristique importante de l'ISO 9001 est son caractère générique. Ainsi, cette norme ne spécifie aucun processus lié à un métier particulier, et il appartient à chaque organisation d'en définir le nombre et la portée.

C'est d'ailleurs ce caractère qui a permis sa grande diffusion en permettant à l'ensemble des acteurs industriels de disposer d'un standard commun applicable quel que soit leur secteur d'activité.

Le modèle EFQM

Le modèle EFQM, proposé par l'*European Foundation for Quality Management*, est un modèle d'excellence destiné aux organismes qui désirent satisfaire de façon durable toutes les parties prenantes par leurs réalisations et leurs méthodes.

Le modèle EFQM repose sur les principes fondamentaux suivants :

- l'orientation résultats ;
- l'orientation clients ;
- le leadership et la constance des objectifs ;
- le management par les processus et les faits ;
- le développement et l'implication des personnes ;
- l'apprentissage, l'innovation et l'amélioration ;
- le développement des partenariats ;
- la responsabilité sociale/sociétale de l'organisation.

La mise en œuvre de ces principes s'appuie sur trois phases de maturité différentes :

- la phase Initiation ;
- la phase Réalisation ;
- la phase Maturité.

Le modèle EFQM est une représentation non normative d'une organisation selon neuf critères répartis en deux catégories, à savoir les moyens et les résultats.

- Les critères de moyens concernent la façon dont l'organisation gère ses activités clés. Ils sont les suivants :
  - leadership ;
  - personnel ;
  - politique et stratégie ;
  - partenariats et ressources ;
  - processus.
- Les critères de résultats concernent la façon dont les résultats de l'organisation sont obtenus. Ils sont les suivants :
  - résultats pour le personnel ;

– résultats pour les clients ;

– résultats pour la collectivité ;

– résultats performances clés.

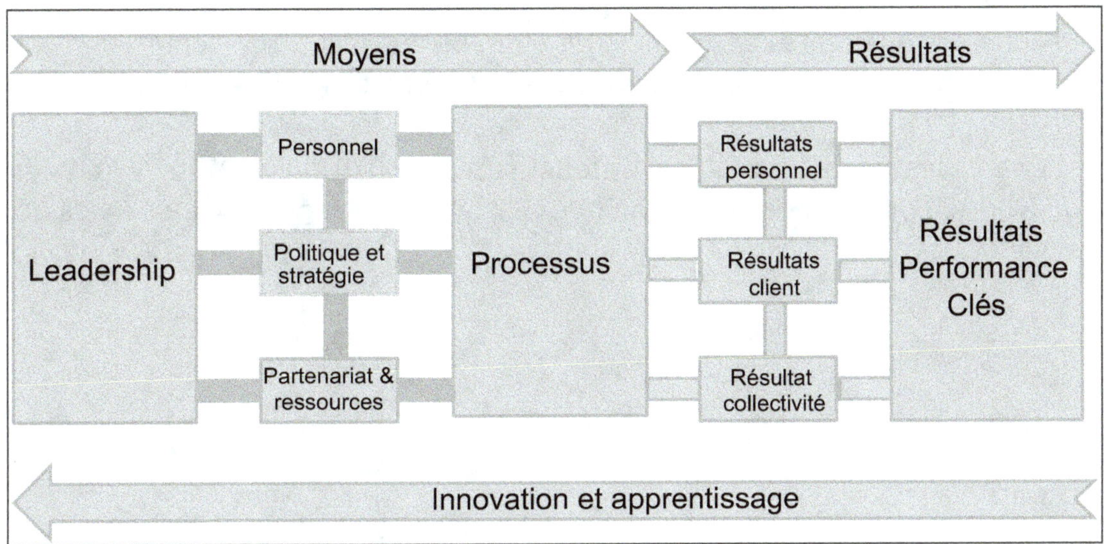

Figure 2-8 : Les critères du modèle EFQM

Le modèle EFQM a été conçu pour fournir une reconnaissance de l'excellence à travers un trophée annuel. Il se base sur une évaluation des organisations candidates selon les neufs critères. Chaque catégorie de critères est notée sur 500 points. L'organisation candidate qui a obtenu le plus grand nombre de points se voit décerner le trophée.

Le développement durable

Sujet en vogue actuellement, le développement durable est en même temps source de confusion. De quoi parle-t-on : du volet social ? du volet écologique ? et sur quel périmètre ? de la DSI pour elle-même ou pour l'ensemble des impacts des SI de l'entreprise sur l'environnement ?

En règle générale, les fournisseurs communiquent sur le volet écologique (*Green* IT) pour démontrer leur engagement dans les économies d'énergie, l'économie du papier ou le recyclage en général. Ils peuvent aussi, comme SAP, en profiter pour commercialiser un module supplémentaire de l'ERP pour aider leur client à gérer ces aspects.

Concernant les DSI, on leur demande parfois de se conformer aux normes de la série ISO 14000 qui permettent de piloter l'incidence des activités d'une organisation sur l'environnement. Il est fréquent de coupler la démarche de certification ISO 14001 avec l'ensemble des référentiels applicables à la DSI.

En résumé

Il y a beaucoup de référentiels qui concernent la DSI ; ceci met en évidence la nécessité de trouver un langage commun, de créer une convergence entre ces différentes approches. En effet, même si chacun d'entre eux a sa raison d'être, il n'est pas possible de piloter une DSI sans en unifier le langage et les processus.

Parmi les incontournables, citons surtout : ITIL, ISO 27001/27002 et ISO 14001, le tout dans une logique d'amélioration continue au service du client (ISO 9001).

Chapitre 3

Appréhender CobiT

Le référentiel CobiT a suscité toute une série de travaux et de publications. Dans les premières versions, V3 et antérieures, la publication principale était le guide d'audit. À partir de la version 4, c'est le guide de management qui est devenu le principal ouvrage descriptif de CobiT.

Dans ce chapitre, CobiT est décrit en termes de structure générale et d'approche à travers plusieurs points de vue : celui du guide de management pour CobiT V4.1, qui constitue le document de base, puis ceux de diverses ressources. En complément, il est utile de consulter périodiquement le site *http://www.isaca.org* pour connaître les dernières publications proposées.

La suite de cet ouvrage a pour vocation de fournir un guide de lecture pour tous ceux qui souhaitent mettre en œuvre CobiT au sein de leur organisation informatique.

Description générale

CobiT offre un cadre de référence de contrôle structuré des activités informatiques selon 34 processus répartis en quatre domaines :

- Planifier et Organiser (PO) ;
- Acquérir et Implémenter (AI) ;
- Délivrer et Supporter (DS) ;
- Surveiller et Évaluer (SE).

La figure 3-1 présente les différents domaines et processus associés.

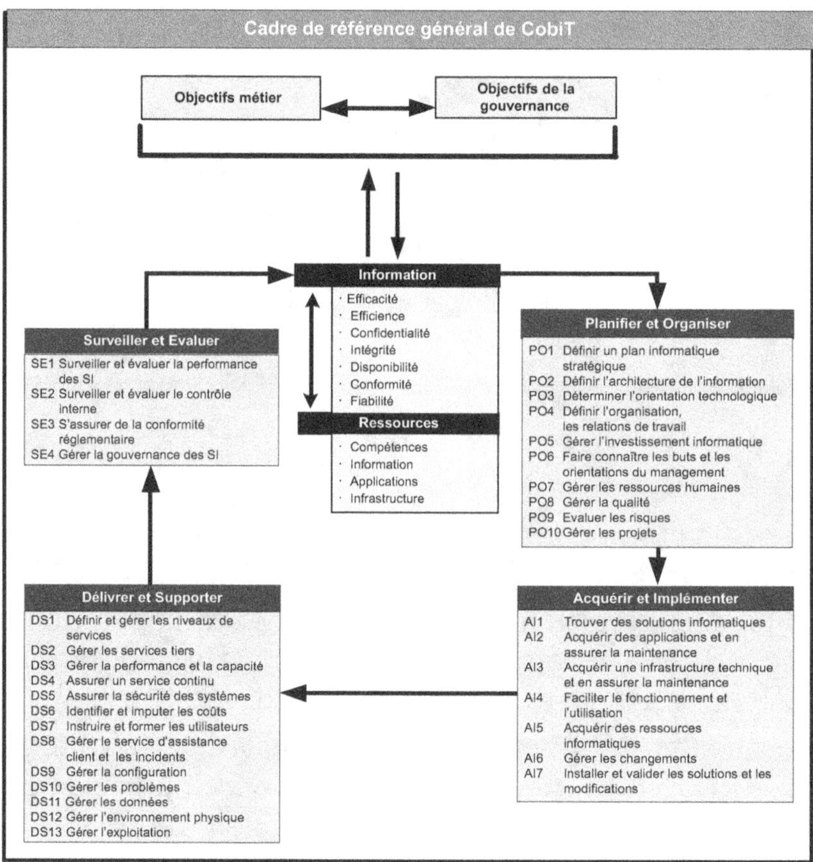

Figure 3-1 : Organisation du référentiel CobiT

Les composants de CobiT

Les quatre domaines de CobiT regroupent des ensembles cohérents de processus. Le domaine PO représente la dimension stratégique de la gouvernance des TI. Le domaine AI rassemble tous les processus qui impactent les ressources, de l'acquisition à l'implémentation : on y trouve aussi bien les projets que la mise en exploitation. Le domaine DS est consacré aux services offerts aux clients de la DSI. Enfin, le domaine SE couvre largement la dimension de contrôle, d'audit et de surveillance de l'ensemble.

Les processus de CobiT

Pour chacun des 34 processus, CobiT en décrit le périmètre et l'objet pour ensuite lister et développer :

- **les objectifs de contrôle** destinés aux auditeurs informatiques, qui sont détaillés dans d'autres publications ;

- **un guide de management** inscrit dans une logique de gouvernance des SI ;

- **un modèle de maturité** propre à chaque processus.

Les critères d'information

Pour la gouvernance des TI, CobiT prend en compte une très riche segmentation de l'information selon des critères précis (efficacité, efficience, confidentialité, intégrité, disponibilité, conformité et fiabilité). Ces critères correspondent aussi bien au point de vue d'un auditeur qu'à celui du manager :

- **efficacité** : la mesure par laquelle l'information contribue au résultat des processus métier par rapport aux objectifs fixés ;
- **efficience** : la mesure par laquelle l'information contribue au résultat des processus métier au meilleur coût ;
- **confidentialité** : la mesure par laquelle l'information est protégée des accès non autorisés ;
- **intégrité** : la mesure par laquelle l'information correspond à la réalité de la situation ;
- **disponibilité** : la mesure par laquelle l'information est disponible pour les destinataires en temps voulu ;
- **conformité** : la mesure par laquelle les processus sont en conformité avec les lois, les règlements et les contrats ;
- **fiabilité** : la mesure par laquelle l'information de pilotage est pertinente.

Les ressources informatiques

Cette dénomination regroupe les quatre classes suivantes : applications, informations, infrastructures et personnes.

- **Application** : les systèmes automatisés et les procédures pour traiter l'information.
- **Information** : les données, comme entrées ou sorties des systèmes d'information, quelle que soit leur forme.
- **Infrastructure** : les technologies et les installations qui permettent le traitement des applications.
- **Personnes** : les ressources humaines nécessaires pour organiser, planifier, acquérir, délivrer, supporter, surveiller et évaluer les systèmes d'information et les services.

Objectifs métier et objectifs informatiques

De façon globale, CobiT propose 17 objectifs métier répartis selon les quatre axes d'un BSC, à savoir : perspective financière, perspective client, perspective interne à la DSI et perspective future ou anticipation. Ces 17 objectifs métier renvoient à 28 objectifs informatiques, eux-mêmes liés aux processus CobiT, un même objectif informatique étant associé à un ou plusieurs processus CobiT. Ainsi, CobiT offre une transitivité entre objectifs métier et informatiques, processus et activités. Cette structuration permet d'obtenir une sorte de synthèse de la gouvernance des SI.

Les processus dans CobiT V4.1

Chaque processus est décrit sur quatre pages, ce qui correspond à l'approche générale, l'audit, le management du processus et le modèle de maturité.

Les objectifs de contrôle

Les objectifs de contrôle sont décrits en termes d'attendus résultant de la mise en œuvre des processus. Des documents plus détaillés (*Guide d'audit des systèmes d'information – Utilisation de CobiT*, ou en version anglaise : IT *Assurance Guide: Using CobiT*) déclinent la structure de contrôle à des fins opérationnelles. Il apparaît clairement que CobiT est un outil opérationnel pour les auditeurs qui y trouveront toute la matière nécessaire pour établir des questionnaires et des grilles d'investigation.

Le guide de management

La page consacrée au guide de management comprend un descriptif des entrées-sorties du processus, un RACI avec rôles et responsabilités associés aux activités du processus, et enfin, une proposition d'indicateurs de contrôle.

Les activités

CobiT distingue les objectifs de contrôle (vision destinée à l'auditeur) des activités (vision management). Cette distinction peut surprendre car la liste des activités reprend certains objectifs de contrôle dans ses intitulés. Parfois, ces activités sont directement extraites de la description des objectifs de contrôle. De plus, les activités sont listées mais non décrites. Le lecteur doit donc faire l'effort de déterminer dans la description des objectifs de contrôle ce qui relève de la description d'activité. Il devrait décortiquer chaque objectif de contrôle en tentant d'isoler l'information attachée aux activités, aux instances/organisations, aux fonctions, aux documents/livrables et enfin au contexte.

Pour la mise en œuvre de CobiT, partir des activités est intéressant à condition de ne pas s'y enfermer. Il vaut mieux prendre cette liste comme un « pensebête » pour donner du corps à une description personnalisée en fonction de l'organisation.

Les responsabilités et fonctions dans CobiT (RACI)

CobiT ne distingue pas moins de 19 parties prenantes ou fonctions pour la gouvernance des systèmes d'information. Chacune d'elles peut avoir un ou plusieurs rôles pour chaque activité.

On peut ainsi être responsable ou garant, ou simplement consulté ou informé, selon la situation. Ceci est décrit dans un tableau croisé activités/fonctions.

CobiT ne propose pas à proprement parler une organisation, mais les objectifs de contrôle font parfois référence à des instances comme le comité stratégique informatique ou le comité de pilotage informatique dont les missions sont clairement énoncées. Là encore, le RACI[1] est indicatif. Selon la taille et l'organisation de la DSI, certaines fonctions « génériques » peuvent être plus ou moins structurées en postes et emplois. Le RACI de CobiT est une base à affiner au cas par cas.

1. RACI : en anglais *Responsible, Accountable, Consulted, Informed*, traduit par Responsabilité, Autorité (celui qui est garant), Consulté, Informé. L'autorité (A) dicte la « politique » qui sera appliquée par le responsable (R).

Tableau 3-1 : Exemple de RACI (pocessus PO1)

ACTIVITÉS	DG	DF	Direction métier	DSI	Propriétaire processus métier	Responsable exploitation	Responsable architecture	Responsable développements	Responsable administratif	Bureau projet	Conformité, audit, risque et sécurité
Lier objectifs métier et objectifs informatiques.	C	I	A/R	R	C						
Identifier les dépen-dances critiques et les performances actuelles.	C	C	R	A/R	C	C	C	C	C		C
Construire un plan informatique straté-gique.	A	C	C	R	I	C	C	C	C	I	C
Élaborer des plans informatiques tactiques.	C	I		A	C	C	C	C	C	R	I
Analyser les portefeuilles de programmes et gérer les portefeuilles de projets et de services.	C	I	I	A	R	R	C	R	C	C	I

Les objectifs et les indicateurs

Pour chaque processus, on détaille les objectifs et les métriques associées. Un processus est considéré comme piloté lorsque des objectifs lui ont été assignés et que des indicateurs ont été définis pour atteindre les objectifs[1].

Nul doute que cette construction garantisse la bonne gouvernance en reliant ainsi les différents indicateurs de l'activité élémentaire au métier. Ceci étant, il faut disposer d'un vrai système d'information de pilotage pour le mettre en œuvre, ce qui correspond au stade ultime de la gouvernance SI. Autant les objectifs de contrôle nous semblent très structurants et invariants, autant la partie « guide de management » est à considérer comme un exemple méritant d'être contextualisé, complété et personnalisé au cas par cas.

Le modèle de maturité

CobiT propose un modèle de maturité générique faisant l'objet d'une déclinaison spécifique pour chacun des 34 processus. Ainsi, la mise en œuvre de chacun des 34 processus peut être confrontée à des stades du modèle de maturité selon une échelle classique en la matière (voir figure 3-2). En se limitant à cette description générique, on peut donc mesurer de façon globale la maturité de chaque processus et piloter leur amélioration.

1. Chacun de ces objectifs donne lieu à une mesure de performance qui permet de savoir si l'objectif est atteint (*lag indicator* en anglais), ce qui constitue en même temps le contexte de l'objectif suivant (*lead indicator*). Ainsi, l'objectif informatique « s'assurer que les services informatiques sont capables de résister à des attaques et d'en surmonter les effets », par exemple, s'inscrit à la fois dans un contexte (*lead* : le nombre d'accès frauduleux) et s'avère mesuré par un résultat (*lag* : le nombre d'incidents informatiques réels qui ont eu un impact sur l'activité de l'entreprise).

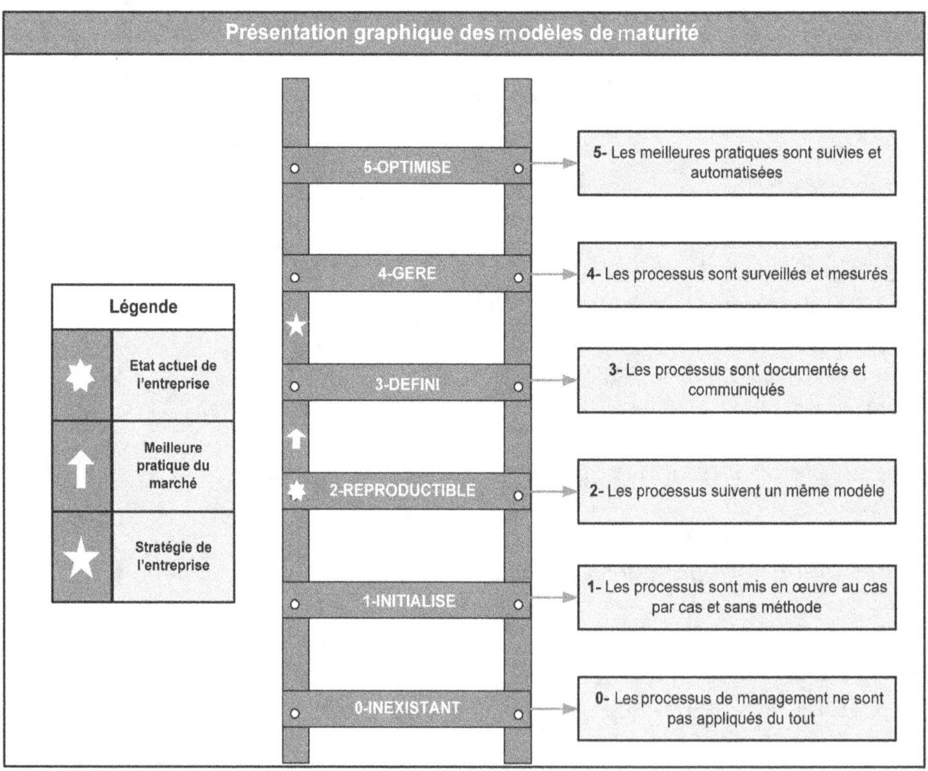

Figure 3-2 : Modèle de maturité

CobiT veut aller plus loin en groupant trois dimensions au modèle de maturité, pour chacun des 34 processus. Il propose ainsi les dimensions suivantes :

- quoi : contrôle (initialisé, reproductible, défini, géré et optimisé), stades de 0 à 5 ;

- combien : couverture en termes de périmètre ;

- comment : capacité à réaliser les objectifs.

En étudiant la description du modèle de maturité[1] par processus, il semble que chaque stade caractérise un palier de mise en œuvre en fonction de son périmètre de déploiement au sein de l'entreprise. Il peut ainsi y avoir confusion entre le périmètre spécifique de déploiement d'un processus (dimension « combien ») et le stade de maturité générique qu'il a atteint, au sens du CMM (dimension « contrôle »).

Pour un même processus, il est ainsi possible de fixer des objectifs différents de progression de la maturité en fonction de l'état de maturité observé sur plusieurs périmètres de sa mise en œuvre. Pour un métier ou un système donné, le processus peut être évalué au niveau 2 du modèle de maturité alors que, pour d'autres, il peut l'être au niveau 3. Selon les exigences métier et la criticité de l'informatique sur les métiers de l'entreprise, la cible en termes de niveau de maturité peut être différente.

Dans le cas d'un périmètre d'évaluation de la maturité globale selon CobiT (c'est-à-dire tous les métiers et tous les systèmes), il serait donc réducteur de dire par exemple qu'un processus donné est globalement au niveau 2 si, selon les endroits où il est applicable, il se trouve au niveau 3, 4 ou 1.

Le modèle de maturité CobiT est conçu pour offrir une grande flexibilité à l'évaluateur en fonction de ses objectifs et des besoins d'amélioration. Il est adapté à l'activité d'audit du ou des processus considérés plutôt qu'à une activité de mise en œuvre d'une démarche CobiT globale dans l'entreprise.

En effet, il n'y a aucune recommandation ni orientation quant à la priorité ou l'ordre de mise en œuvre des processus. Les 34 processus du référentiel CobiT ne sont pas présentés pour se loger dans un modèle de maturité étagé avec une logique de mise en place progressive comme dans CMMI.

En revanche, un ordre de mise en place des processus CobiT peut être envisagé mais, dans ce cas, il sera toujours spécifique à chaque entreprise en fonction de ses exigences métier et de ses objectifs informatiques. C'est d'ailleurs à partir d'une évaluation initiale des 34 processus CobiT et selon les exigences métier qu'il sera possible de définir un plan de mise en place. Ce plan spécifiera, processus par processus, les différents niveaux de maturité à atteindre en fonction des métiers et de la criticité des systèmes informatiques associés. Nous n'avons donc pas repris, dans la suite de la présentation des processus, les éléments spécifiques des modèles de maturité de CobiT.

1. Il y a au moins une centaine de modèles de maturité dont un bon nombre servent à des référentiels utilisés en DSI. Le précurseur est celui du SEI (*Software Engineering Institute*) qui a donné le CMM (*Capability Maturity Model*), conçu pour évaluer la maturité des organisations en charge du développement de logiciel. En général, un modèle de maturité a cinq niveaux : inexistant, intuitif, défini, géré et mesurable, optimisé.

Les documents et publications autour de CobiT

Il existe de très nombreux travaux de recherche et publications autour de CobiT. Certains sont particulièrement importants pour compléter le référentiel.

CobiT est organisé en trois niveaux pour appuyer la direction et la fonction conseil, les métiers et le management des SI ainsi que la gouvernance, la sécurité et le contrôle.

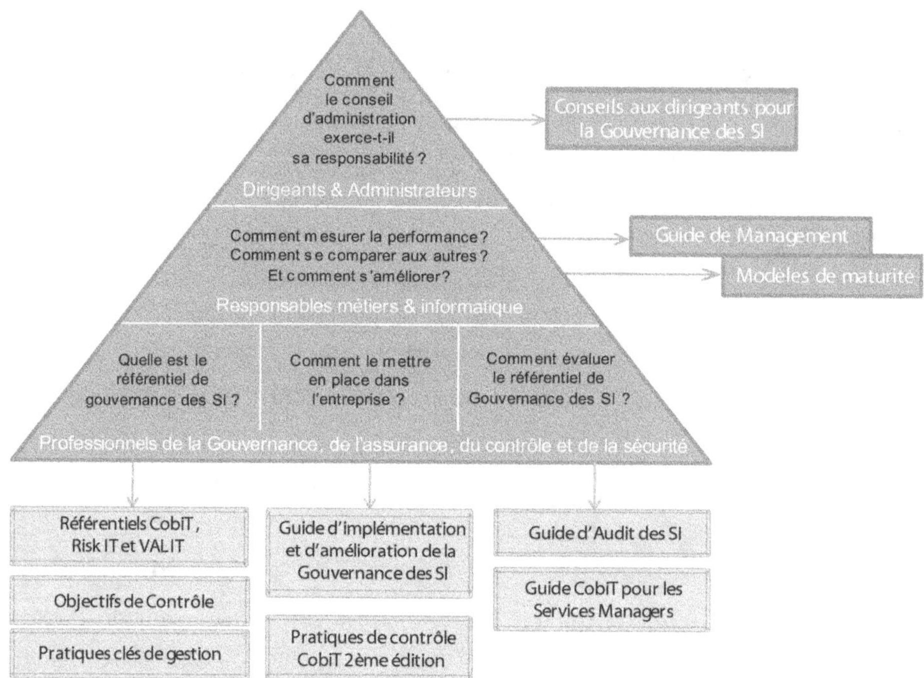

Figure 3-3 : Documents liés à CobiT

La figure 3-3 distingue les différentes publications liées à CobiT selon qu'elles concernent :

- les guides de management ;
- les objectifs de contrôle ;
- les modèles de maturité ;
- l'organisation.

À destination de la direction

- *Board Briefing on IT Governance, 2nd edition*, IT Governance Institute, 2003. Pour plus de détails, voir *Board Briefing on IT Governance, 2nd edition*.
- *Information Security Governance: Guidance for Boards of Directors and Executive Management, 2nd edition*, IT Governance Institute, 2006.

- La série *Enterprise Value: Governance of IT Investments* (Val IT), IT Governance Institute, comprenant cinq publications :
  - *Val IT Framework 2.0* ;
  - *Value Management Guidance for Assurance Professionals: Using Val IT 2.0* ;
  - *Val IT Getting Started with Value Management* ;
  - *Val IT The Business Case* ;
  - *Val IT Mapping: Mapping of Val IT 2.0 to MSP, PRINCE2 and ITIL V3.*

Toutes les publications référencées ci-dessus sont disponibles en téléchargement sur le site de l'ISACA (*http://www.isaca.org*) à la rubrique « Download »).

À destination des métiers

- *Management Guidelines*, 3rd *édition*, IT Governance Institute, 2000.

À destination de la gouvernance TI, du contrôle et de la sécurité

- *Framework*, IT Governance Institute.

- *Control Objectives*, IT Governance Institute, 2000.

- *CobiT Control Practices: Guidance to Achieve Control Objectives for Successful* IT *Governance*, 2nd *édition*, IT Governance Institute, 2007. Pour plus de détails, voir *CobiT Control Practices: Guidance to Achieve Control Objectives for Successful IT Governance*, 2nd *édition*.

- *The IT Assurance Guide: Using CobiT*, IT Governance Institute. Pour plus de détails, voir IT *Assurance Framework* (ITAF)

- IT *Assurance Framework* (ITAF), IT Governance Institute, 2008. Pour plus de détails, voir IT *Assurance Framework* (ITAF).

- IT *Control Objectives for Sarbanes-Oxley*, 2nd *édition*, IT Governance Institute, 2006. Pour plus de détails, voir IT *Control Objectives for Sarbanes-Oxley*, 2nd *édition*.

- IT *Control Objectives for Basel II: The Importance of Governance and Risk Management for Compliance*, IT Governance Institute, 2007. Pour plus de détails, voir IT *Control Objectives for Sarbanes-Oxley*, 2nd *édition*.

- IT *Governance Implementation Guide: Using CobiT and Val IT*, 2nd *édition*, IT Governance Institute, 2007. Pour plus de détails, voir IT *Control Objectives for Sarbanes-Oxley*, 2nd *édition*.

- Le site de CobiT Online. Pour plus de détails, voir « CobiT Online », page 53.

- *CobiT Security Baseline: An Information Security Survival Kit*, 2nd *édition*, IT Governance Institute, 2007. Pour plus de détails, voir *CobiT Security Baseline: An Information Security Survival Kit*, 2nd *édition*.

- *CobiT Quickstart*, 2nd *édition*, IT Governance Institute, 2007.

- *CobiT Mapping*, IT Governance Institute.
- Les cours de formation : *CobiT Foundation Course and Exam*. Pour plus de détails, voir *CobiT Foundation Course and Exam*.

Autres publications

- IT *Alignment: Who Is in Charge?*, IT Governance Institute, 2005 (*http:// www.itgi.org/AMTemplate.cfm?Section=Deliverables&Template=/ContentManagement/ ContentDisplay.cfm&ContentID=33921*).
- *Optimizing Value Creation from* IT *Investments*, IT Governance Institute, 2005.
- *Information Risks: Whose Business Are They?*, IT Governance Institute, 2005 (*http:// www.itgi.org/AMTemplate.cfm?Section=Deliverables&Template=/ContentManagement/ ContentDisplay.cfm&ContentID=33919*).
- *Governance of Outsourcing*, IT Governance Institute.
- *Measuring and Demonstrating the Value of* IT, IT Governance Institute.

CobiT est une structure vivante et évolutive, plusieurs projets sont d'ailleurs en cours de développement. Les informations s'y référant sont disponibles sur le site de l'ISACA.

Toutes les publications référencées ci-dessus sont disponibles en téléchargement sur le site de l'ISACA (*http://www.isaca.org*) et sur celui de l'ITGI (*http:// www.itgi.org*).

Description détaillée de certaines publications

CobiT Control Practices: Guidance to Achieve Control Objectives for Successful IT Governance, 2nd edition

Les pratiques de contrôle présentées dans cet ouvrage étendent le champ d'intervention de CobiT, en y ajoutant un niveau de détail supplémentaire basé sur les bonnes pratiques.

L'ensemble des processus informatiques, tout comme les exigences liées aux informations stratégiques et les objectifs de contrôle détaillés, définissent ce qu'il est nécessaire de faire pour implémenter un contrôle de la structure efficient, tout en maîtrisant les risques, et ce, afin de récolter les gains induits par cette implémentation.

Les pratiques de contrôle fournissent davantage de détails quant à la finalité de cette implémentation, afin d'éclairer et de répondre aux besoins du management, des métiers, des utilisateurs, et enfin des parties prenantes. Ces pratiques permettent donc de justifier l'implémentation et de mettre en œuvre des contrôles spécifiques.

Les ouvrages IT *Assurance Guide: Using CobiT* et IT *Governance Implementation Guide: CobiT and Val* IT, 2nd *edition* se réfèrent également aux pratiques de contrôle.

IT Assurance Guide: Using CobiT

L'ouvrage IT *Assurance Guide: Using CobiT* est une mise à jour de *The Audit Guidelines*. Ce livre utilise le terme « d'assurance », plus large que celui « d'audit » car il englobe l'évaluation d'activités non gouvernées par un audit standard interne ou externe, pour désigner la gouvernance.

Ce guide permet de passer en revue les différents processus informatiques ainsi que les objectifs de contrôle détaillés leur étant destinés, afin de réguler et d'optimiser le management des systèmes d'information, tout en améliorant leur performance.

Il inclut également un guide permettant d'expliquer comment employer CobiT afin de mettre en œuvre la gouvernance de l'ensemble des activités informatiques, et de définir le champ d'application de la gouvernance et ceux des objectifs de contrôle.

L'utilisation de ce guide permet aux auditeurs d'appuyer leurs conclusions, dans la mesure où CobiT est basé sur des critères officiels issus de normes et de documents de bonnes pratiques publiés par des organismes de normalisation publics (ISO, CEN…) ou privés (diverses associations professionnelles nationales et internationales).

La version française de cet ouvrage, *Guide d'audit des systèmes d'information - Utilisation de CobiT*, a été publiée en 2008 par l'AFAI.

IT Assurance Framework (ITAF)

Le livre IT *Assurance Framework* (ITAF) fournit une aide pour la conception, la mise en œuvre des missions de gouvernance et la rédaction de rapports d'audit des SI. Il définit également les termes et les concepts spécifiques de la gouvernance des SI, ainsi que les standards en matière de définition des rôles et des responsabilités des professionnels de la gouvernance. Par ailleurs, il référence les compétences requises et les procédures à suivre, notamment en matière d'atteinte et de contrôle des objectifs.

L'ITAF définit trois catégories de standards :

- les standards généraux ;

- les standards liés à la performance ;

- les standards relatifs au reporting.

L'ITAF n'est pas un document uniquement réservé aux professionnels de la gouvernance. Il permet aussi d'aider l'ISACA dans l'accomplissement de sa mission : le conseil aux professionnels de la gouvernance des SI.

IT Control Objectives for Sarbanes-Oxley, 2ⁿᵈ edition

Cette seconde édition, achevée en avril 2006, est parue à l'automne 2006.

Des événements tels que les affaires Enron ou Worldcom ont donné naissance à une nouvelle ère de l'histoire du secteur financier, caractérisée par une plus grande responsabilisation des entreprises.

La loi Sarbanes-Oxley (2002) fut d'ailleurs créée afin de restaurer la confiance des investisseurs dans le marché public américain, affecté par les scandales financiers et la défaillance des entreprises en matière de gouvernance.

Malgré toute la communication réalisée autour de cette loi, une relativement faible attention fut portée sur le rôle des SI dans les processus aboutissant à la production de rapports financiers. C'est d'autant plus désolant au regard des exigences et de l'opportunité que constituent ces rapports pour la plupart des entreprises, étroitement dépendantes de la bonne gouvernance de l'environnement des SI.

De nombreux professionnels des SI sont tenus pour responsables de la qualité et de l'intégrité des informations produites, surtout lorsque celles-ci ne répondent pas aux objectifs du contrôle interne comme des exigences préconisées par la loi Sarbanes-Oxley. Dès lors, des objectifs de contrôle peuvent être définis, permettant de réduire les risques liés à l'information.

En coopération avec les contributeurs, l'ITGI a rédigé le livre IT *Control Objectives for Sarbanes-Oxley, 2ⁿᵈ edition*. Ce dernier fait office de référence pour les décideurs et les professionnels du contrôle des SI, ainsi que pour les professionnels de la gestion et de la gouvernance des SI, lorsque la loi Sarbanes-Oxley est applicable.

IT Control Objectives for Basel II: The Importance of Governance and Risk Management for Compliance

L'ouvrage IT *Control Objectives for Basel II: The Importance of Governance and Risk Management for Compliance* fournit un cadre pour la gestion des risques liés à l'information dans le contexte de Bâle 2. Ce document s'adresse à deux entités distinctes : les membres de la DSI et les experts du service financier. Grâce à la structure présentée dans cette publication, les services financiers sont capables d'appliquer les exigences préconisées en matière de processus et de contrôler les informations relatives aux technologies. Cet ouvrage traduit le rôle des SI en tenant compte des risques opérationnels liés, et la finalité des actions pour les membres de la DSI, les auditeurs internes, les responsables de la gestion des risques et de la sécurité de l'information.

IT Governance Implementation Guide: CobiT and Val IT, 2nd edition

L'objectif de ce guide est de fournir aux lecteurs une méthodologie pour implémenter ou améliorer la gouvernance en utilisant CobiT ou Val IT. Il apporte ainsi une aide au lecteur dès lors que sa fonction concerne la gestion, la conformité, les risques, la qualité, la performance, la sécurité ou encore la gouvernance du SI.

Ce guide délivre un plan permettant de mettre en œuvre la gouvernance du SI grâce à CobiT et Val IT en 15 étapes. Il couvre les cinq domaines suivants.

- **Identifier les besoins :** être attentif, obtenir l'engagement (soutien) des décideurs, définir le champ d'application, identifier les risques ainsi que les ressources et les éléments à fournir, et prévoir un plan d'action.

- **Prévoir une solution :** évaluer les performances actuelles, identifier les zones d'amélioration possibles et analyser les incohérences.

- **Planifier :** définir les projets et mettre en place un plan d'amélioration.

- **Implémenter la solution :** mettre en œuvre les améliorations et les plans visant à accroître la performance, et revoir l'efficacité des programmes.

- **Rendre la solution opérationnelle :** mettre en place une solution durable et identifier les nouvelles exigences en matière de gouvernance.

La première recommandation de Val IT est l'alignement à la stratégie d'entreprise, notamment au travers de trois aspects.

- **La gouvernance :** définir le champ d'application de la gouvernance et établir un contrôle de la structure de façon à aboutir à un alignement clair et cohérent entre la stratégie d'entreprise et le SI, en tenant compte des programmes d'investissement découlant de la stratégie.

- **La gestion du portefeuille :** gérer l'ensemble du portefeuille afin de dégager de la valeur pour l'entreprise.

- **Les investissements :** contrôler et mesurer les résultats de chaque programme d'investissement concernant les métiers, les processus, les individus, la technologie et les changements organisationnels engendrés par l'activité de l'entreprise et les projets informatiques.

CobiT Online

CobiT Online est un service Web auquel tout le monde peut accéder, dès lors que l'on est membre de l'ISACA et inscrit au service. En utilisant la personnalisation du site ISACA, rubrique « My ISACA, Access COBIT Online », on peut construire et télécharger sa propre version de CobiT, adaptée à son entreprise.

Pour un utilisateur de CobiT, CobiT Online offre un accès facile et rapide à l'ensemble des ressources CobiT, telles que les meilleures pratiques, la mise en œuvre du benchmarking, etc.

Évoluant en fonction des retours d'expériences des utilisateurs, CobiT Online est régulièrement mis à jour.

CobiT Security Baseline: An Information Security Survival Kit, 2nd edition

Ce guide, basé sur CobiT 4.1, offre une vue d'ensemble des ressources nécessaires à l'organisation pour mettre en œuvre une gouvernance des SI et un contrôle de sa structure. CobiT étend la sécurité à un périmètre englobant les métiers.

Cet ouvrage met l'accent sur les risques spécifiques liés à la sécurisation du SI. Dès lors, la mise en œuvre de la sécurisation des SI est facilitée, quelle que soit la taille de l'organisation à laquelle elle est appliquée. Il fournit les éléments suivants :

- une introduction à la sécurisation des informations, ce qu'elle signifie et les domaines qu'elle englobe ;

- une explication sur l'importance de la sécurisation et des exemples de situations fréquemment rencontrées pouvant générer des risques ;

- des éléments permettant un éclairage en matière de définition des risques ;

- des points de contrôle ;

- en complément de la configuration de CobiT 4.1, une configuration mise à jour selon la norme ISO/IEC 17799:2005 définissant les standards en matière de sécurité des informations (présentés dans les normes ISO/IEC 27001:2007 et ISO/IEC 27002:2007) ;

- un « kit de survie » de la sécurité de l'information, fournissant les informations à destination :

  - des utilisateurs particuliers ;

  - des utilisateurs professionnels ;

  - des managers ;

  - des décideurs ;

  - des grands décideurs ;

  - du comité de direction ;

- une annexe contenant un résumé de la sécurité relative aux risques techniques.

CobiT Foundation Course and Exam

Les formations[1] CobiT aident les professionnels à faciliter l'application des recommandations fournies par CobiT au sein de leur organisation.

Les compétences CobiT nouvellement acquises permettent d'aider les organisations et les métiers dans l'alignement stratégique des processus, afin de permettre aux SI d'être une source de création de valeur pour l'ensemble de l'entreprise.

Avec l'adoption croissante de CobiT, l'ISACA reconnaît le besoin de structuration et d'apprentissage, mais aussi celui de travailler de manière conjointe avec les Itpreneurs afin de développer une formation ciblée et pertinente.

Les formations proposées sont les suivantes :

- *CobiT Foundation Course – Classroom* ;
- *CobiT Foundation Exam – Classroom* ;
- *Implementing* IT *Governance* Using COBIT *and Val IT – Classroom.*

Ces cours de formation sont disponibles sur le site de l'ISACA, (*http://www.isaca.org*), rubrique « CobiT/CobiT Training ».

1. Pour plus de détails sur ces formations, rendez-vous sur le site Internet de l'ISACA, à la rubrique Members & Leaders – COBIT-COBIT Training.

Board Briefing on IT Governance, 2nd edition

Cet ouvrage s'adresse aux comités de direction, aux conseils de surveillance, aux comités d'audit, aux PDG, aux directeurs des SI ainsi qu'à tous les autres décideurs. Il est également basé sur CobiT et explique en quoi la gouvernance des SI est primordiale, quelle est sa finalité et fournit des conseils pour sa mise en œuvre. Ce document est composé :

- d'un résumé du contexte propre à la gouvernance ;
- d'une description de l'étendue de la gouvernance ;
- de bonnes pratiques et de facteurs de succès ;
- de conseils pour mesurer la performance ;
- de modèles de maturité accompagnés du moyen d'évaluer l'organisation.

CobiT et la certification

Il n'existe pas de certification CobiT pour les organisations, mais il en existe pour les personnes.

L'ISACA propose trois certifications internationales :

- CISA (*Certified Information System Auditor*) ;
- CISM (*Certified Information Security Manager*) ;
- CGEIT (*Certified in the Governance of Enterprise Information Technology*).

Ce sont des certifications individuelles, attachées à la personne qui les obtient et les maintient.

L'obtention de ces certifications requiert non seulement le passage et la réussite de l'examen correspondant, mais le candidat doit également justifier de cinq années d'expérience dans le domaine concerné.

Les candidats doivent ensuite adhérer au code d'éthique professionnel de l'ISACA et accepter de participer au programme de formation continue correspondant au domaine de la certification.

Le maintien de ces certifications est conditionné d'une part, par le paiement des frais de maintien de certification et d'autre part, par la fourniture annuelle des justificatifs des heures de formation continue suivies à l'ISACA.

CISA : *le certificat d'audit des systèmes d'information*

La certification CISA couvre tous les domaines de l'audit des systèmes d'information, des aspects les plus techniques aux aspects les plus organisationnels tels que :

- processus d'audit des systèmes informatiques ;
- gouvernance des SI ;
- gestion du cycle de vie et de l'infrastructure des systèmes ;
- fourniture et support des services ;
- protection des avoirs informatiques ;
- plan de continuité et de secours informatique.

CISM : *la certification pour le management de la sécurité des systèmes d'information*

Cette certification vise essentiellement la population des responsables sécurité des systèmes d'information, mais aussi celle des auditeurs/consultants en sécurité, désireux de démontrer leurs expériences et compétences en la matière.

Le CISM couvre un ensemble de domaines comprenant :

- la gouvernance de la sécurité ;
- le Risk Management ;
- le schéma directeur de la sécurité des systèmes d'information ;
- la gestion de la sécurité ;
- la gestion de crise.

CGEIT : *une nouvelle certification en matière de gouvernance du SI*

Cette certification vise un large panel de professionnels, afin de reconnaître leurs connaissances et leur mise en œuvre des principes de la gouvernance du système d'information et l'application des bonnes pratiques correspondantes. Elle s'adresse aux personnes physiques, mais elle permet un apport de valeur aux entreprises qui les emploient.

Les six domaines couverts par la CGEIT sont :

- le cadre de référence de la gouvernance du SI ;

- l'alignement stratégique ;

- la fourniture de valeur ;

- le Risk Management ;

- le management des ressources ;

- la mesure de la performance du SI.

Comment aborder CobiT ?

Pour chacun des 34 processus, CobiT offre deux angles d'approche très complémentaires. Le premier propose une approche des processus par les objectifs de contrôle, très adaptée au monde de l'audit, le second propose un guide de management des processus mais ne fournit aucune indication sur la façon de le mettre en place et de l'animer. Il appartient à chaque entreprise de « faire son marché » dans l'ensemble des composants de CobiT.

Avant d'aborder CobiT, il faut comprendre son apport sans entrer dans un projet de déploiement complet et trop ambitieux. La présentation qui en est faite ici se focalise sur une vision dynamique de chaque processus en vue de les implanter dans une organisation. Dans les chapitres qui vont suivre, nous décrirons, pour chaque processus, une vue d'ensemble du processus selon un triptyque (exigences métier vis-à-vis du SI, domaines de gouvernance et ressources informatiques). Une vision dynamique du processus sera ensuite exposée sur la base d'un parti pris en ce qui concerne les activités incontournables du processus en se basant sur une analyse des objectifs de contrôle et des RACI existant dans CobiT. Enfin, des commentaires sur les conditions de mise en œuvre et de mesure des processus seront proposés après la description des processus.

Ainsi, les chapitres suivants s'adressent à ceux qui souhaitent disposer d'une *roadmap* (feuille de route) pour lancer une démarche de mise en œuvre de CobiT au sein de leur entreprise. Ils ont pour but de leur donner les clés de lecture de CobiT afin de les aider à implémenter les processus.

À qui s'adresse CobiT ?

CobiT pour l'auditeur informatique

Les premières versions de CobiT ont été développées pour les auditeurs informatiques, dans la droite ligne des travaux menés par l'ISACA et avec le souci d'accompagner au mieux la profession des auditeurs des systèmes d'information.

La structuration et la complétude des objectifs de contrôle fait de CobiT le cadre de référence idéal pour toute forme d'investigation.

Le cube CobiT (figure 3-4) illustre l'organisation du référentiel autour de trois dimensions : processus (et activités), segmentation de l'information et ressource concernée.

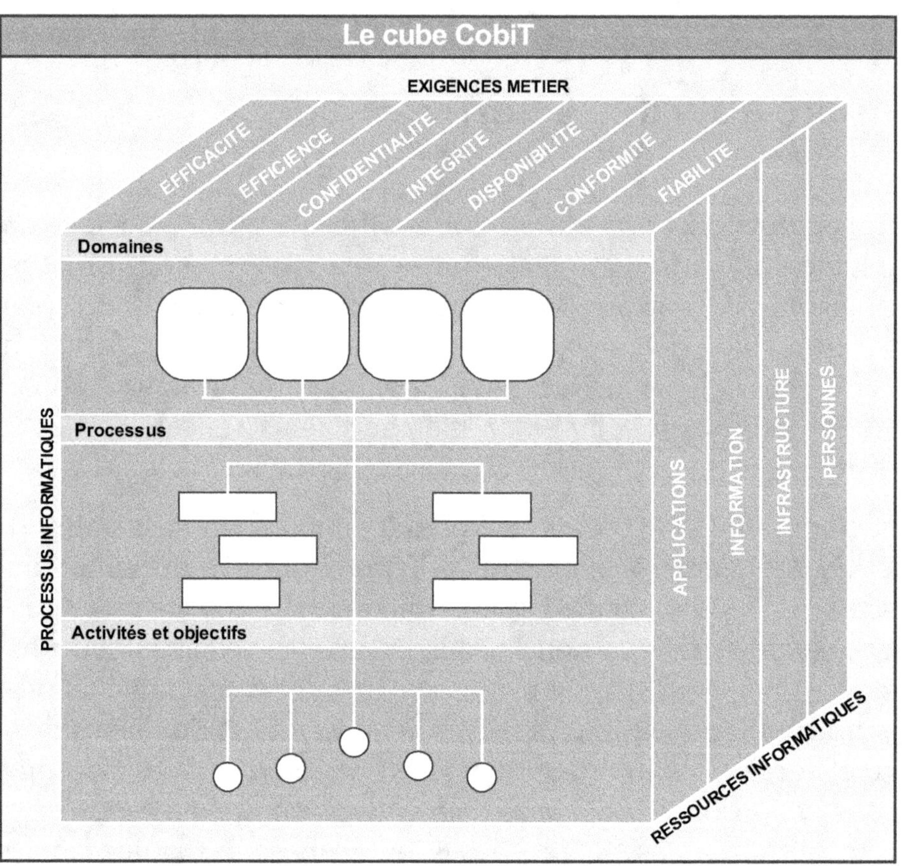

Figure 3-4 : Le cube CobiT

CobiT pour le dialogue entre parties prenantes

Selon une étude diligentée par le CIGREF (Club informatique des grandes entreprises françaises), l'un des facteurs clés de succès de la gouvernance passerait par la qualité de la relation entre le DSI et le DG. Dans l'approche CobiT, ce facteur de succès serait plutôt le signe que la gouvernance est restée à un niveau « intuitif ». Le passage à un niveau plus « optimisé » permettrait de substituer à la personnalisation de cette relation une série de processus maîtrisés et optimisés.

Les processus[1] de CobiT peuvent paraître trop globaux à un chef de projet informatique, par exemple, mais la granularité choisie résulte d'un compromis entre la couverture de l'ensemble du domaine TI et la compréhension par toutes les parties prenantes des objectifs de chaque processus. Que ce soit la direction générale, les métiers, les auditeurs internes ou externes, les services de support aux métiers (DAF, DRH, Risk Management, etc.), voire les actionnaires, tout le monde peut communiquer autour de ce cadre de référence. C'est donc avant tout un langage commun, non technique, qui préfigure la nécessité d'instaurer un dialogue entre les parties.

C'est ainsi que la DSI utilise fréquemment CobiT comme outil d'auto-évaluation. En effet, il représente un moyen pour elle de démontrer à sa hiérarchie, et ce de façon proactive, que son niveau de maîtrise des systèmes d'information est satisfaisant sur tous les aspects relevant de sa responsabilité. Et les auditeurs peuvent valider la qualité de l'évaluation à l'aide du même outil. Cette approche peut permettre de justifier l'importance de mener des projets d'amélioration, voire de débloquer des budgets !

CobiT pour le pilotage des systèmes d'information

Dans la mise en œuvre de CobiT, il est conseillé de mener des actions de conduite du changement qui regrouperont les acteurs concernés par un même processus, à l'intérieur comme à l'extérieur de la DSI. Cette démarche a pour effet de préciser à la fois les activités critiques et les responsabilités associées.

Ceci a le mérite d'isoler ce qui ressort strictement du périmètre de la DSI à un moment donné (la performance opérationnelle), de ce qui relève des conditions de fourniture des services (niveau de service, consommation des services) ou de l'investissement. Le management y trouve une transparence qui permet de dépolitiser le débat autour de la valeur ajoutée des systèmes d'information. Tout ceci engendre un climat favorable aux bonnes prises de décision visant à accroître l'efficience, optimiser les investissements et éclairer les choix, pour le plus grand bénéfice de l'entreprise. À partir du standard CobiT, l'entreprise peut bâtir son référentiel pour mettre sur pied un modèle de gouvernance des systèmes d'information.

Les limites : ce que CobiT n'est pas

Même si CobiT est à l'origine un référentiel issu du monde du contrôle interne, il n'a pas pour vocation de servir de référentiel de certification selon une approche de conformité à des exigences réglementaires ou contractuelles comme l'ISO 9001, ou d'évaluation de processus comme l'approche CMMI. En revanche, les objectifs de contrôle de CobiT sont largement

1. Le découpage en 34 processus répartis en 4 domaines donne une vision synthétique de la gouvernance TI. En revanche, certains processus peuvent être jugés comme trop globaux, un peu comme des macroprocessus. La description détaillée des activités et des objectifs de contrôle donne un niveau de granularité intermédiaire.

utilisés pour répondre à des exigences de certification ou de contrôle interne comme SOX, Bâle II.

CobiT ne propose pas de modèle de maturité étagé pour une évaluation de la direction des systèmes d'information. Ainsi, aucun ordre de priorité de mise en œuvre des processus n'est proposé.

CobiT ne propose pas une organisation spécifique liée à la gouvernance des systèmes d'information d'une entreprise comme le proposent les normes de système de management pour la filière qualité.

CobiT ne propose pas non plus un enchaînement des activités propres à modéliser les processus de maîtrise des SI de l'entreprise comme c'est le cas avec ITIL pour la fourniture et le soutien des services.

CobiT ne va pas régler la question de la bonne communication entre la DSI et les parties prenantes.

Enfin, CobiT n'est pas un outil de conduite du changement miraculeux qui diffuserait une culture de la mesure de la performance et de l'amélioration. En revanche, son déploiement peut aider le management à mener une action de changement simultanément.

En résumé

CobiT est un outil fédérateur qui permet d'instaurer un langage commun pour parler de la gouvernance des systèmes d'information, tout en intégrant les apports d'autres référentiels ou, de façon plus générale, les spécificités de l'entreprise.

Il présente l'avantage d'avoir été conçu pour une approche globale et, pour le pilotage, l'inconvénient d'être issu de l'audit, ce qui fait que son volet guide de management est méconnu.

Son implémentation suppose un accompagnement tenace en termes de conduite du changement et une approche raisonnable sur le périmètre à couvrir en premier lieu.

PARTIE II

Description détaillée des processus

CobiT est largement décrit dans la documentation publiée par l'ISACA et traduite pour partie en français par l'AFAI. Les quatre chapitres qui suivent décrivent ses 34 processus, regroupés par domaines (PO, AI, DS et SE), afin que le lecteur ait une vue d'ensemble de chacun mais aussi du cadre global. Les forces et faiblesses du référentiel sont mises en exergue : ainsi, le modèle de maturité n'a pas été repris car il semble trop complexe et imprécis à mettre en œuvre. Il ne s'agit pas non plus de laisser croire que le déploiement de CobiT partirait d'un modèle unique et immuable pour toutes les DSI. L'important est d'abord de comprendre et de se persuader des avantages de CobiT pour structurer l'ensemble de ses processus.

La description de chaque processus suit un plan détaillé : vue d'ensemble, sa raison d'être, objectifs et périmètre, représentation schématique, planification et mise en œuvre, mesures et contrôles, rôles et responsabilités, entrées et sorties du processus. La représentation schématique du processus tente en particulier une mise en perspective de ses activités dans une boucle d'amélioration (définir, mettre en œuvre, améliorer, contrôler).

Le guide de management pour CobiT V4.1 publié par l'AFAI constitue un excellent document complémentaire à la description qui suit.

Chapitre 4

Planifier et Organiser

Les processus décrits dans ce chapitre traitent de la stratégie et de la tactique permettant d'optimiser la contribution des SI à l'atteinte des objectifs métier de l'entreprise.

Les processus de ce domaine sont les suivants :

- PO1 – Définir un plan informatique stratégique
- PO2 – Définir l'architecture de l'information
- PO3 – Déterminer l'orientation technologique
- PO4 – Définir les processus, l'organisation et les relations de travail
- PO5 – Gérer les investissements informatiques
- PO6 – Faire connaître les buts et les orientations du management
- PO7 – Gérer les ressources humaines de l'informatique
- PO8 – Gérer la qualité
- PO9 – Évaluer et gérer les risques
- PO10 – Gérer les projets

PO1 | Définir un plan informatique stratégique

La place tenue par les systèmes d'information au sein de l'entreprise prend une dimension de plus en plus stratégique. L'objectif de création de valeur et la volonté de contribuer efficacement au développement et à la performance de l'entreprise sont aujourd'hui au cœur des préoccupations des directions des systèmes d'information.

Cette contribution n'est rendue possible que si l'informatique adopte des choix d'investissement s'inscrivant dans une démarche de transparence, planifiée et en cohérence avec les objectifs métier sur les long et moyen termes. Cette démarche aboutit à la définition d'un plan informatique stratégique.

La planification stratégique informatique est nécessairement reliée à l'architecture d'entreprise et à son processus de planification globale. Elle joue un rôle essentiel pour contrôler et diriger toutes les ressources informatiques, en conformité avec la stratégie commerciale et les priorités de l'entreprise.

Vue d'ensemble

Le processus PO1 résulte principalement d'une volonté de mettre en place une stratégie des systèmes d'information performante (alignement stratégique) qui réponde au critère d'efficacité du système d'information pour les métiers.

Cette volonté conduit les DSI à s'investir davantage dans la stratégie globale en s'impliquant dans la connaissance des métiers et le contexte de l'entreprise, tout en maîtrisant le risque informatique, pour définir un plan informatique stratégique. Cela permet de maîtriser le potentiel du système d'information actuel et d'anticiper l'évolution de toutes les ressources informatiques selon le critère d'efficience.

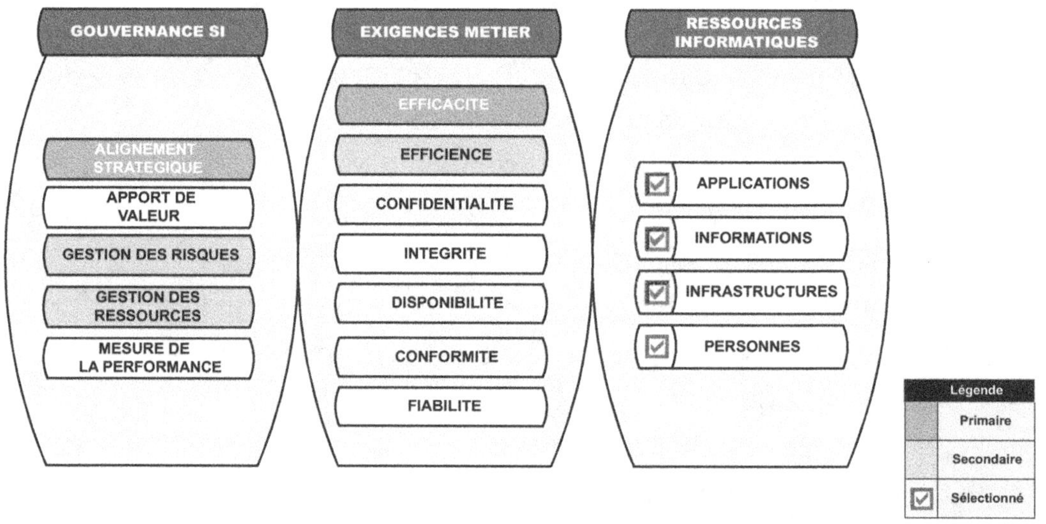

Figure 4-1 : Définir un plan informatique stratégique : PO1

Pourquoi ?

Le plan informatique stratégique amène le DSI à mieux piloter son budget et à avoir une vision des investissements à long et moyen termes. Concrètement, il se décline en plans informatiques tactiques, ou schémas directeurs SI, indiquant des objectifs concis à court terme ainsi qu'en plans d'action et de tâches compris et acceptés par les métiers et l'informatique. Il en ressort des portefeuilles de projets et des offres de services traduisant les besoins métier.

L'objectif avoué est aussi de rendre cohérentes et transparentes les dépenses des projets, en communiquant et en impliquant les parties prenantes fonctionnelles informatiques et les métiers.

Le plan informatique stratégique crée une dynamique de communication. Il fait ainsi apparaître à l'ensemble des parties prenantes les opportunités et les limites de l'informatique, évalue la performance actuelle, identifie les besoins en termes de capacité matérielle et de ressources humaines et met au clair le niveau d'investissement exigé.

Objectifs et périmètre

Vis-à-vis des 28 objectifs globaux assignés au système d'information (voir annexe 2, « Objectifs du système d'information et processus CobiT »), le processus PO1 doit permettre de maîtriser les objectifs présentés dans le tableau 4-1.

Tableau 4-1 : Objectifs du processus PO1

Obj. 01	Réagir aux exigences métier en accord avec la stratégie métier.
Obj. 02	Réagir aux exigences de la gouvernance en accord avec les orientations du CA.

Le processus de planification stratégique informatique dépend en grande partie des orientations stratégiques et commerciales de l'entreprise. Son périmètre englobe l'ensemble des investissements informatiques de l'entreprise et les actifs associés.

Description du processus

La figure 4-2 représente les flux internes du processus PO1.

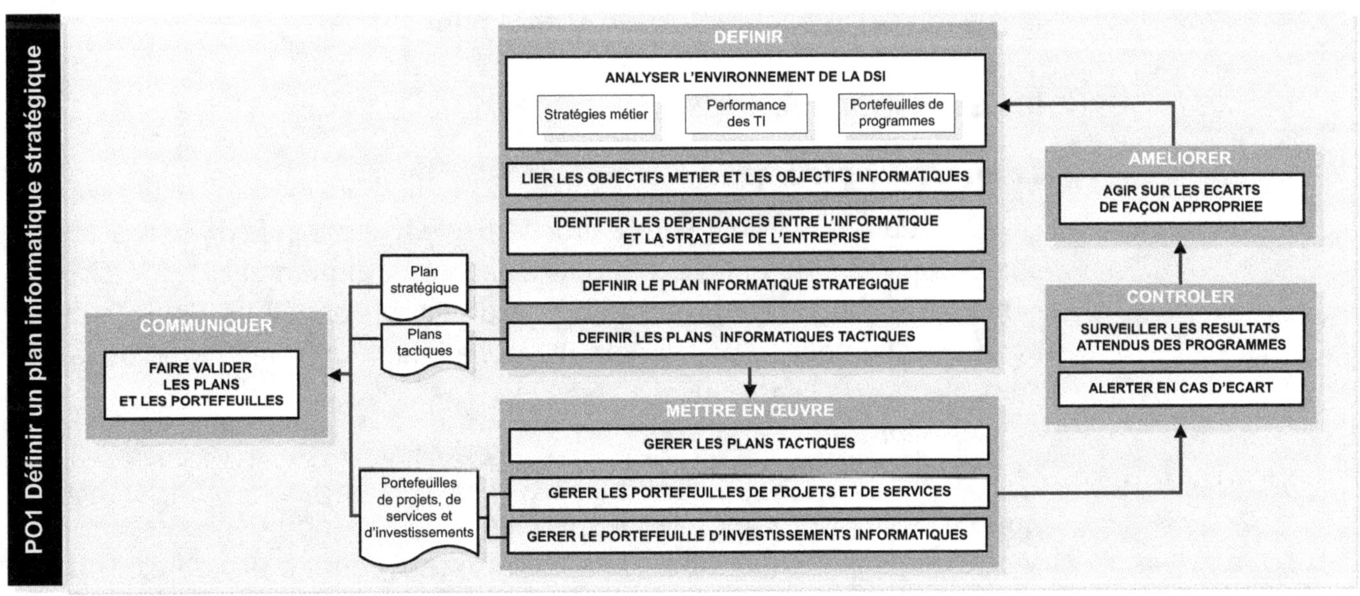

Figure 4-2 : Représentation schématique des flux internes du processus PO1

Planification et mise en œuvre

La mise en place d'un processus d'alignement stratégique ou de définition d'un plan informatique stratégique repose sur une connaissance des métiers de l'entreprise ainsi que des capacités et de la performance réelle des ressources informatiques disponibles. Mais au-delà de ce savoir, l'implication des métiers et de la direction de l'entreprise sont indispensables pour valider les orientations futures.

Cette approche présente l'avantage d'établir un dialogue afin de faire prendre conscience aux métiers de la valeur de l'informatique dans le but de mieux arbitrer l'attribution des budgets de fonctionnement et d'investissement.

Selon la taille de l'entreprise, ce processus devra assurer la déclinaison de ce plan stratégique par la mise en place de programmes d'investissement qui pourront être à leur tour déclinés en portefeuilles de projets informatiques et de services.

Mesures et contrôles

Les métriques à mettre en place pour s'assurer de l'efficacité du processus concernent la vérification des objectifs Obj. 01 et Obj. 02 présentés plus haut. Ces mesures portent principalement sur la couverture par le plan stratégique des besoins métier.

La mesure de la mise en œuvre de ce processus passe surtout par le suivi des évolutions des plans SI (stratégiques et tactiques) par rapport aux plans équivalents de l'entreprise et au taux de participation des métiers à la gestion des programmes d'investissement.

Rôles et responsabilités

Le directeur général

Compte tenu de la finalité de ce processus, le responsable de ce processus, son propriétaire ou encore son pilote est très logiquement la direction de l'entreprise, par l'entremise d'un de ses directeurs généraux. Seule la direction générale peut se porter garante de l'alignement stratégique de la DSI aux objectifs de l'entreprise.

Le responsable métier

Au sein de ce processus, chaque métier a la responsabilité de s'assurer que ses objectifs métier sont bien pris en compte et reliés à des objectifs informatiques afin que la contribution de l'informatique au métier soit concrétisée.

Le directeur des systèmes d'information (DSI)

Son rôle est de s'assurer, en s'appuyant sur ses adjoints, que la déclinaison du plan stratégique SI est bien réalisée et que l'ensemble des ressources informatiques sera en mesure de fournir le service adéquat selon les budgets définis.

Les entrées-sorties du processus

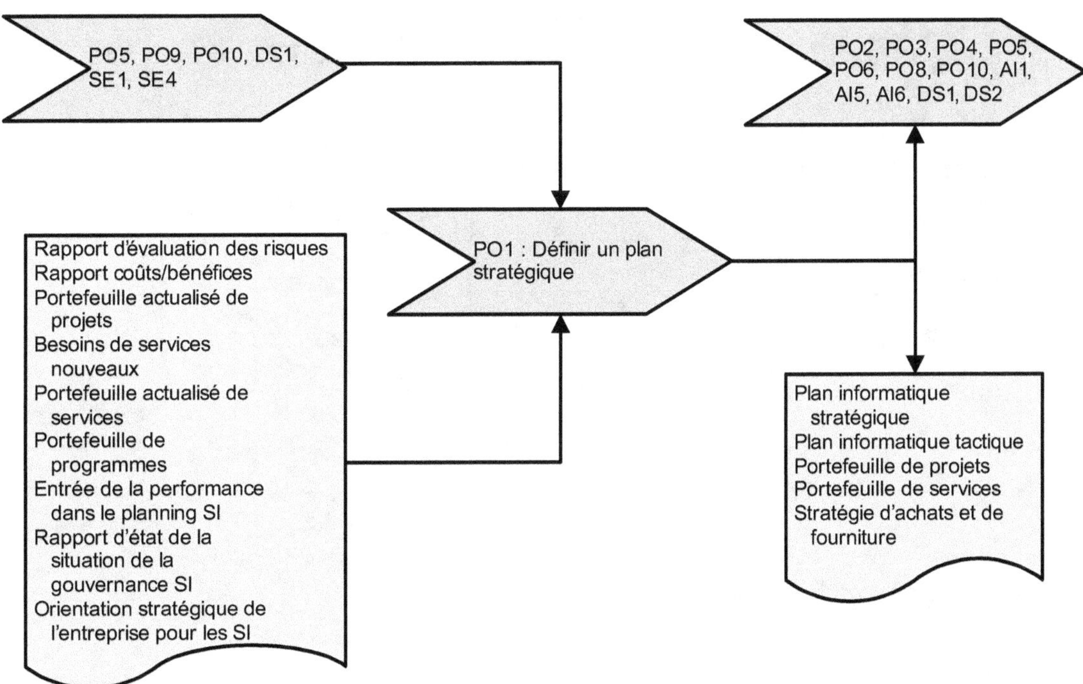

Figure 4-3 : Les entrées-sorties du processus PO1

PO2 | Définir l'architecture de l'information

Parmi les actifs de l'entreprise, l'information prend une place croissante aussi bien pour la bonne marche des processus métier que pour l'aide à la décision.

Des dérives et des dysfonctionnements au niveau des systèmes d'information se répercutant sur la bonne marche de l'entreprise sont à craindre si la DSI ne garantit pas la qualité de l'information qu'elle met à disposition des activités métier et si elle ne met pas en place les ressources et les outils pour la contrôler.

Cette maîtrise au sein d'une DSI est conditionnée par la connaissance de son patrimoine applicatif et à la source, par la connaissance de la nature des informations traitées. La modélisation des informations métier contribue à cet effort, en permettant la mise en place de systèmes appropriés optimisant l'utilisation de cette information.

Vue d'ensemble

Le processus PO2 met en avant la nécessité de disposer de ressources informatiques pour lesquelles les informations sont utilisées de façon optimisée et sécurisée (alignement stratégique, apport de valeur, gestion des risques, etc.), qui répondent aux critères d'efficience, d'intégrité, d'efficacité et de confidentialité.

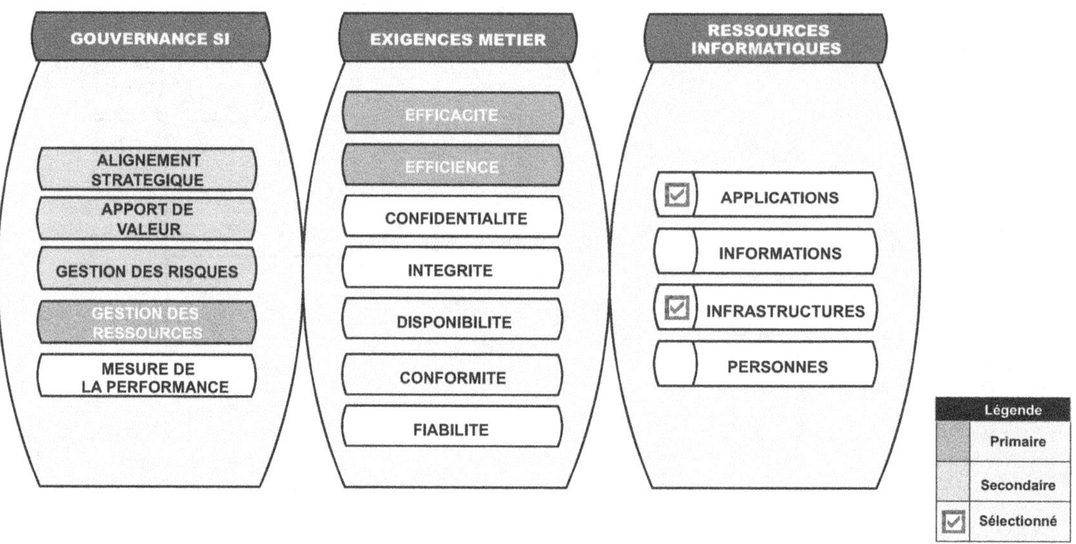

Figure 4-4 : Définir l'architecture de l'information : PO2

Pourquoi ?

La modélisation de données permet d'éviter bien des écueils, l'objectif étant de maintenir leur cohérence et d'éviter leur redondance ainsi que l'émergence de systèmes d'information parallèles traitant de l'information en doublon.

La classification de l'information à travers un schéma validé, prenant en compte la criticité et la sensibilité des données (publiques, confidentielles, secrètes) par rapport au cœur de l'activité, contribue à définir des niveaux de sécurité et à statuer sur le propriétaire de l'information.

Se posent ensuite les questions de maintenabilité et d'évolutivité du système. C'est pourquoi assurer l'intégrité et la cohérence de toutes les données stockées ou archivées au format électronique fait aussi partie des objectifs du processus.

C'est sur ces bases que la DSI est en meilleure position pour faciliter le développement de systèmes répondant aux besoins spécifiques des métiers.

Objectifs et périmètre

Vis-à-vis des 28 objectifs globaux assignés au système d'information (voir annexe 2, « Objectifs du système d'information et processus CobiT »), le processus PO2 doit permettre de maîtriser les objectifs présentés dans le tableau 4-2.

Tableau 4-2 : Objectifs du processus PO2

Obj. 01	Réagir aux exigences métier en accord avec la stratégie métier.
Obj. 04	Optimiser l'utilisation de l'information.
Obj. 05	Donner de l'agilité à l'informatique.
Obj. 11	S'assurer de l'intégration progressive des solutions informatiques aux processus métier.

Le périmètre du processus comprend l'ensemble des données numérisées ou informatisées dans les systèmes gérés par la DSI ou par les métiers.

Description du processus

La figure 4-5 représente les flux internes du processus PO2.

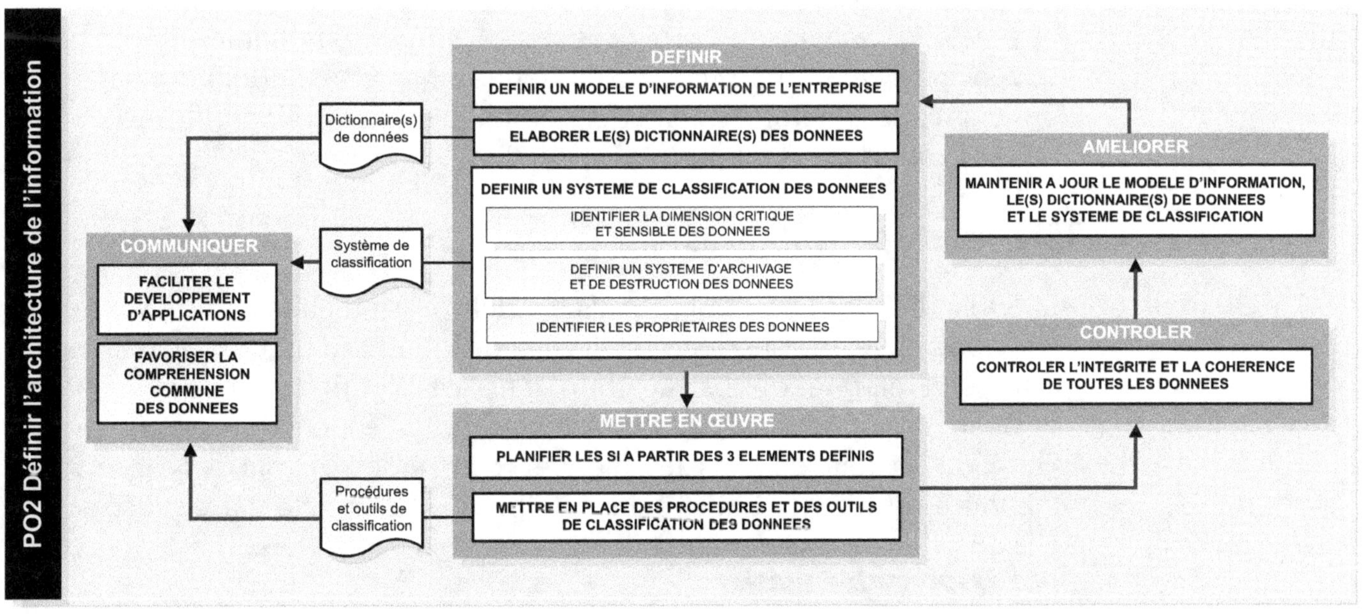

Figure 4-5 : Représentation schématique des flux internes du processus PO2

Planification et mise en œuvre

Pour être mis en place, ce processus nécessite une forte implication des métiers. L'élaboration du modèle d'information de l'entreprise ne peut se passer du pilotage des métiers, la DSI offrant un cadre méthodologique pour son élaboration et son entretien.

Le processus PO2 définit un modèle de données de l'entreprise pour en garantir l'intégrité, la confidentialité et la cohérence. Il vise à bâtir un dictionnaire des données de l'entreprise robuste et fiable. Le travail avec les métiers conduira en particulier à optimiser la classification des données et à leur affecter un propriétaire.

En effet, l'identification et la classification des informations est une prérogative des métiers, tandis que celle de la DSI se focalise sur le maintien opérationnel du dictionnaire des données partagées par l'ensemble des applications et systèmes informatiques.

En l'absence d'implication des métiers, les objectifs d'optimisation de l'utilisation de l'information et d'agilité de l'informatique ne pourront être atteints. Les exigences d'efficience seront également très affectées.

Mesures et contrôles

Les mesures permettant de s'assurer de l'efficacité du processus portent principalement sur le taux de données hors du modèle d'information de l'entreprise et sur les écarts par rapport aux règles de classification des données.

La mesure de la mise en œuvre de ce processus passe par le suivi de la fréquence d'évolution du modèle de données, le taux de données sans propriétaire, le nombre de métiers impliqués dans l'identification et la classification des données.

Rôles et responsabilités

Le rôle du pilote de ce processus est délicat car sa mise en œuvre nécessite une prise de conscience collective de l'intérêt d'un modèle d'architecture de l'information. La direction générale doit déléguer ce rôle au bon niveau, un métier seul ne pouvant prendre le leadership. Le DSI, en tant qu'interlocuteur de tous les métiers, peut jouer ce rôle de pilote. Il lui faudra alors une légitimité suffisante pour assurer ce rôle avec succès.

Le responsable métier

Au sein de ce processus, chaque métier a la responsabilité de s'assurer que les données font bien l'objet d'une identification et d'une classification, conformément aux règles établies.

Le directeur des systèmes d'information

Son rôle est de s'assurer que le modèle d'information de l'entreprise, le dictionnaire des données et les systèmes de classification des données sont bien disponibles et utilisés.

Le responsable architecture

Les données de l'entreprise deviennent un actif essentiel. Le responsable d'architecture doit s'assurer de la cohérence, voire de la convergence, des modèles de données liés aux diverses applications. Il est le garant du dictionnaire des données de l'entreprise.

Les entrées-sorties du processus

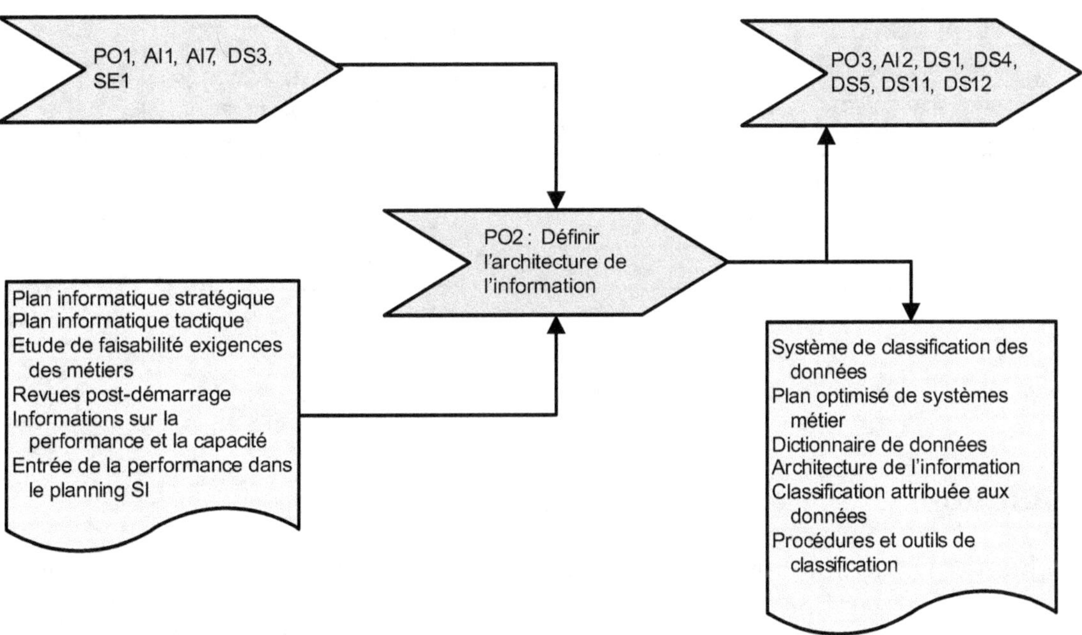

Figure 4-6 : Les entrées-sorties du processus PO2

PO3 | Déterminer l'orientation technologique

Les évolutions technologiques ouvrent sans cesse de nouvelles possibilités stratégiques aux entreprises. La veille technologique est donc fondamentale non seulement pour optimiser les performances et les coûts, mais aussi pour créer de nouvelles opportunités aux métiers.

En coordination étroite avec les métiers, la DSI doit initier une politique de suivi des orientations technologiques. Cette dernière s'appuie sur l'analyse des technologies et des infrastructures informatiques existantes ainsi que sur l'étude des technologies émergentes susceptibles d'améliorer la couverture métier. Elle constitue le plan d'orientation technologique.

Vue d'ensemble

Le processus PO3 a pour objectif principal de s'assurer que les infrastructures informatiques (et les applications qu'elles supportent) répondront au mieux aux exigences d'efficacité et d'efficience des métiers.

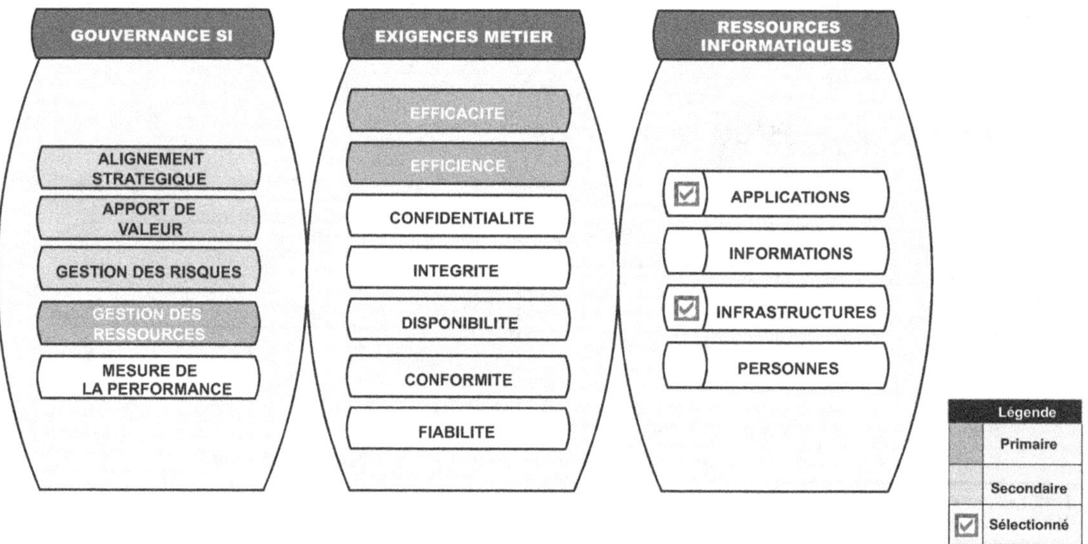

Figure 4-7 : Déterminer l'orientation technologique : PO3

Pourquoi ?

Moins l'environnement informatique est standard, plus le changement engendré par une stratégie de migration ou un plan d'acquisition est complexe et coûteux, en ressources comme en délais.

L'un des objectifs du plan d'infrastructure technologique est d'optimiser les orientations relatives à l'acquisition de ressources informatiques qui doivent conduire à des économies d'échelle dans les effectifs et les investissements informatiques.

L'amélioration de l'intégration des infrastructures et des applications doit se traduire par des standards, par une meilleure utilisation des ressources et des capacités ainsi que par la réduction des coûts relatifs aux acquisitions technologiques, à travers des plates-formes limitées en nombre et en spécificité.

Un autre objectif de ce plan d'infrastructure consiste à gérer les orientations pour offrir une meilleure interopérabilité entre les plates-formes et les applications.

Objectifs et périmètre

Vis-à-vis des 28 objectifs globaux assignés au système d'information (voir annexe 2, « Objectifs du système d'information et processus CobiT »), le processus PO3 doit permettre de maîtriser les objectifs présentés dans le tableau 4-3.

Tableau 4-3 : Objectifs du processus PO3

Obj. 07	Acquérir et maintenir fonctionnels des systèmes applicatifs intégrés et standardisés.
Obj. 15	Optimiser l'infrastructure, les ressources et les capacités informatiques.

Ce processus concerne principalement la maîtrise des infrastructures informatiques (matériels et logiciels).

Description du processus

La figure 4-8 représente les flux internes du processus PO3.

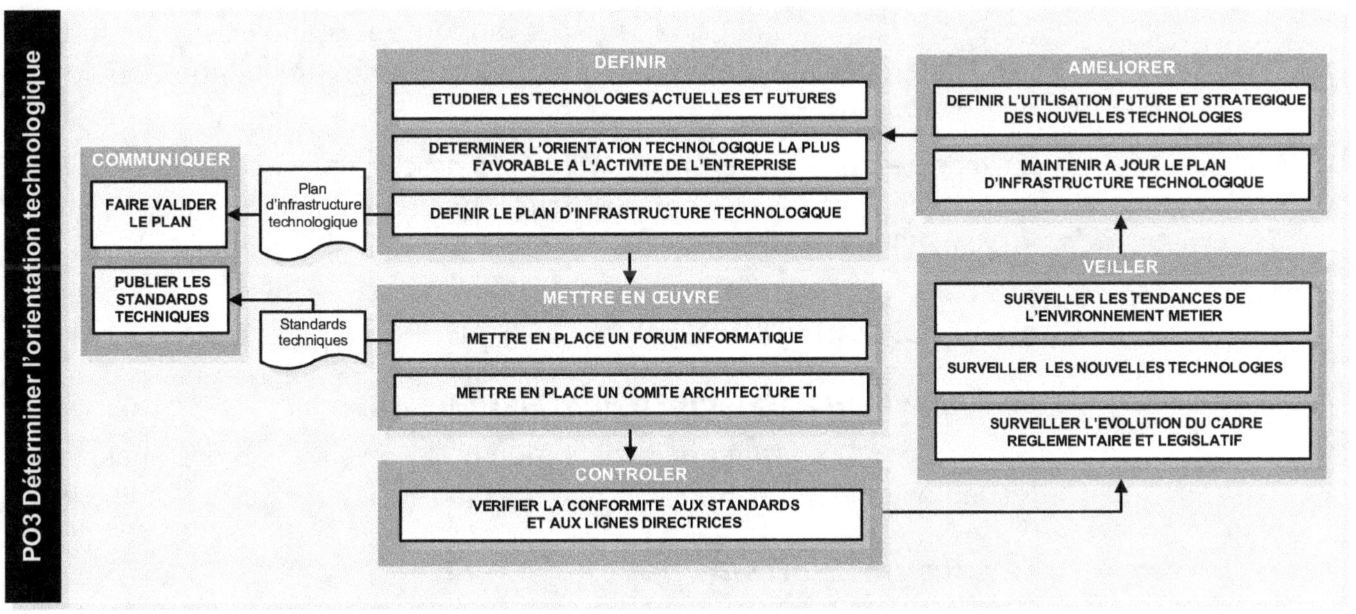

Figure 4-8 : Représentation schématique des flux internes du processus PO3

Ce processus se focalise sur l'élaboration et la mise en œuvre du plan d'infrastructure technique ou technologique. Il implique principalement la DSI, dont le responsable aura toute la légitimité et la crédibilité pour assurer le rôle de pilote.

L'une des caractéristiques de la mise en œuvre de ce processus est la nécessité de mettre en place une instance dédiée à la définition des orientations technologiques : le comité d'architecture technologique. Cette instance pourra, selon la taille et la criticité des infrastructures, être animée par le DSI ou le responsable architecture.

Toutes les dispositions du plan d'infrastructure soulignent le rôle important du comité d'architecture à travers les décisions qu'il prend en considérant ce que la technologie peut offrir en termes de produits, services et fournitures. Une bonne connaissance des métiers est nécessaire pour garantir l'alignement entre technologie et objectifs métier ainsi que l'émergence de possibilités nouvelles grâce aux évolutions technologiques.

Notons que l'externalisation croissante des processus d'exploitation nécessite d'associer les tiers à ce comité afin de reporter sur leurs obligations contractuelles les bonnes pratiques attendues comme résultat de ce processus.

Ce processus est intimement lié au processus PO2.

Mesures et contrôles

Les mesures pour s'assurer de l'efficacité du processus PO3 portent principalement sur le nombre d'écarts par rapport aux standards techniques et sur l'hétérogénéité des différentes plates-formes techniques déployées dans l'entreprise.

La mesure de la mise en œuvre de ce processus passe par le suivi du nombre de réunions du comité d'architecture et par la fréquence d'évolution du plan d'infrastructure.

Rôles et responsabilités

Le directeur des systèmes d'information

Son rôle est de s'assurer de la définition et de la validation des orientations technologiques.

Le responsable architecture

Il est en charge de la bonne exécution des travaux demandés par le comité d'architecture.

Le comité d'architecture

Il assiste le DSI dans sa prise de décision quant aux orientations technologiques et il pilote les activités de veille et les travaux relatifs à la conception de l'architecture technique du SI.

Les entrées-sorties du processus

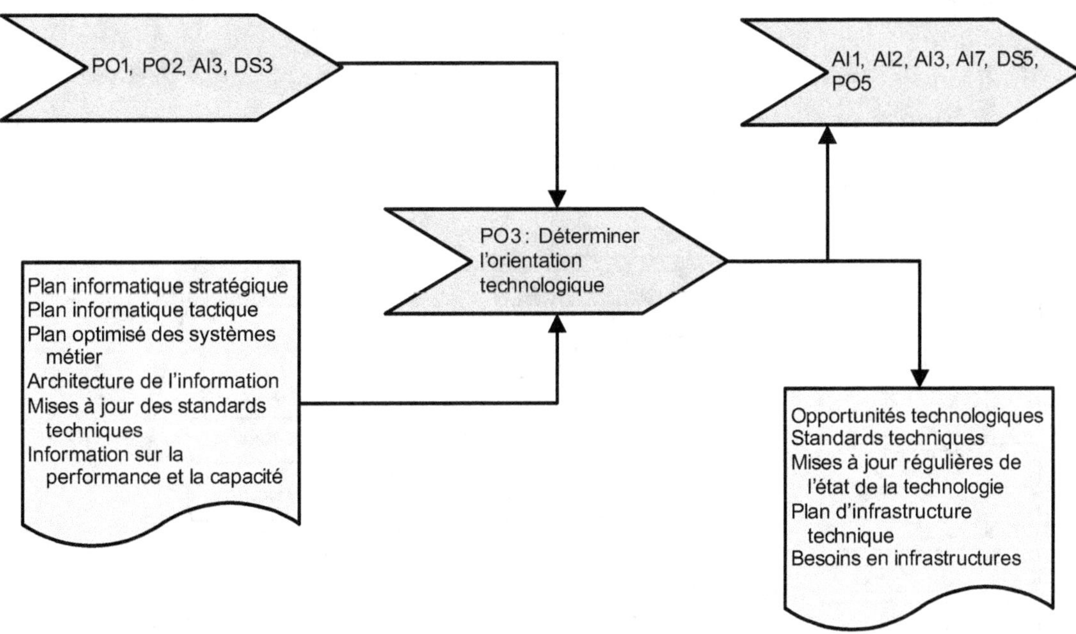

Figure 4-9 : Les entrées-sorties du processus PO3

PO4 | Définir les processus, l'organisation et les relations de travail

Afin de fournir un service de qualité et de répondre aux attentes traduites dans les plans stratégique et tactique SI, l'organisation informatique doit être en mesure de faire correspondre aux acteurs des métiers les fonctions appropriées au sein de la DSI.

Pour des raisons d'efficacité, les rôles et les responsabilités au sein de l'organisation doivent être bien définis et les besoins en compétence anticipés. La DSI doit mettre en place, par exemple, un processus de gestion des compétences global. La décision de réaliser certaines tâches en interne conduit au plan de recrutement et à la formation, alors que la décision de les sous-traiter à des prestataires s'appuie sur le *sourcing*[1].

De façon plus générale, la DSI doit formaliser tous les processus informatiques qui touchent les métiers et mettre un accent particulier sur le contrôle, l'assurance qualité, la gestion du risque, la propriété des données et des systèmes ainsi que la séparation des tâches.

L'organisation doit être animée par les instances de décision que sont le comité stratégique et le comité de pilotage.

1. Recherche de fournisseurs (*sourcing*) : le *sourcing*, appelé parfois « recherche d'une seconde source », consiste à mener une veille active afin d'identifier des fournisseurs potentiels. Une veille bien organisée permet d'être très réactif le moment venu.

Vue d'ensemble

Le processus PO4 s'intéresse à l'organisation et aux ressources en personnels afin de leur attribuer des fonctions en vue de structurer l'organisation. Il répond ainsi aux exigences d'efficacité et d'efficience de la DSI vis-à-vis des métiers en optimisant la gestion de ses ressources humaines et en développant une culture de la gestion des risques.

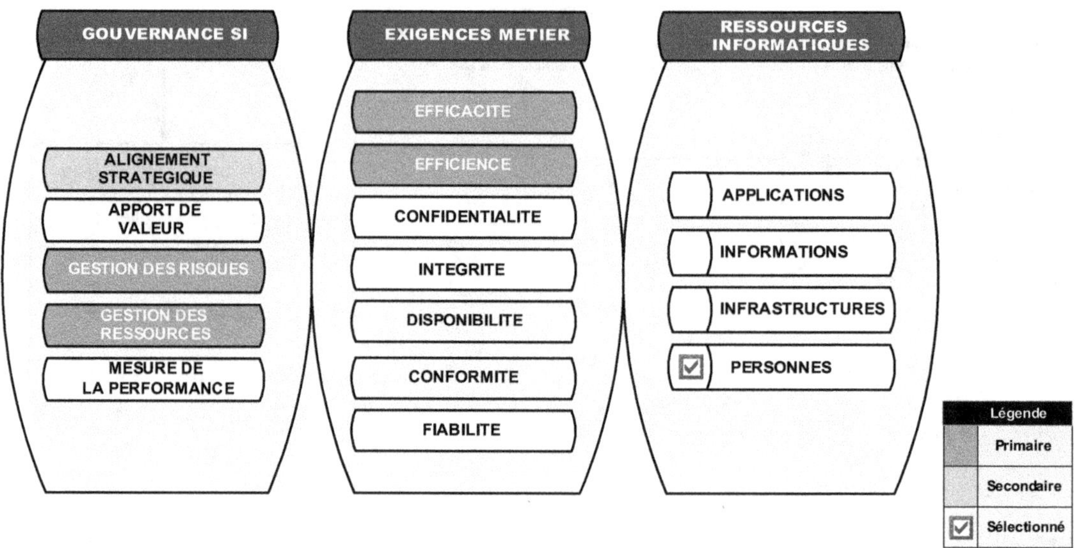

Figure 4-10 : Définir les processus, l'organisation et les relations de travail : PO4

Pourquoi ?

Le propre d'une organisation informatique fiable et performante réside dans sa capacité d'adaptation et de réactivité à répondre aux attentes clients.

Dans ce but, l'organisation doit tendre vers un alignement métier-informatique et ainsi, répondre aux exigences et aux stratégies en personnel qui soutiennent les objectifs métier.

Un cadre de référence des processus informatiques est indispensable pour clarifier les activités clés, les rôles, les postes clés, la propriété et la responsabilité des données et des systèmes.

Cette mise au clair conduit à un renforcement des rôles et des responsabilités favorisant la performance individuelle. Le cadre de référence conduit également à la mise en place d'un processus efficace de recrutement de compétences appropriées. La décision de faire évoluer le personnel, ou au contraire de faire appel à la sous-traitance dans un cadre de contrôle bien défini, s'en trouve facilitée.

Objectifs et périmètre

Vis-à-vis des 28 objectifs globaux assignés au système d'information (voir annexe 2, « Objectifs du système d'information et processus CobiT »), le processus PO4 doit permettre de maîtriser les objectifs présentés dans le tableau 4-4.

Tableau 4-4 : Objectifs du processus PO4

Obj. 01	Réagir aux exigences métier en accord avec la stratégie métier.
Obj. 02	Réagir aux exigences de la gouvernance en accord avec les orientations du CA.
Obj. 05	Donner de l'agilité à l'informatique.

Le processus PO4 couvre l'ensemble des aspects du fonctionnement de l'organisation relatif aux services informatiques.

Description du processus

La figure 4-11 représente les flux internes du processus PO4.

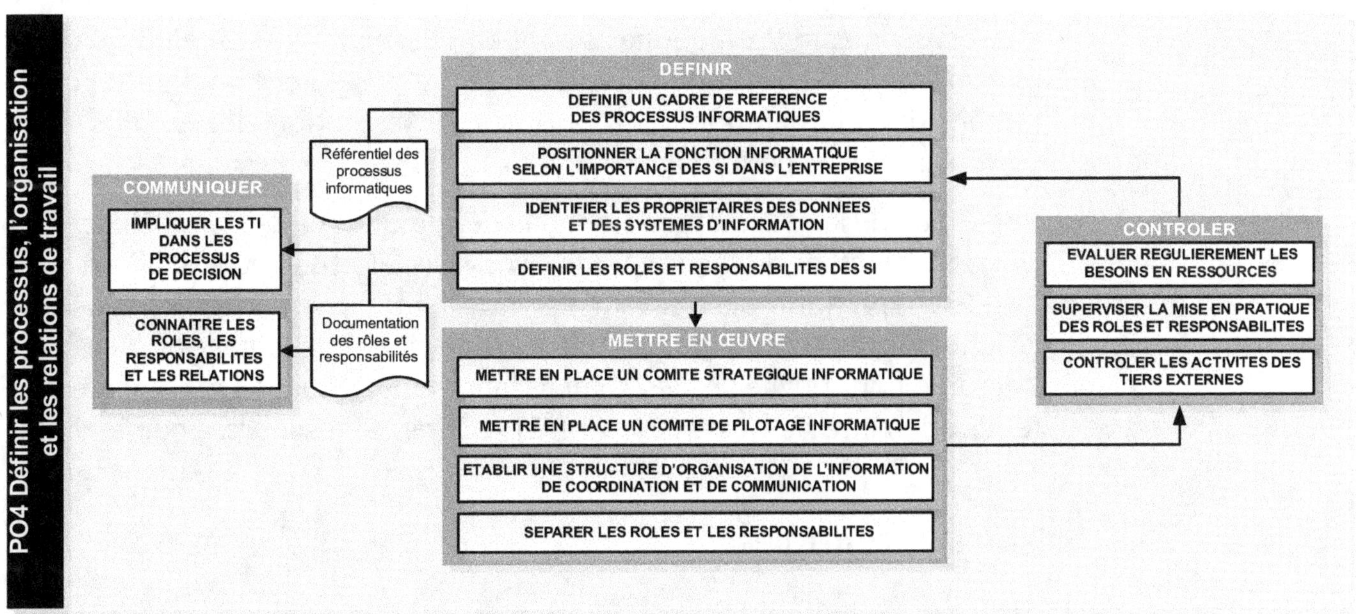

Figure 4-11 : Représentation schématique des flux internes du processus PO4

Planification et mise en œuvre

Dans le cadre du développement de l'organisation, la fonction informatique doit élargir son champ de responsabilité par la création de postes de responsables qualité, sécurité et conformité. Les principes d'assurance qualité au sein de la DSI sont ainsi intégrés. Il en résulte une meilleure garantie de la performance des SI et de la protection ou de l'intégrité de l'information.

Les précautions à prendre pour le bon fonctionnement de l'organisation doivent prévoir des dispositions efficaces de maîtrise de risques par rapport aux personnels informatiques clés et l'application du principe de séparation des tâches. Ces dispositions impliquent de bien former le personnel, de partager les connaissances et de prévoir un plan de succession pour assurer la continuité des services. Le principe de séparation des tâches garantit un fonctionnement efficace et efficient des processus ainsi qu'une protection satisfaisante de l'information.

Une fois la structure mise en place, le processus PO4 insiste sur la nécessité de renforcer la position de la fonction informatique au sein de l'entreprise, ce qui revient à intégrer la gouvernance informatique dans la gouvernance de l'entreprise.

La mise en place de comités stratégiques informatiques établit une instance de décision chargée de statuer, avec la réactivité nécessaire, sur des investissements lourds ou des décisions urgentes. De même, les comités de pilotage sont incontournables pour veiller à ce que les programmes d'investissement informatiques soient en phase avec la stratégie et l'organisation, et à ce que l'informatique et les métiers soient impliqués positivement dans la définition des priorités, la résolution des conflits et la surveillance de la performance.

Sur le plan de la gestion prévisionnelle des emplois et des compétences, la DSI doit travailler de façon étroite avec la DRH et les achats afin d'optimiser la répartition des ressources entre l'interne et l'externe, dans une vision à moyen et long termes. La majeure partie des analyses à ce sujet s'accorde pour privilégier les connaissances métier dans les compétences requises en interne (voir section « PO7 – Gérer les ressources humaines »).

Mesures et contrôles

Afin de contrôler le bon fonctionnement de l'organisation informatique, une supervision adaptée à la fonction informatique doit permettre de s'assurer que les rôles et les responsabilités sont bien exercés, et d'évaluer la performance sous la forme d'indicateurs clés. La mesure de l'efficacité de ce processus passe par le suivi du nombre d'arbitrages effectués pour résoudre les conflits de décision du fait d'une mauvaise ou insuffisante attribution de responsabilités.

La mesure de la mise en œuvre de ce processus passe par le suivi du taux de description de fonctions et de leur attribution au personnel, ainsi que par la fréquence des réunions du comité de pilotage informatique et de la mise en œuvre effective de ses décisions dans les délais définis.

Rôles et responsabilités

Les instances et filières

Le comité stratégique informatique

Il est rattaché au plus haut niveau de l'entreprise. Il s'assure de la bonne gouvernance du SI et conseille la direction de l'entreprise dans les orientations stratégiques et les choix d'investissement informatique en fonction des besoins des métiers. Selon la taille et la criticité de l'entreprise, il est présidé par le président de l'entreprise ou un directeur général délégué.

Le comité de pilotage informatique

Il est composé de cadres représentant les métiers et l'informatique afin de mettre en œuvre la stratégie informatique définie par la direction de l'entreprise. Il assure le pilotage des investissements informatiques et des activités de service (priorités/arbitrages, résolution des conflits d'accès aux ressources).

La filière qualité

Il s'agit de définir une organisation dédiée propre à mettre en œuvre la politique et les objectifs qualité en fonction des exigences des métiers.

La filière sécurité et les risques informatiques

Il s'agit de définir une organisation dédiée propre à mettre en œuvre la politique et les objectifs sécurité, en ligne avec l'analyse des risques liés aux systèmes d'information.

Les fonctions

Le directeur des systèmes d'information

Son rôle est de s'assurer de la définition et de la validation de l'organisation ainsi que du cadre de référence des processus informatiques.

Le responsable de la sécurité des systèmes d'information (RSSI)

Il anime la filière sécurité et s'assure que le processus DS5 est bien mis en œuvre.

Le responsable d'assurance qualité (RAQ)

Il anime la filière qualité et s'assure que le cadre de référence des processus est appliqué et que le processus PO8 est bien mis en œuvre.

Les entrées-sorties du processus

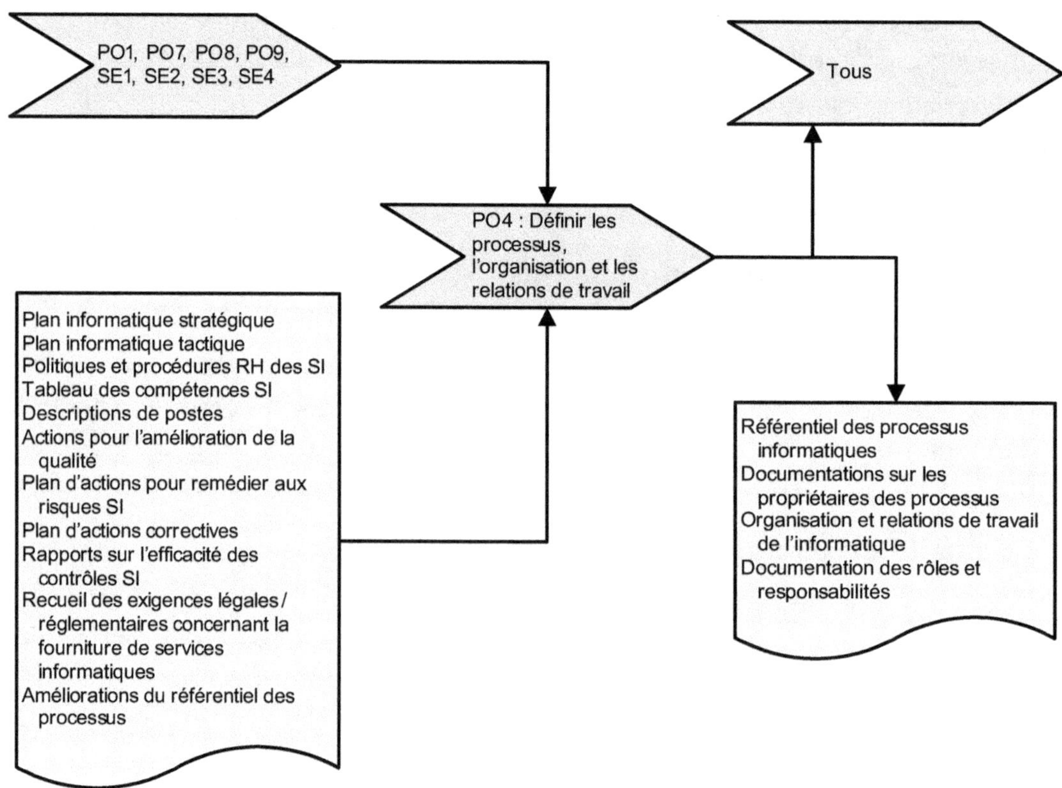

Figure 4-12 : Les entrées-sorties du processus PO4

PO5　Gérer les investissements informatiques

On a trop longtemps considéré la direction des systèmes d'information comme un centre de coût, sans parvenir à expliciter sa contribution en termes de création de valeur aux métiers de l'entreprise.

Aujourd'hui, le discours a changé depuis que le concept de gouvernance informatique a fait son apparition. Les services informatiques sont considérés comme des partenaires des parties prenantes[1] du métier. La transparence au niveau des coûts de fonctionnement et d'investissements informatiques se généralise. Dès lors que la DSI dispose d'un cadre de référence et de modèles de coûts adaptés, il est usuel que les dépenses informatiques, mais aussi les bénéfices résultant des investissements soient affectés au niveau des services métier utilisateurs.

Dans ce contexte, la mise en place d'un processus de budgétisation prenant en compte les programmes d'investissement et un cadre de référence qui couvre les coûts, les bénéfices, les priorités budgétaires, est plus que jamais d'actualité.

1. Parties prenantes (*stakeholders*) : il s'agit de tous les acteurs concernés, que ce soit financièrement (actionnaires), stratégiquement (direction) ou fonctionnellement (métiers).

Vue d'ensemble

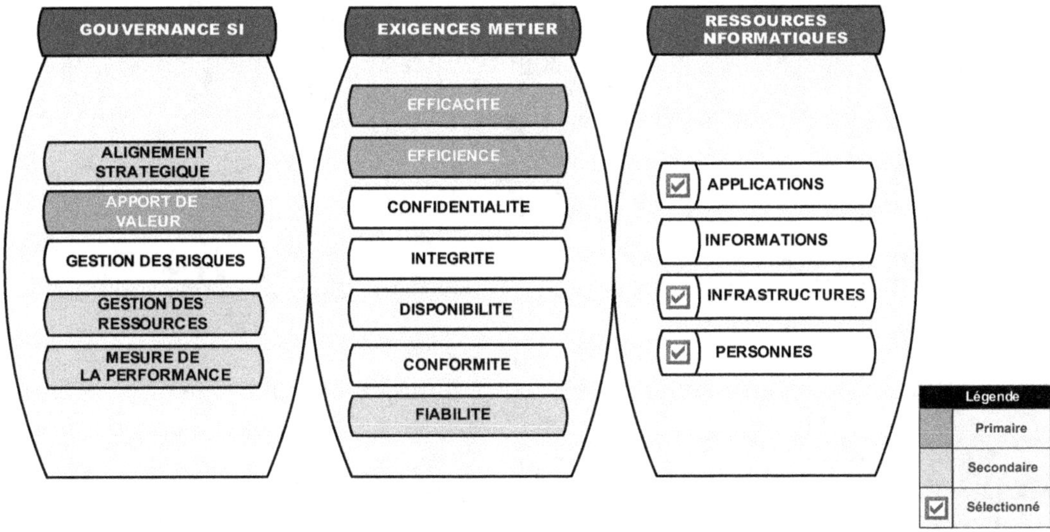

Figure 4-13 : Gérer les investissements : PO5

Le processus PO5 s'intéresse à la bonne gestion financière des ressources en personnels, infrastructures et applications afin d'optimiser l'apport de valeur. Il répond ainsi aux exigences d'efficacité et d'efficience de la DSI vis-à-vis des métiers.

Pourquoi ?

Afin de rendre possible une gestion des investissements informatiques, l'établissement d'un référentiel de gestion financière est nécessaire. Des modèles de coûts doivent être définis, lesquels apportent une clarification et aident à la validation du budget. Les priorités budgétaires se déclinent ensuite sur les portefeuilles de projets et de services, reflètant l'alignement entre les objectifs informatiques et les exigences du métier, sur la base de la transparence et du dialogue.

Le processus de budgétisation se présente comme un processus de prise de décision pour la prévision et l'affectation budgétaire. Il contribue à équilibrer les coûts et à ajuster les prévisions dans une démarche d'amélioration continue.

Au quotidien, la gestion des coûts permet d'identifier rapidement les écarts par rapport au budget et permet d'utiliser au mieux les ressources informatiques dans un objectif de rentabilité.

La gestion des bénéfices doit permettre de prendre des décisions sur la suite à donner concernant un portefeuille d'investissement, comme poursuivre, ajuster ou abandonner le programme.

Le processus PO5, à travers la transparence des dépenses et la notion de retour sur investissement, conduit aussi à la bonne tenue des relations entre les parties prenantes informatiques et métiers.

Objectifs et périmètre

Vis-à-vis des 28 objectifs globaux assignés au système d'information (voir annexe 2, « Objectifs du système d'information et processus CobiT »), le processus PO5 doit permettre de maîtriser les objectifs présentés dans le tableau 4-5.

Tableau 4-5 : Objectifs du processus PO5

Obj. 12	S'assurer de la transparence et de la bonne compréhension des coûts, bénéfices, stratégies, politiques et niveaux de services des SI.
Obj. 24	Améliorer la rentabilité de l'informatique et sa contribution à la profitabilité de l'entreprise.
Obj. 28	S'assurer que l'informatique fait preuve d'une qualité de service efficiente en matière de coûts, d'amélioration continue et de capacité à s'adapter à des changements futurs.

Le processus PO5 couvre l'ensemble des processus financiers relatifs à l'organisation informatique.

Description du processus

La figure 4-14 représente les flux internes du processus PO5.

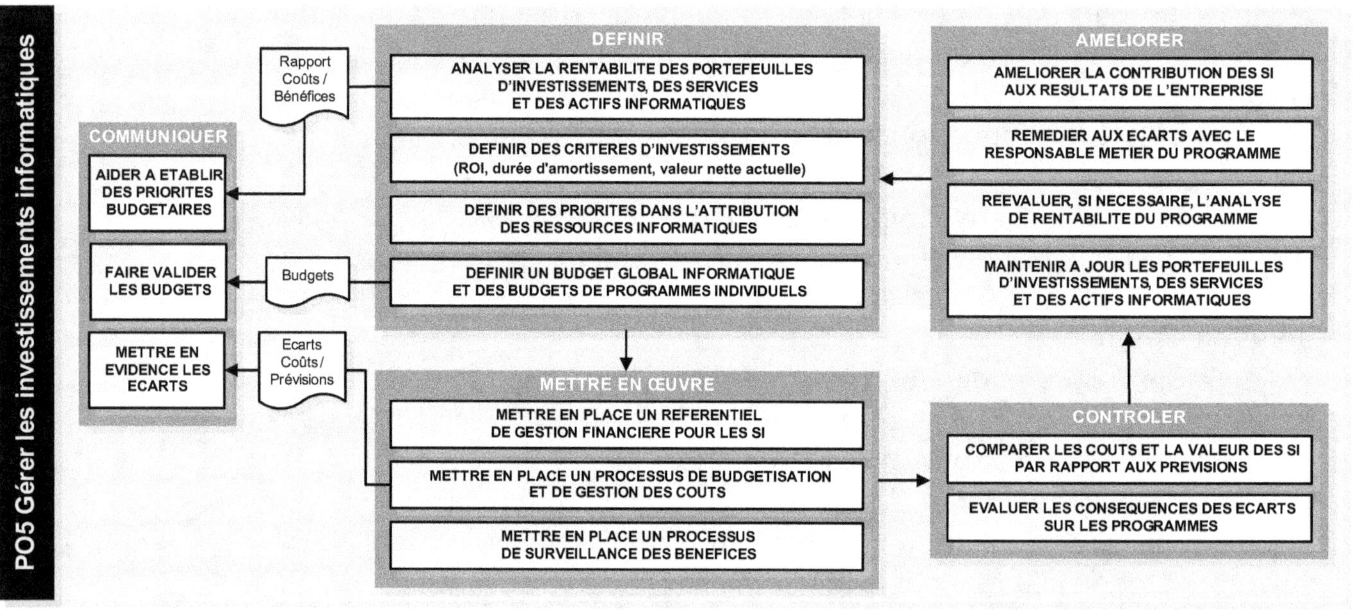

Figure 4-14 : Représentation schématique des flux internes du processus PO5

Planification et mise en œuvre

Pour être mis en œuvre, ce processus nécessite une forte implication des métiers et une action combinée des métiers et responsables de la DSI.

La bonne mise en place de ce processus implique que le comité stratégique informatique ait été créé et qu'il puisse jouer son rôle sur l'ensemble des investissements informatiques. Ce processus fait apparaître le besoin d'une coresponsabilité dans cette gestion.

Au quotidien, la gestion des coûts permet d'identifier rapidement les écarts par rapport au budget et d'utiliser au mieux les ressources informatiques dans un objectif de rentabilité.

La gestion des bénéfices doit permettre à la direction générale de prendre des décisions sur la suite à donner concernant un portefeuille de programmes d'investissement, comme poursuivre, ajuster ou abandonner le programme.

Le processus PO5, à travers la transparence des dépenses et la notion de retour sur investissement, conduit aussi à la bonne tenue des relations entre les parties prenantes. Il permet en particulier de réguler les niveaux de services demandés et la consommation des ressources en en répercutant les coûts.

Notons que la refacturation des services n'est pas une fin en soi. En revanche, il est important de savoir isoler les coûts et de les regrouper dans des unités d'œuvre pertinentes pour dialoguer avec les métiers.

Mesures et contrôles

Les mesures pour s'assurer de l'efficacité du processus portent principalement sur le nombre d'écarts par rapport aux prévisions budgétaires et sur le ratio coûts/bénéfices des investissements informatiques pour les métiers.

La mesure de la mise en œuvre de ce processus passe principalement par le suivi du taux de projets ou de services dont le coût est évalué.

Rôles et responsabilités

Le comité de pilotage informatique

Il est composé de cadres représentant les métiers et l'informatique pour mettre en œuvre le programme d'investissement informatique décidé par la direction de l'entreprise. Il assure le pilotage des investissements informatiques et des activités de service (priorités/arbitrages, résolution des conflits d'accès aux ressources, etc.). Il est le pilote de ce processus.

Le directeur général

Compte tenu de la finalité de ce processus, le directeur général en est le client ; il en est également le garant dans la mesure où il arbitre les programmes d'investissement. À charge ensuite au DSI de réussir la transformation de ces investissements en valeur pour l'entreprise.

Le responsable métier

Au sein de ce processus, chaque métier a la responsabilité de s'assurer que les décisions, engagements de budget et arbitrages budgétaires ne se font pas au détriment de l'apport de valeur, et que le rapport coûts/bénéfices est celui escompté.

Le directeur des systèmes d'information

Son rôle est de s'assurer que le processus budgétaire est bien mis en œuvre et que tous les coûts (projets et services) font l'objet d'un suivi rigoureux.

Les entrées-sorties du processus

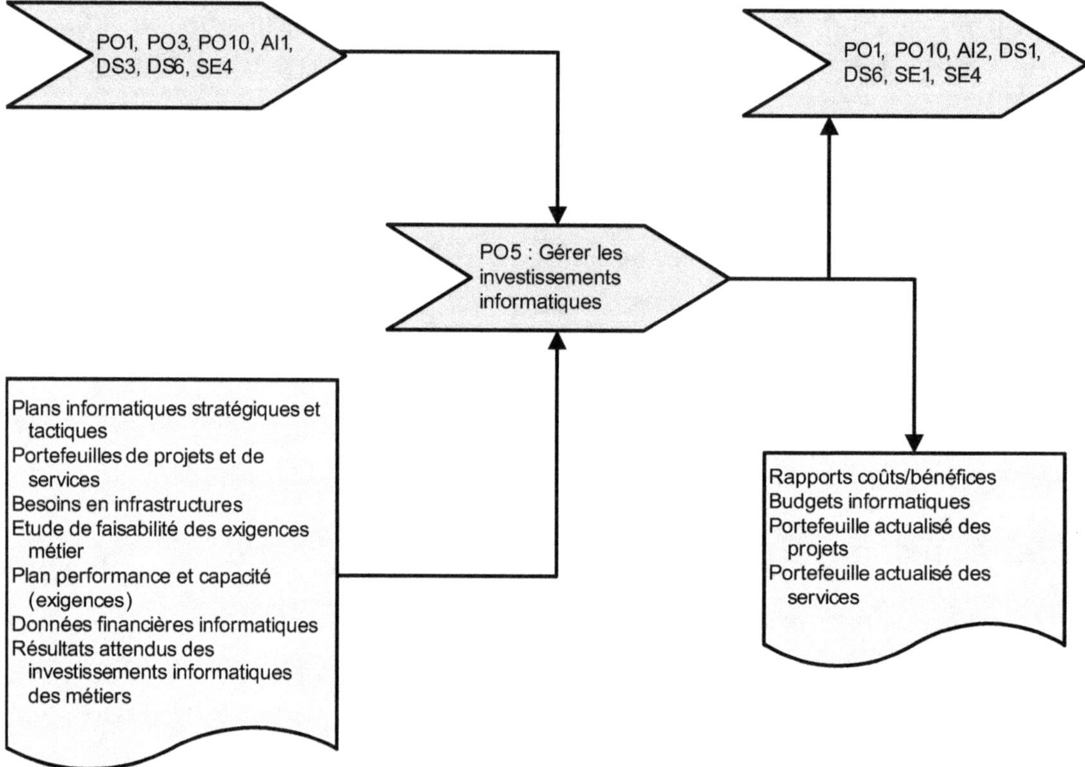

Figure 4-15 : Les entrées-sorties du processus PO5

PO6 | Faire connaître les buts et les orientations du management

La DSI a parfois été tentée de se retirer dans sa tour d'ivoire pour décréter tranquillement des dispositions à prendre sur le plan des systèmes d'information, sans trop en rendre compte. À présent, le SI devient stratégique et l'exigence de qualité de service est plus forte. La DSI est sous la menace permanente de la contre-performance qui viendra décrédibiliser son travail et ses choix. Par ailleurs, les investissements doivent être justifiés de façon plus stricte.

La pression sur les performances et sur les coûts conduit à plus de transparence. Le directeur des systèmes d'information doit donc être attentif à la dimension de communication vers les utilisateurs et les décideurs et s'en servir pour mieux prendre en compte la réalité des besoins et des moyens de son entreprise.

Vue d'ensemble

Le processus PO6 s'intéresse à la bonne mise en place d'un programme de communication vers les différentes parties prenantes afin de développer une culture de gestion des risques et d'alignement stratégique. Il répond ainsi aux exigences d'efficacité de la DSI vis-à-vis des métiers.

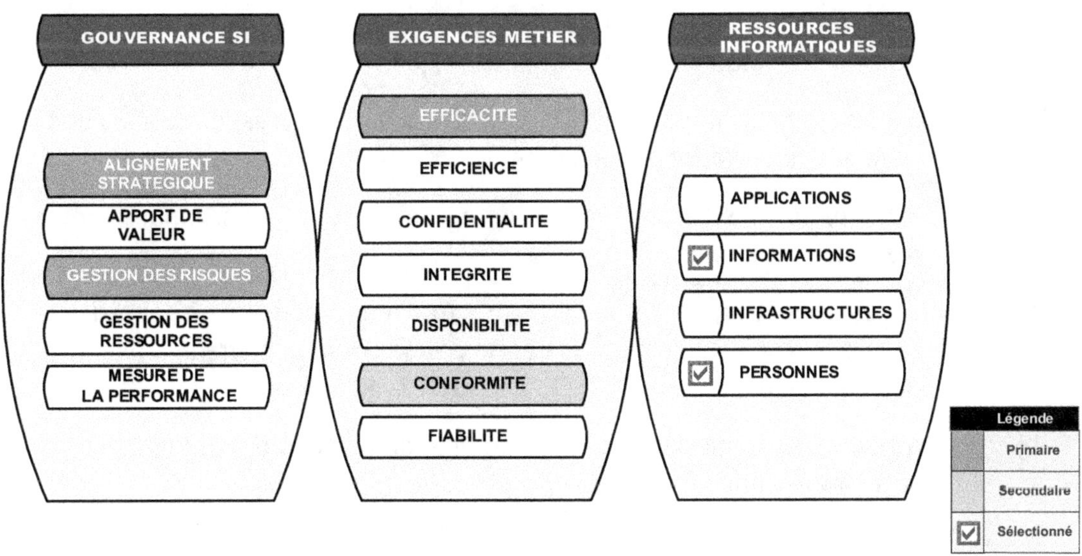

Figure 4-16 : Faire connaître les buts et les orientations du management : PO6

Pourquoi ?

La politique de la DSI ne saurait se décider dans l'absolu. Elle est le résultat d'un certain nombre de contingences : besoins à satisfaire, valeur attendue de la technologie, budgets, niveau de risque acceptable, éthique, compétences, réglementations en vigueur, etc. Il est donc nécessaire de bien comprendre le contexte de l'entreprise pour décider des politiques informatiques adaptées.

Les parties prenantes ont besoin d'un cadre de contrôle afin de mieux piloter leurs investissements et les services offerts. Donner à ce cadre une dimension purement financière serait trop restrictif. Il est nécessaire d'une part de faire accepter aux utilisateurs et aux métiers les orientations proposées par la DSI issues des politiques et d'autre part, de communiquer autour des opérations de contrôle afin de coller au plus près aux préoccupations de l'entreprise.

Objectifs et périmètre

Vis-à-vis des 28 objectifs globaux assignés au système d'information (voir annexe 2, « Objectifs du système d'information et processus CobiT »), le processus PO6 doit permettre de maîtriser les objectifs présentés dans le tableau 4-6.

Tableau 4-6 : Objectifs du processus PO6

Obj. 12	S'assurer de la transparence et de la bonne compréhension des coûts, bénéfices, stratégies, politiques et niveaux de services des SI.
Obj. 13	S'assurer d'une bonne utilisation et des bonnes performances des applications et des solutions informatiques.
Obj. 19	S'assurer que l'information critique et confidentielle n'est pas accessible à ceux qui ne doivent pas y accéder.
Obj. 20	S'assurer que les transactions métier automatisées et les échanges d'informations sont fiables.
Obj. 21	S'assurer que les services et l'infrastructure informatique peuvent résister/ se rétablir convenablement en cas de panne due à une erreur, à une attaque délibérée ou à un sinistre.
Obj. 22	S'assurer qu'un incident ou une modification dans la fourniture d'un service informatique n'a qu'un impact minimum sur l'activité.

Le processus PO6 couvre l'ensemble des mécanismes relatifs à la communication du DSI vis-à-vis de son personnel et des tiers externes et, plus généralement, de la DSI avec les métiers.

Description du processus

La figure 4-17 représente les flux internes du processus PO6.

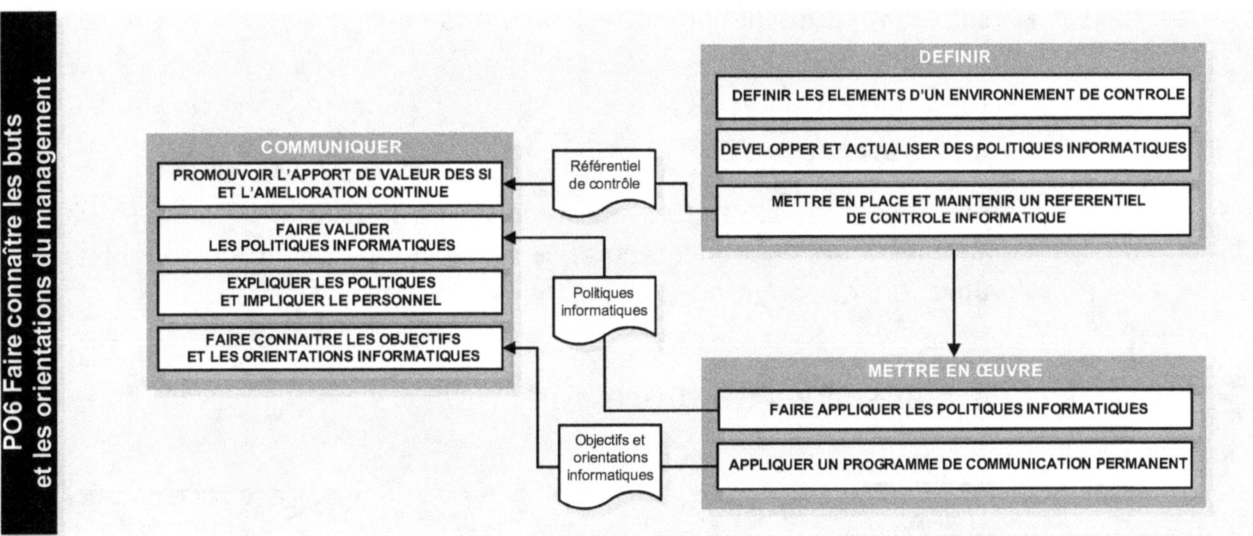

Figure 4-17 : Représentation schématique des flux internes du processus PO6

Planification et mise en œuvre

Pour être mis en œuvre, ce processus nécessite un fort engagement du directeur des systèmes d'information.

La bonne mise en place de ce processus implique que le DSI définisse et mette à jour des politiques informatiques relatives à la qualité, à la sécurité, aux risques, aux achats, à la gestion des compétences, etc. Ce processus fait apparaître le besoin d'une implication forte de l'ensemble du management de la DSI afin que ces politiques soient déployées et que la communication s'appuie sur des actes concrets.

Mesures et contrôles

La mesure de l'efficacité de ce processus passe par le suivi du nombre de personnes qui connaissent et comprennent les politiques informatiques et s'y conforment. En d'autres termes, il s'agit de personnes capables d'identifier leur contribution à la bonne mise en œuvre de ces politiques.

La mesure de la mise en œuvre de ce processus passe par le suivi de la fréquence des actes de communication et des évolutions des politiques en fonction du contexte des activités informatiques et métiers.

Rôles et responsabilités

Le directeur des systèmes d'information

Son rôle est de s'assurer que le processus de communication des buts et orientations du management est bien mis en œuvre. Il est le pilote de ce processus.

Le personnel de la DSI

L'importance donnée à la communication et à la clarification des objectifs se traduit par la cohésion des équipes. In fine, les personnels de la DSI doivent comprendre et appliquer les politiques édictées.

Les entrées-sorties du processus

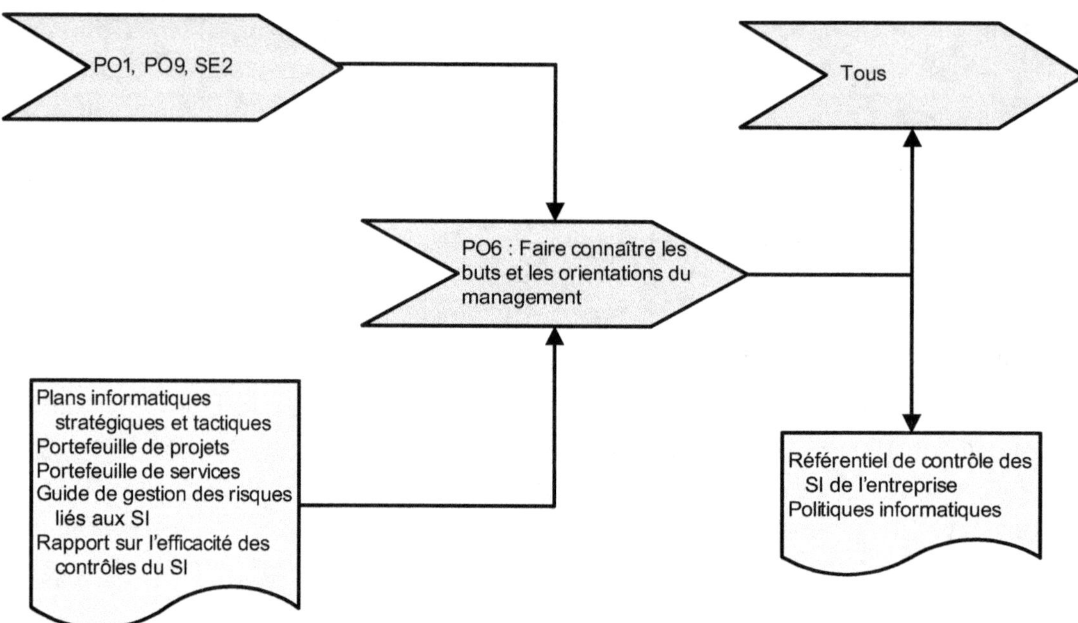

Figure 4-18 : Les entrées-sorties du processus PO6

PO7 Gérer les ressources humaines de l'informatique

La politique de gestion des ressources humaines est soumise à de fortes contraintes. D'un côté, les recherches d'économie poussent sans cesse à agrandir les périmètres externalisés et, d'un autre côté, les évolutions technologiques constantes rendent difficile l'accès aux ressources critiques. Il faut donc arbitrer les recrutements, tout en ayant en tête la question de l'employabilité à long terme. En effet, un technicien pointu dans un domaine n'a pas forcément de rôle pérenne à l'intérieur d'une organisation donnée.

Il est donc important d'optimiser l'utilisation des différents vecteurs d'amélioration des compétences : le recrutement, la formation et le recours à des tiers.

Les critères de sélection des ressources à maintenir sont parfois difficiles à déterminer. Il est certain qu'il faut au moins trouver une forte capacité de dialogue et de compréhension avec les métiers et une bonne maîtrise de la sous-traitance. Dans la mesure où les effectifs de la DSI sont en diminution constante, ces ressources deviennent de plus en plus critiques.

Vue d'ensemble

Le processus PO7 gère les ressources humaines de la DSI. Il s'intéresse à la bonne gestion prévisionnelle des compétences de la DSI, afin de s'assurer que les équipes seront en mesure de s'adapter pour faire face aux évolutions technologiques (alignement stratégique) et en faire bénéficier les métiers. Il répond ainsi aux exigences d'efficacité et d'efficience de la DSI vis-à-vis des métiers.

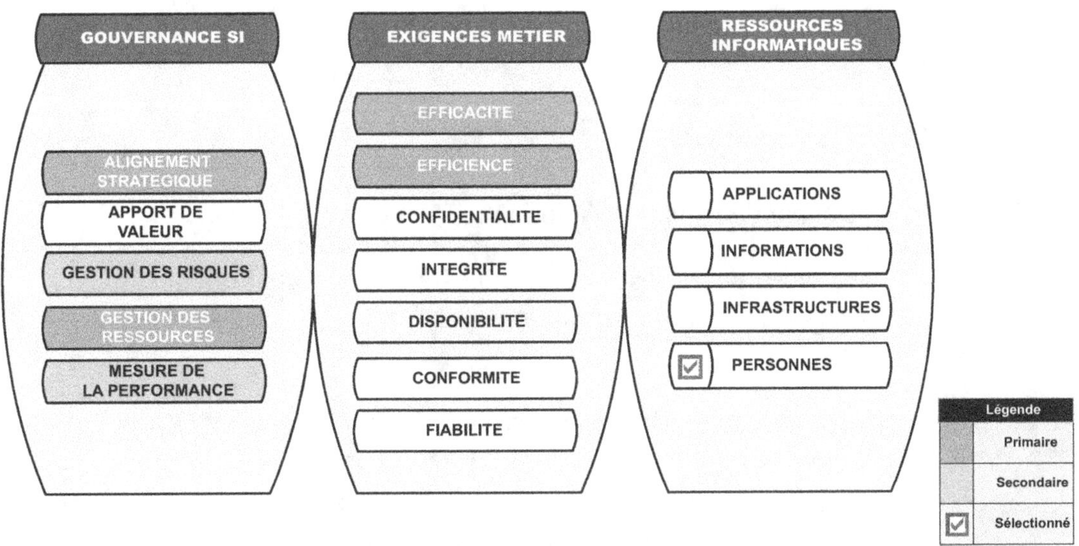

Figure 4-19 : Gérer les ressources humaines de l'informatique : PO7

Pourquoi ?

Le processus PO7 aborde la question des ressources humaines du point de vue de la DSI : Quelles sont les ressources et compétences nécessaires ? Comment anticiper les besoins, recruter les ressources nécessaires et maintenir les compétences ? De quelles compétences veut-on s'entourer : des experts informatiques, des experts des domaines métier de l'entreprise, des chefs de projet, des pilotes avisés de prestations externalisées ? Pour répondre à ces questions, il faut développer une véritable politique RH au sein de la DSI et pour la DSI (description de postes, gestion des compétences et des compétences clés, évaluation, formation, évolution de carrière, etc.).

Par ailleurs, il est habituel de compter des effectifs supplémentaires sous forme de contrats de sous-traitance avec délégation de personnel, dans les locaux du client. Ces sous-traitants sont en général gérés par le service achats et le commanditaire de la DSI, sans implication du responsable des ressources humaines. Du point de vue de la gestion globale des compétences, c'est insuffisant. Il faudrait associer l'ensemble de ces personnels externes à la gestion des compétences de façon à en optimiser l'emploi et à suivre les performances correspondantes.

Objectifs et périmètre

Vis-à-vis des 28 objectifs globaux assignés au système d'information (voir annexe 2, « Objectifs du système d'information et processus CobiT »), le processus PO7 doit permettre d'atteindre les objectifs présentés dans le tableau 4-7.

Tableau 4-7 : Objectifs du processus PO7

OBJ. 05	Donner de l'agilité à l'informatique.
OBJ. 09	Se procurer et conserver les compétences nécessaires à la mise en œuvre de la stratégie informatique.

Le processus de gestion des ressources humaines de la DSI s'articule autour du processus de l'entreprise en termes de ressources humaines et les complète pour prendre en compte la dimension « métier SI ». Il est nécessaire, du moins sur le plan de la gestion des compétences, de le lier au processus achats pour les ressources externes.

Description du processus

La figure 4-20 représente les flux internes du processus PO7.

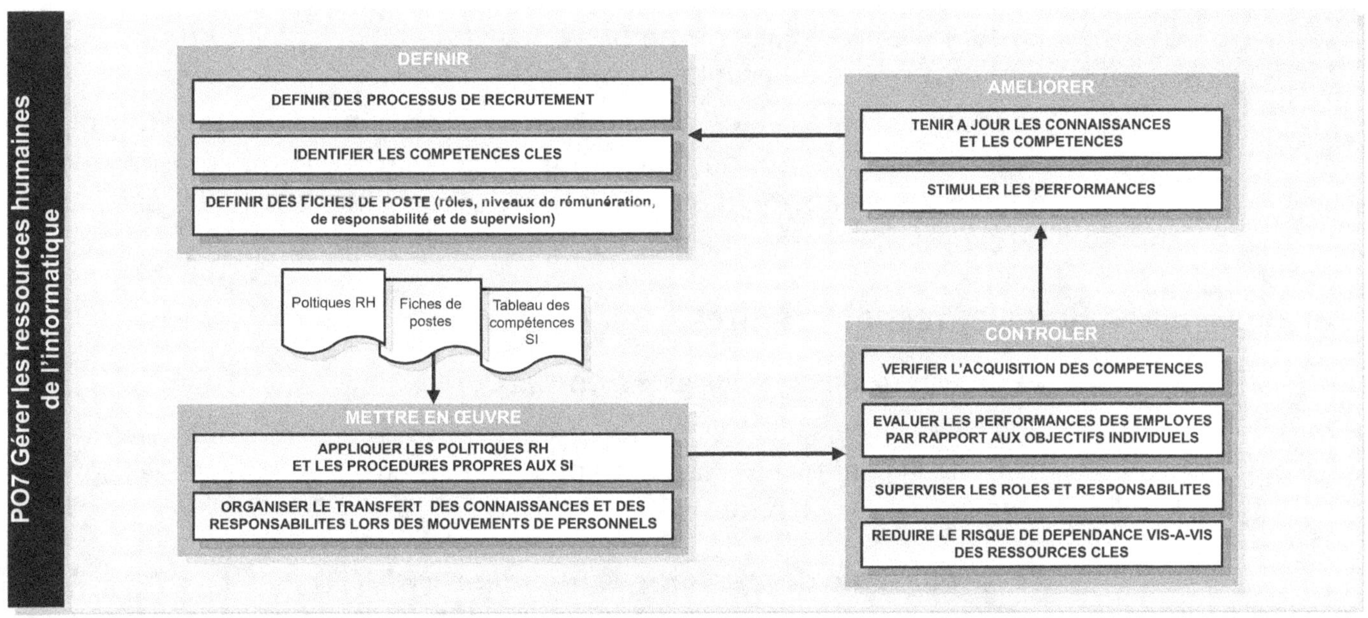

Figure 4-20 : Représentation schématique des flux internes du processus PO7

Planification et mise en œuvre

Dans la majeure partie des entreprises, la gestion des ressources humaines de la DSI n'est qu'un prolongement des processus et procédures de l'entreprise. Il est rare de trouver des descriptions de compétences adaptées aux métiers de l'informatique.

En règle générale, l'application de la politique RH consiste à respecter les processus d'entretien et d'évaluation annuels, de détermination des objectifs et d'évolution de la masse salariale. Au-delà, les salariés de la DSI restent avant tout des « agents », des « postiers », des « cheminots », etc., marquant ainsi leur appartenance à un corps plus large, dans lequel ils trouveront d'ailleurs bien souvent leur évolution de carrière.

La mise en œuvre du processus PO7 passe par la mise au point d'un référentiel de compétences de la DSI, ou cartographie, permettant d'évaluer les ressources internes et leur adéquation aux besoins actuels et futurs.

Les décisions stratégiques concernant les ressources humaines font l'objet d'un plan actualisé périodiquement. Ce plan se décline lui-même en d'autres plans : le plan de recrutement, le plan de formation, les évolutions individuelles et les achats externes de l'assistance complémentaire.

Mesures et contrôles

La mesure de l'efficacité de ce processus passe principalement par le suivi du pourcentage de personnes dont le profil couvre la cartographie cible des compétences de la DSI. D'autres indicateurs peuvent compléter cette mesure d'efficacité, par exemple, le suivi de postes clés non pourvus en interne ou de remplaçants identifiés.

La mesure de la mise en œuvre de ce processus passe par le suivi du plan de formation par rapport à la cartographie cible des compétences, le suivi du taux de réalisation des évaluations des collaborateurs ainsi que le taux de couverture des postes par une fiche de fonction.

Rôles et responsabilités

Le directeur des systèmes d'information

Son rôle est de s'assurer que ce processus est bien mis en œuvre et qu'il respecte la politique RH de l'entreprise en matière de gestion des ressources humaines. Il est le pilote de ce processus.

Le responsable des ressources humaines (RRH)

Le responsable des ressources humaines est l'émanation de la DRH au sein de la DSI, chargé de faire coïncider les objectifs et les procédures de la DSI et de la DRH. Il tient à jour le référentiel des compétences, pilote les résultats des évaluations annuelles, participe à la détermination des objectifs, pilote le recrutement et conseille le DSI en matière de ressources humaines.

Les entrées-sorties du processus

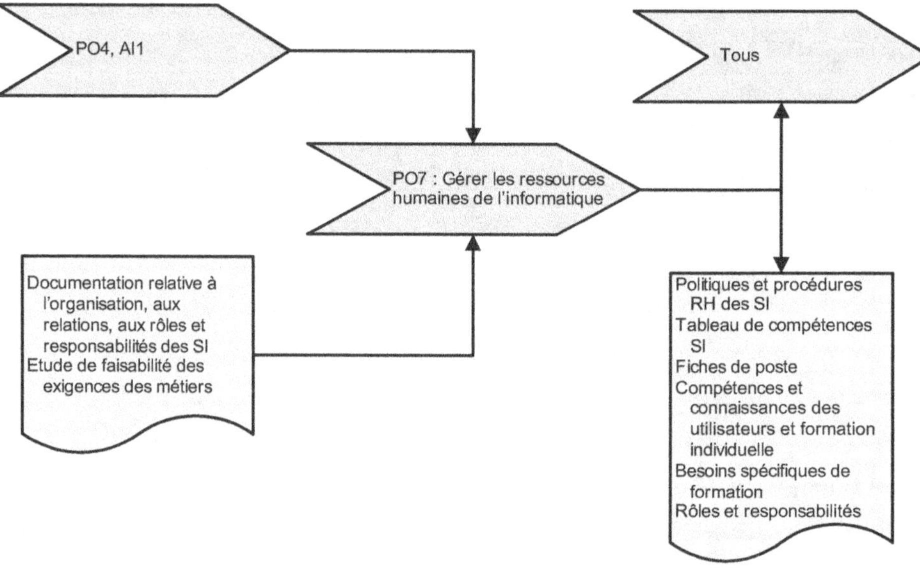

Figure 4-21 : Les entrées-sorties du processus PO7

PO8 | Gérer la qualité

La notion de système de management de la qualité (SMQ) a été popularisée par la famille de normes ISO/IEC 9000. Les principes développés dans ce processus en proviennent. Il s'agit donc de bâtir un système cohérent basé sur une politique qualité déclinée en objectifs qualité cohérents avec le plan informatique stratégique. Ceci sera traduit en procédures et méthodes, avec le souci de définir des indicateurs de mesure pour améliorer en permanence la qualité mais aussi faire progresser parallèlement le système de management qualité lui-même.

Vue d'ensemble

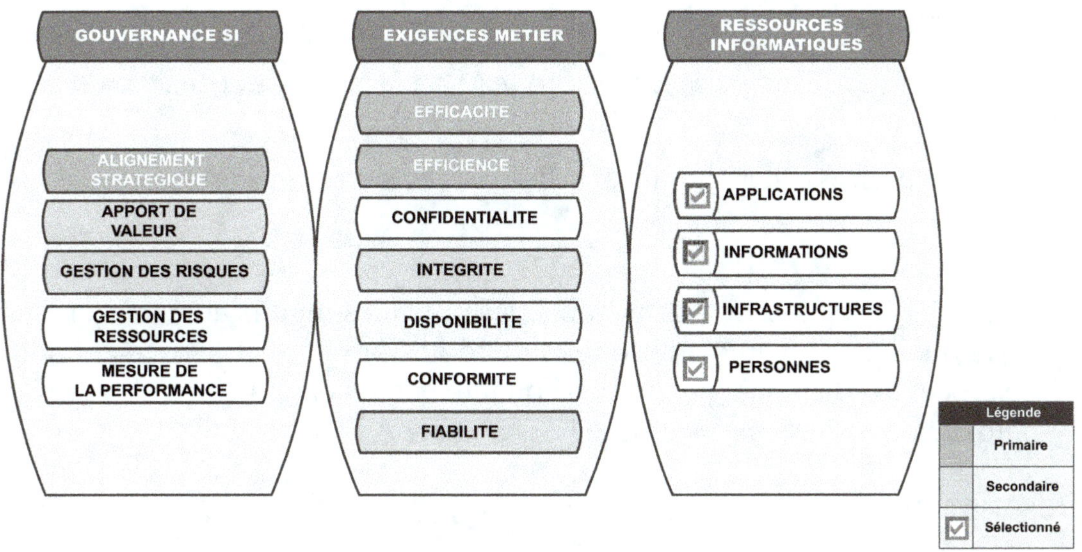

Figure 4-22 : Gérer la qualité : PO8

Le processus PO8 s'intéresse à la bonne mise en place d'un SMQ cohérent avec la stratégie SI (alignement stratégique) et permettant l'apport de valeur ainsi que le développement d'une culture de gestion des risques. Il répond ainsi aux exigences d'efficacité, d'efficience, d'intégrité et de fiabilité de la DSI vis-à-vis des métiers.

Pourquoi ?

Le processus PO4 définit un cadre de référence des processus informatiques. Un système de management de la qualité doit impérativement compléter ce cadre de référence par la détermination d'indicateurs de mesure et de seuils d'objectifs à atteindre, sous peine de tomber rapidement dans l'oubli. L'expérience prouve que la mesure des résultats par des tiers est souvent rejetée. Lorsque cette mesure est destinée à améliorer le fonctionnement et aboutit donc à remettre en cause certaines pratiques, c'est encore plus délicat. Il est très difficile d'ancrer une culture de l'amélioration continue, d'où l'idée de l'aligner au processus de management (objectifs individuels).

Enfin, le système de management de la qualité donne tout son sens aux activités de la DSI en les alignant, d'une part, avec les objectifs stratégiques et, d'autre part, avec les souhaits des utilisateurs des SI.

Objectifs et périmètre

Vis-à-vis des 28 objectifs globaux assignés au système d'information (voir annexe 2, « Objectifs du système d'information et processus CobiT »), le processus PO8 doit permettre d'atteindre les objectifs présentés dans le tableau 4-8.

Tableau 4-8 : Objectifs du processus PO8

OBJ. 16	Réduire le nombre de défauts et de retraitements touchant la fourniture de solutions et de services.
OBJ. 25	Livrer les projets à temps et dans les limites budgétaires en respectant les standards de qualité.

Le processus PO8 couvre l'ensemble des principes relatifs au management de la qualité et à l'amélioration continue des produits et services offerts. Le processus de management de la qualité édicte les principes et les standards pour les autres processus.

Description du processus

La figure 4-23 représente les flux internes du processus PO8.

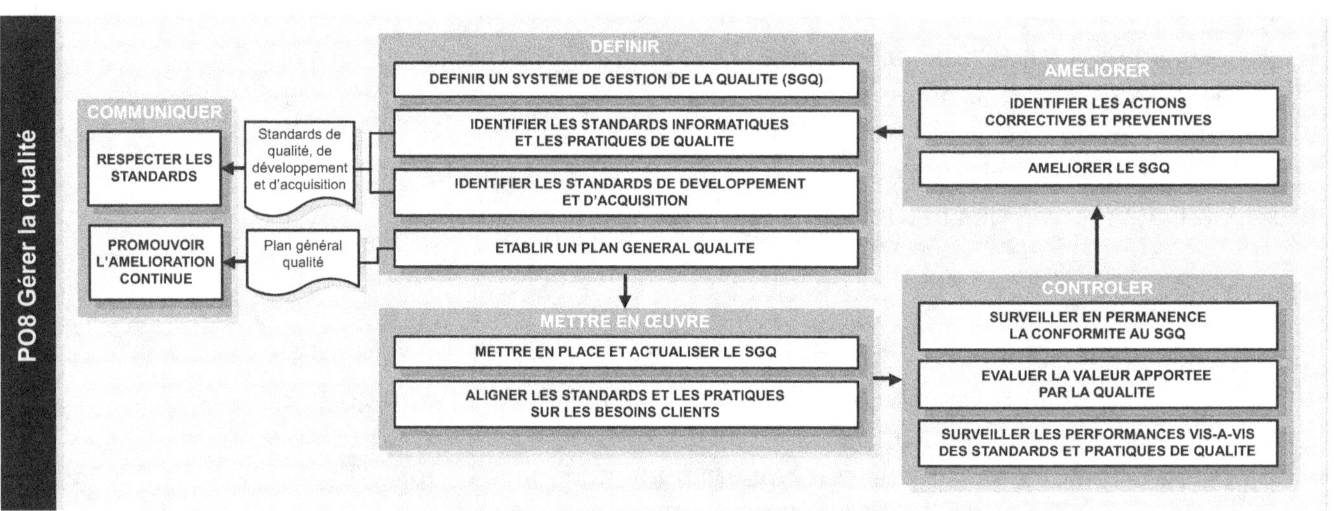

Figure 4-23 : Représentation schématique des flux internes du processus PO8

Planification et mise en œuvre

La mise en œuvre du processus consiste, sur la base d'une politique qualité en phase avec la stratégie SI édictée par le DSI, à définir des objectifs qualité et une organisation adaptée pour s'assurer de la qualité des produits et services de la DSI. Cette organisation, matérialisée par un plan de management de la qualité, doit s'appuyer sur des procédures et standards de réalisation des projets et services. Ce plan doit ensuite être mis en œuvre et audité pour s'assurer que l'organisation et les dispositions de management de la qualité permettent d'atteindre les objectifs qualité définis.

À noter que les processus du domaine SE (Surveiller et Évaluer, voir chapitre 7), en particulier le processus SE1, s'apparentent à des processus de contrôle de la qualité, en regard de la définition du SMQ.

Mesures et contrôles

La mesure de l'efficacité de ce processus passe principalement par le suivi des objectifs qualité, par exemple, le pourcentage de réduction des défauts, incidents et problèmes rencontrés lors des activités de service de la DSI. D'autres indicateurs peuvent compléter cette mesure d'efficacité, tels que le respect des délais, le respect des coûts des projets et des conventions de service passés avec les directions métiers.

La mesure de la mise en œuvre de ce processus passe par le suivi du taux de projets respectant les procédures et standards qualité, le taux de couverture des audits internes et le pourcentage des processus faisant l'objet de revue.

Rôles et responsabilités

Le directeur des systèmes d'information

Son rôle est de définir la politique qualité et les objectifs qualité qui en découlent. Il est le commanditaire des activités de contrôle qualité (audits qualité internes et revues de processus) et pilote ce processus, responsabilité qu'il peut toutefois déléguer à son RAQ (responsable d'assurance qualité).

La filière qualité

Elle a pour mission d'aider à la mise en œuvre de la politique qualité et d'atteindre les objectifs qualité conformément aux exigences des métiers.

Le responsable d'assurance qualité

Il anime la filière qualité par délégation du DSI et s'assure que le processus PO8 est bien mis en œuvre.

Les entrées-sorties du processus

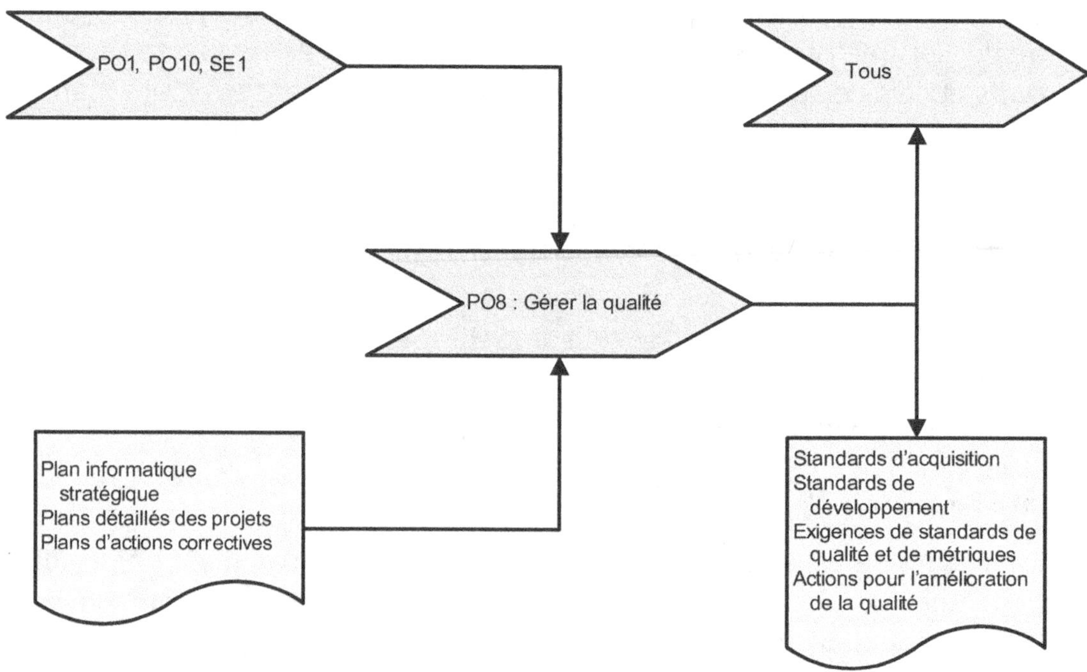

Figure 4-24 : Les entrées-sorties du processus PO8

PO9 | Évaluer et gérer les risques

Les activités des entreprises sont de plus en plus dépendantes des systèmes d'information, que ce soit au travers des applications ou des infrastructures. Le souci de gérer les risques qui en résulte n'est pas nouveau. S'il est érigé au niveau de l'un des dix processus stratégiques de la gouvernance des SI, c'est en particulier parce qu'il nécessite une vigilance constante qui ne peut pas être du ressort des opérationnels.

Le processus PO9 renvoie à une exigence de prise en compte plus systématique des risques par les processus métier, au-delà des systèmes d'information gérés par la DSI, ce qui n'est pas toujours mis en œuvre. Ainsi, par exemple, une banque gère d'un côté ses archives « papier » dans les services et la DSI archive et sauvegarde les données applicatives correspondantes. Comment prendre en compte la conservation des données sans étendre cette notion de maîtrise des risques au niveau global, sans se limiter à la DSI ?

Vue d'ensemble

Le processus PO9 vise à mettre en place une stratégie de réduction des risques cohérente avec la stratégie SI (alignement stratégique) afin de développer une culture de gestion des risques. Il répond ainsi aux exigences de confidentialité, d'intégrité et de disponibilité du SI vis-à-vis des métiers.

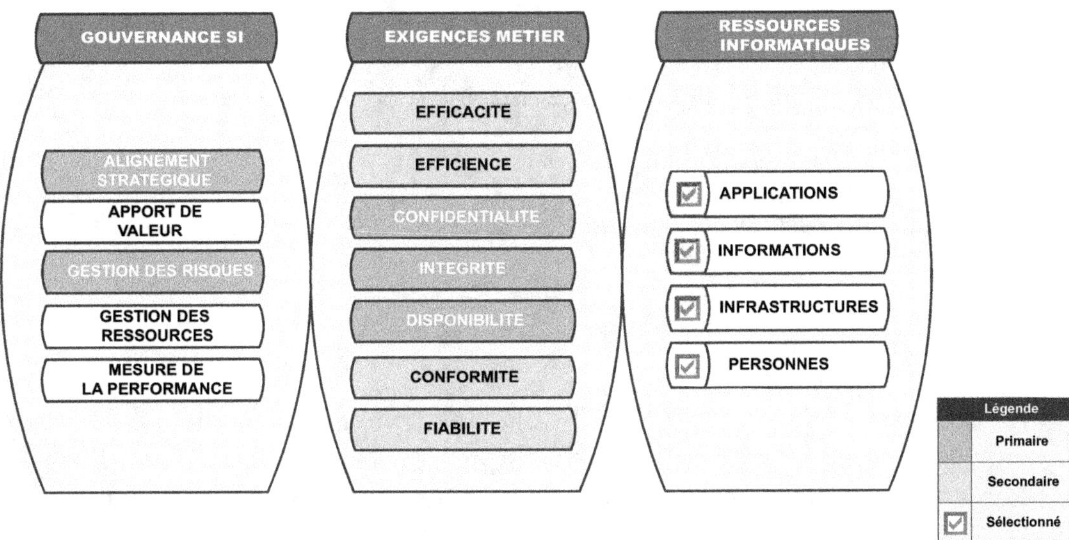

Figure 4-25 : Évaluer et gérer les risques : PO9

Pourquoi ?

Un risque se caractérise par sa fenêtre d'apparition, sa probabilité d'occurrence et son impact.

Repère : le risque

Trois éléments pour le décrire :
- sa fenêtre d'apparition (par exemple, la chute de neige n'est pas envisagée en juillet) ;
- sa probabilité d'occurrence (il y a beaucoup de chance d'avoir du verglas en mars) ;
- son impact (les avions ne pourront pas décoller).

La combinaison des trois facteurs peut conduire au risque faible qui a des chances de se produire souvent, au risque exceptionnel à fort impact, ou à toute autre combinaison.

Le processus de management des risques a pour rôle de mettre sans cesse en regard les risques qui se profilent et leur impact au niveau des métiers. Ceci nécessite une parfaite compréhension des dimensions métier et de la technologie afin d'anticiper et proposer les mesures de réduction de risques les plus appropriées.

Objectifs et périmètre

Vis-à-vis des 28 objectifs globaux assignés au système d'information (voir annexe 2, « Objectifs du système d'information et processus CobiT »), le processus PO9 doit permettre d'atteindre les objectifs présentés dans le tableau 4-9.

Tableau 4-9 : Objectifs du processus PO9

OBJ. 14	Protéger tous les actifs[1] informatiques et en être comptable.
OBJ. 17	Protéger l'atteinte des objectifs informatiques.
OBJ. 18	Montrer clairement les conséquences pour l'entreprise des risques liés aux objectifs et aux ressources informatiques.

1. Actif : tout élément représentant de la valeur pour l'organisme (ISO 27001).

Le processus PO9 couvre l'ensemble des principes relatifs à la gestion des risques et à l'évaluation des risques en termes financiers. Il est le lien entre le management global des risques au niveau de l'entreprise et la DSI.

Description du processus

La figure 4-26 représente les flux internes du processus PO9.

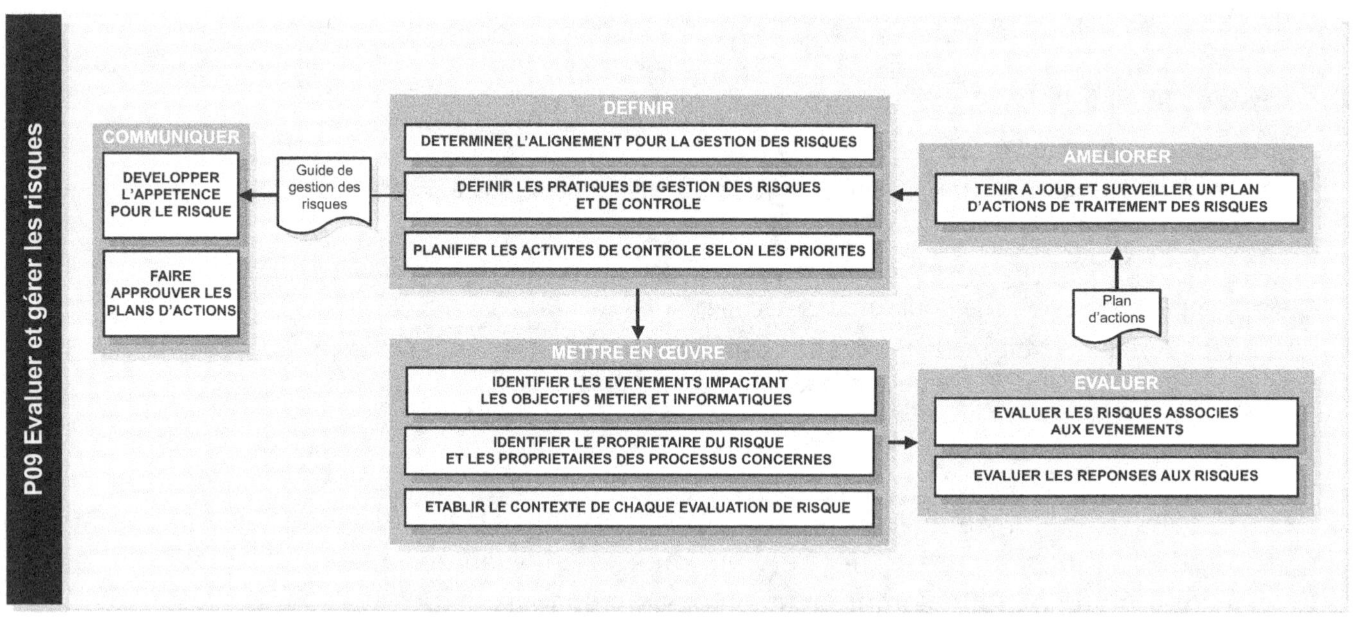

Figure 4-26 : Représentation schématique des flux internes du processus PO9

Planification et mise en œuvre

Si la maîtrise des risques renvoie tout d'abord à des dispositions classiques comme le plan de reprise d'activités (PRA), la sauvegarde des données ou, au niveau des métiers, au plan de continuité des activités (PCA), elle doit aller au-delà en imposant la définition et la mise en œuvre d'une méthodologie d'évaluation des risques, l'élaboration d'un plan de traitement des risques adapté aux préjudices financiers encourus.

Beaucoup de risques « génériques » seront traités à travers les PRA et PCA mais il existera toujours des aléas qui feront émerger des risques plus spécifiques, non prévus a priori. Citons, par exemple, la perte de compétence stratégique suite au départ de certaines ressources, les impacts d'un projet spécifique, des conditions climatiques inhabituelles, etc.

Plus généralement, la DSI doit bien comprendre les objectifs stratégiques des métiers pour hiérarchiser les risques qu'ils encourent et apporter des réponses appropriées.

La mise en place d'un système de mangement de la sécurité de l'information (SMSI) conforme à la norme ISO/IEC 27001 est un moyen de répondre aux objectifs de contrôle du processus PO9.

Mesures et contrôles

La mesure de l'efficacité de ce processus passe principalement par le pourcentage de réduction des incidents de sécurité rencontrés lors des activités de service de la DSI dus à des risques non identifiés.

La mesure de la mise en œuvre de ce processus passe par le suivi du nombre d'actifs faisant l'objet de l'analyse des risques et d'un plan de traitement des risques associé.

Rôles et responsabilités

La mise en œuvre du processus passe par la création d'une fonction en charge du contrôle interne et du management de la sécurité au sein de la DSI. Ceci renvoie à la norme ISO/IEC 27001. À noter que cette fonction ne saurait se confondre avec la fonction de gestion de la sécurité informatique au sens technique, laquelle renvoie à la norme ISO/IEC 17799 (ou ISO/IEC 27002).

Cependant, cette fonction ne suffit pas à assurer le fonctionnement du processus PO9 qui doit également s'appuyer sur des instances transverses incluant la direction générale, les directions métiers et la direction financière.

La filière sécurité et les risques informatiques

Il s'agit de définir une organisation dédiée propre à mettre en œuvre la politique et les objectifs sécurité et de gestion des risques informatiques en ligne avec l'analyse des risques liés aux systèmes d'information.

Le directeur des systèmes d'information

Son rôle est de s'assurer de l'évaluation des risques et de proposer une réponse à travers un projet de plan de traitement des risques.

La direction métier

Son rôle est de valider les résultats de l'évaluation des risques la concernant et les réponses proposées par le projet de plan de traitement des risques.

La direction financière

Son rôle est d'approuver les résultats de l'évaluation des risques et les réponses proposées dans le projet de plan de traitement des risques en fonction des préjudices financiers encourus, et d'en assurer le financement et le suivi.

Les entrées-sorties du processus

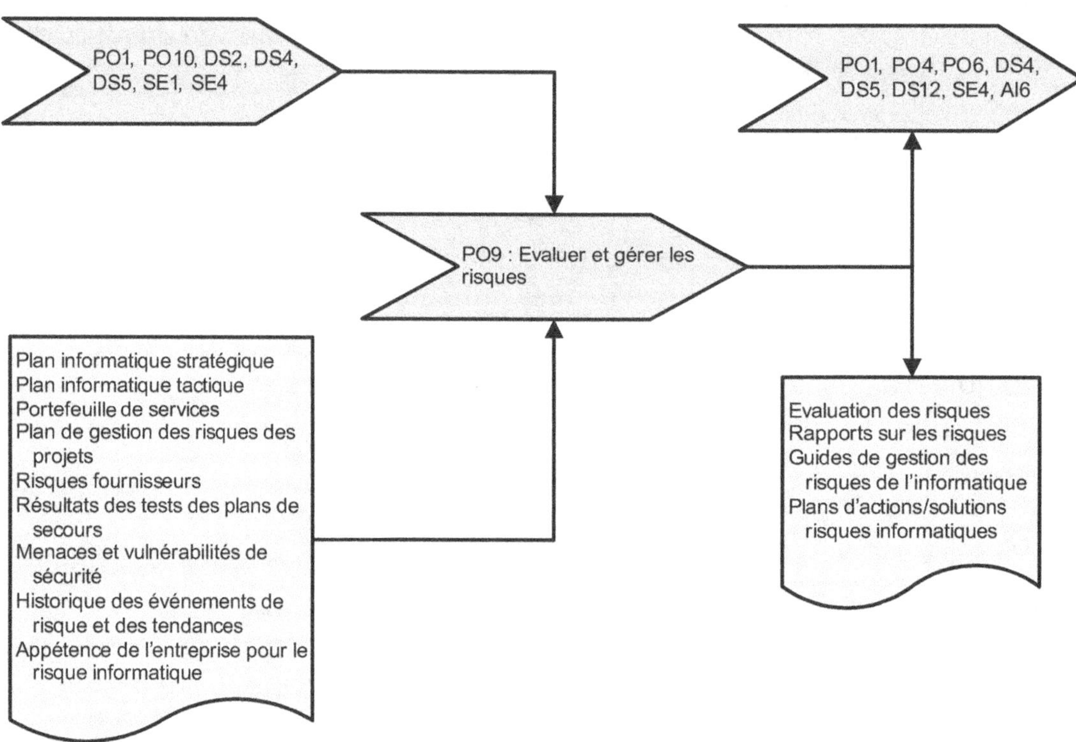

Figure 4-27 : Les entrées-sorties du processus PO9

PO10 | Gérer les projets

Pourquoi tant de projets informatiques viennent-ils défrayer la chronique ? Certains analystes comme le Standish Group, estiment que plus de 25 % des projets sont loin d'atteindre leurs objectifs ; d'autres vont jusqu'à mettre en avant qu'il faut rencontrer une butée (budget, délais, qualité) pour provoquer un électrochoc qui fera sortir le projet de l'impasse en substituant à une gestion de projet inefficace une gestion de crise à haut niveau.

De nombreuses causes sont évoquées à l'appui de ces constats. Les plus courantes stigmatisent le manque de maturité des métiers (la maîtrise d'ouvrage) ou invoquent la spécificité des projets informatiques, qui s'appuient sur des technologies en constante évolution, pour expliquer les dérives et les déceptions. Au-delà, qu'en est-il réellement des méthodes et processus mis en œuvre en matière de projets ?

L'approche du processus PO10 consiste à faire peser en interne à la DSI une exigence de professionnalisme qui s'étendra progressivement aux acteurs concernés par les projets.

Vue d'ensemble

Le processus PO10 s'intéresse principalement à la bonne mise en place d'un référentiel de gestion de programme et de projet (application et infrastructure) pour un bon alignement stratégique. Il répond ainsi aux exigences d'efficacité et d'efficience du SI vis-à-vis des métiers.

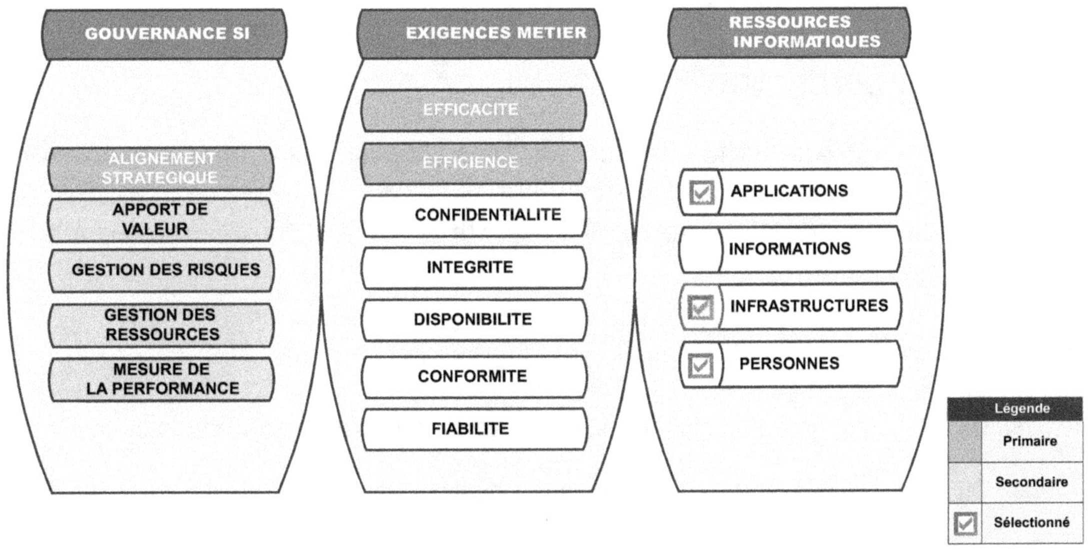

Figure 4-28 : Gérer les projets : PO10

Pourquoi ?

Une gestion en mode projet[1] a souvent du mal à coexister avec les modèles d'organisation hiérarchiques et les modes de gestion qu'ils impliquent. Les projets sont bien souvent découpés en activités affectées à des entités

1. Un projet est par définition unique. En informatique, il est également sujet à des aléas (technologie, besoins des métiers). Ainsi, on oppose le mode projet au mode processus. Tout l'enjeu consiste à réduire les incertitudes de la gestion de projet sans entrer dans un carcan inadapté.

homogènes de l'organisation (développements, tests, changements, etc.) sans que le chaînage des activités entre elles ne soit formalisé et piloté. Il s'agit donc de donner une vision transverse et globale de l'ensemble des projets.

Par ailleurs, les méthodes observées sont des plus diverses, parfois artisanales, souvent dramatiquement absentes. Les fondamentaux font défaut : on oublie qu'un projet commence par une note de cadrage permettant aux parties prenantes une véritable décision de *Go/No go* qui doit ensuite être assortie d'un plan projet découpé en étapes, d'un budget qui s'affinera au fil des étapes, d'un cadre technique validé très tôt par l'exploitation et, enfin, d'un travail de conception en étroite relation avec les parties prenantes. Sur cet ensemble, il est nécessaire de greffer une supervision et un pilotage des risques indépendants.

> **Question clé : quand décider de faire un projet (Go/No go) ?**
>
> Un projet correspond à une décision d'investissement. Il est recommandé de réunir l'ensemble des éléments de décision dans une note de cadrage (coût, délais, risques, avantages, retour sur investissement, etc.). Cette note servira à étayer la décision de lancer ou non le projet.

Le processus de management des projets synthétise cette approche pour tous les projets de la DSI.

Objectifs et périmètre

Vis-à-vis des 28 objectifs globaux assignés au système d'information (voir annexe 2, « Objectifs du système d'information et processus CobiT »), le processus PO10 doit permettre d'atteindre les objectifs présentés dans le tableau 4-10.

Tableau 4-10 : Objectifs du processus PO10

Obj. 01	Répondre aux exigences métier en accord avec la stratégie métier.
Obj. 02	Répondre aux exigences de la gouvernance en accord avec les orientations du CA.
Obj. 25	Livrer les projets à temps et dans les limites budgétaires en respectant les standards de qualité.

Le processus PO10 couvre l'ensemble des principes relatifs à la gestion des projets. Il est le point de passage entre l'entreprise, que ce soit au travers des besoins des métiers ou de la préoccupation de gouvernance d'ensemble, et les projets menés au sein de la DSI. Ceci se traduit par un rôle d'interface, de contrôle et de communication entre les parties prenantes (hors DSI) et les projets.

Le processus PO10 est la véritable tour de contrôle de l'ensemble des projets ayant à la fois un rôle de cadrage méthodologique et un rôle très opérationnel de pilotage, mesure et actions correctives. Ceci concerne aussi bien les projets applicatifs que les infrastructures ou la maintenance applicative, en d'autres termes, tout ce qui conduit à des changements significatifs du système d'information.

Le processus PO10 étant un processus stratégique de haut niveau, il s'intéresse à la fois au « comment » et au « quoi ». Le « comment » concerne les référentiels et les méthodes qui seront définis, mis en œuvre et régulièrement améliorés pour conduire les projets. Le « quoi » se rapporte plus spécifiquement aux projets et à leur management opérationnel.

Les prérequis du processus PO10 sont ainsi à la fois d'ordre stratégique (quel portefeuille de projets ?), financier (pilotage des investissements), relatif au développement des ressources humaines (quelles compétences ?) et méthodologique (standards).

C'est un processus très opérationnel dans son rôle de pilotage global des projets en cours, et très méthodologique pour fixer aux projets un cadre précis permettant d'en optimiser les chances de succès.

Description du processus

La figure 4-29 représente les flux internes du processus PO10.

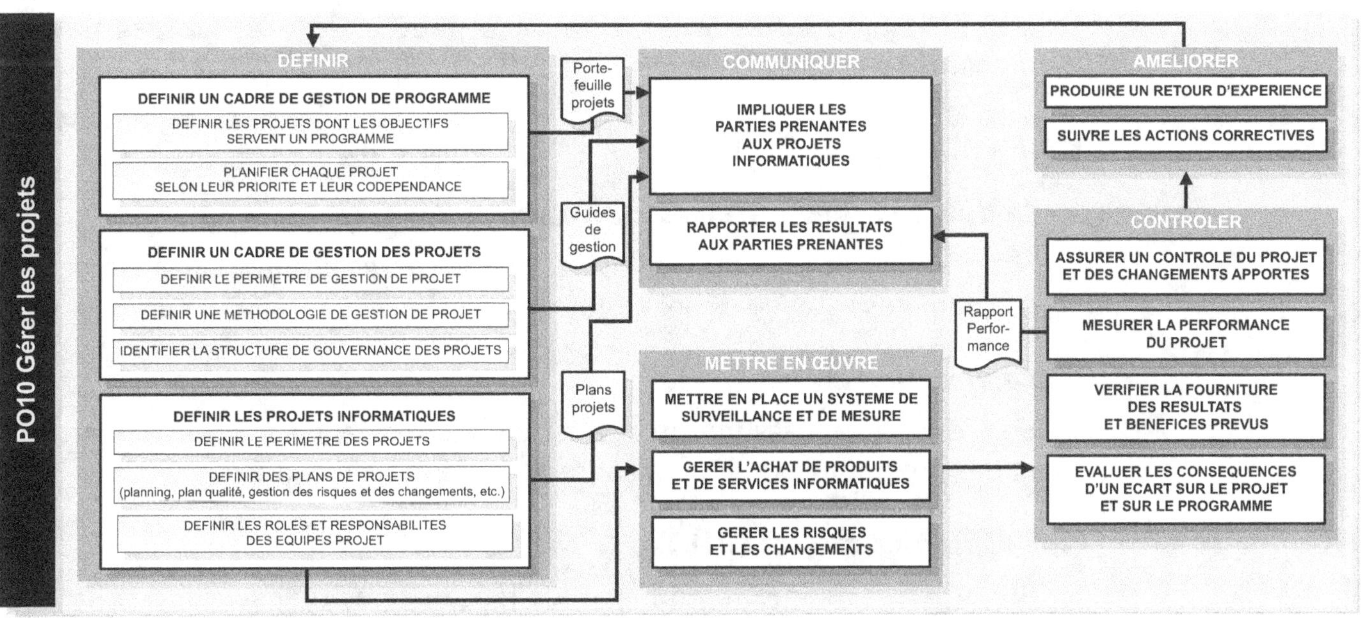

Figure 4-29 : Représentation schématique des flux internes du processus PO10

Planification et mise en œuvre

En ayant une vue globale des projets de la DSI et une façon homogène de les gérer, ce processus permet de véritablement maîtriser les projets sous tous leurs aspects : méthode, avancement et risques. Il ne se substitue pas aux processus de gestion de projet proprement dits ou au pilotage des changements. C'est plutôt une sorte de vision de synthèse des projets de la DSI, sous un angle stratégique (risques, coûts, priorités), destinée à dialoguer avec les parties prenantes.

Le préalable à la mise en œuvre du management des projets consiste à mettre en place une organisation avec une réelle responsabilité du processus, puis à définir le cadre de gestion des programmes et des projets.

Ce processus renvoie à la fonction de *Project Management Officer* (PMO) qui en est le responsable naturel au travers d'une structure ad hoc (office des projets).

Le schéma du processus de la figure 4-29 met en évidence à la fois une préoccupation opérationnelle de pilotage de projets et le rôle d'amélioration constante des conditions mêmes de conduite des projets.

Mesures et contrôles

La mesure de l'efficacité de ce processus passe principalement par le pourcentage de projets respectant les délais, les coûts et la qualité.

La mesure de la mise en œuvre de ce processus passe par le pourcentage de projets respectant le référentiel de gestion de projet (méthode, procédures, standards, etc.). D'autres indicateurs comme le nombre de projets faisant l'objet de revue ou le taux de participation active des parties prenantes peuvent être suivis.

Rôles et responsabilités

Le directeur des systèmes d'information

Son rôle est de s'assurer qu'un référentiel de gestion des projets et des programmes est bien défini et mis en œuvre.

La direction métier

Son rôle est de s'assurer qu'elle est bien associée à la gestion des projets et des programmes selon un cadre de gestion bien défini.

L'office des projets (PMO)

Son rôle est de mettre en place les mécanismes de gestion des projets (planning, plans qualité, budgets, risques, revues, etc.) et d'assurer le contrôle des projets.

Les entrées-sorties du processus

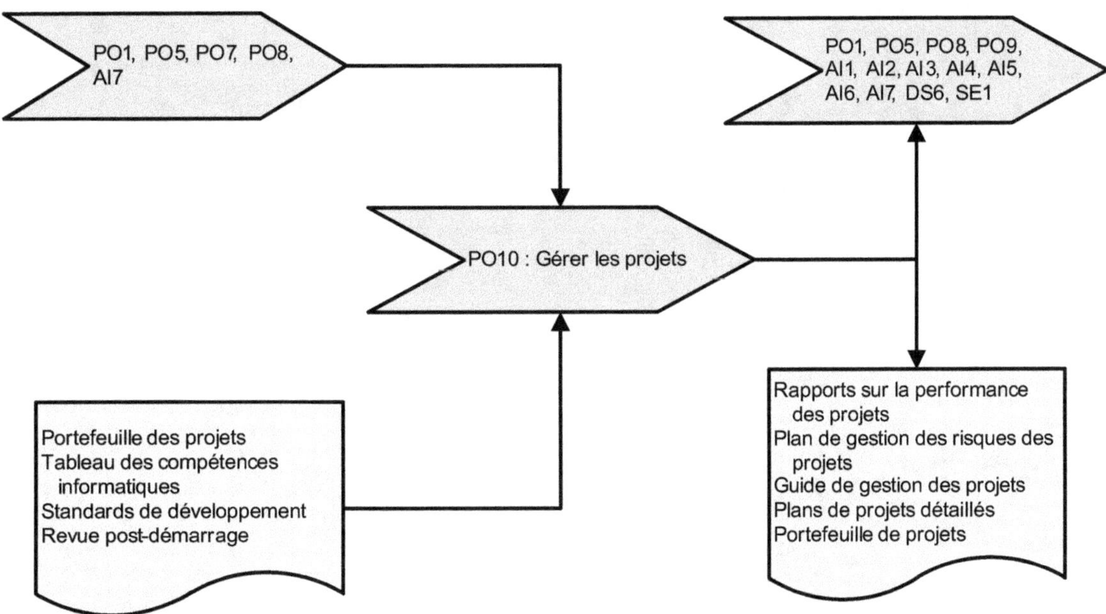

Figure 4-30 : Les entrées-sorties du processus PO10

En résumé

Le domaine PO décrit les 10 processus stratégiques de la gouvernance des systèmes d'information. Il s'applique aussi bien à des DSI importantes qu'à des DSI qui ont externalisé la plupart de leurs projets ou de leurs opérations.

On peut envisager de coupler CobiT à d'autres référentiels, mais ce domaine PO restera incontournable.

Chapitre 5

Acquérir et Implémenter

Les processus décrits dans ce chapitre traitent de l'identification, du développement ou de l'acquisition des solutions informatiques, de leur mise en œuvre et de leur intégration aux processus métier, ainsi que de la modification et de la maintenance des systèmes existants.

Les processus de ce domaine sont les suivants :

- AI1 – Trouver des solutions informatiques
- AI2 – Acquérir des applications et en assurer la maintenance
- AI3 – Acquérir une infrastructure technique et en assurer la maintenance
- AI4 – Faciliter le fonctionnement et l'utilisation
- AI5 – Acquérir des ressources informatiques
- AI6 – Gérer les changements
- AI7 – Installer et valider des solutions et des modifications

AI1 | Trouver des solutions informatiques

Face à un besoin exprimé sur une nouvelle application ou sur une nouvelle fonction, la DSI doit être force de proposition. Ainsi, il convient tout d'abord d'analyser la demande en se posant les bonnes questions.

- Ce besoin exprimé est-il compatible avec les impératifs stratégiques métier ?
- Comment peut-il se traduire en termes de solutions informatiques ?
- Comment s'intègre-t-il dans le programme d'investissement informatique ?
- Peut-on s'attendre à un retour sur investissement ou à une création de valeur significative ?

Autant de questions déterminantes pour entamer ou non la suite du processus…

Si l'entreprise décide d'aller plus loin, les étapes suivantes consistent à déterminer un éventail de solutions, à analyser leur faisabilité sur le plan technique et leur viabilité sur le plan économique. L'analyse des risques et le bilan économique (ou rapport coût/bénéfices des solutions envisagées) déterminent le choix final. Celui-ci, guidé par des critères d'efficacité et de rentabilité, conduit au type de solution retenu (faire ou acheter).

Minimiser les coûts d'achat et de mise en place de solutions constitue l'un des objectifs du processus AI1, tout en s'assurant qu'elles permettront à l'entreprise d'atteindre ses objectifs.

Vue d'ensemble

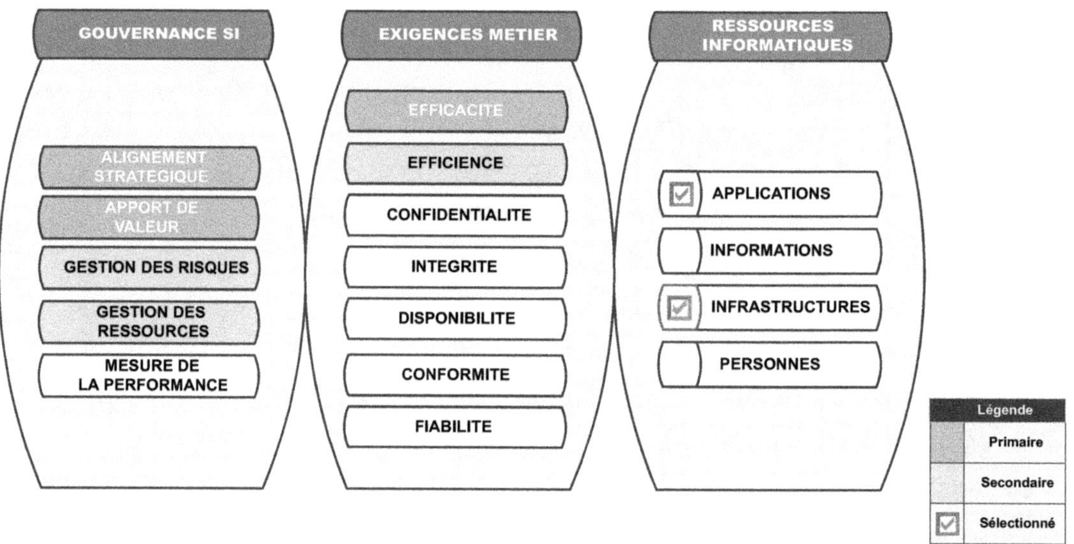

Figure 5-1 : Vue d'ensemble du processus AI1

Le processus AI1 est principalement la conséquence du besoin de mettre en place un dialogue avec les métiers en vue de lancer les développements nécessaires à l'évolution des systèmes informatiques (alignement stratégique et apport de valeur) qui répondent au critère d'efficacité du système d'information pour les métiers.

Ce besoin amène les DSI à s'impliquer davantage dans la connaissance des métiers et à piloter la contribution des systèmes informatiques aux métiers. Il s'agit de trouver des compromis entre l'efficacité recherchée par le métier, l'efficience propre à tout bon gestionnaire et une maîtrise des risques adaptée.

Pourquoi ?

Il s'agit de traduire les besoins fonctionnels de l'entreprise en solutions informatiques efficaces et efficientes. Ceci passe par des études de faisabilité, des *business cases* et un éventail de solutions permettant de décider.

Cet exercice doit concilier les besoins et les exigences métier actualisés, leurs évolutions futures mais également l'émergence de nouvelles technologies.

Objectifs et périmètre

Vis-à-vis des 28 objectifs globaux assignés au système d'information (voir annexe 2, « Objectifs du système d'information et processus CobiT »), le processus AI1 doit permettre de maîtriser les objectifs présentés dans le tableau 5-1.

Tableau 5-1 : Objectifs du processus AI1

OBJ. 01	Réagir aux exigences métier en accord avec la stratégie métier.
OBJ. 06	Déterminer comment traduire les exigences métier de fonctionnement et de contrôle en solutions automatisées efficaces et efficientes.

Le processus AI1 couvre les étapes de définition et de prise en compte d'un besoin jusqu'à la décision finale qui aboutit à un achat ou à un développement informatique.

Description du processus

La figure 5-2 représente les flux internes du processus AI1.

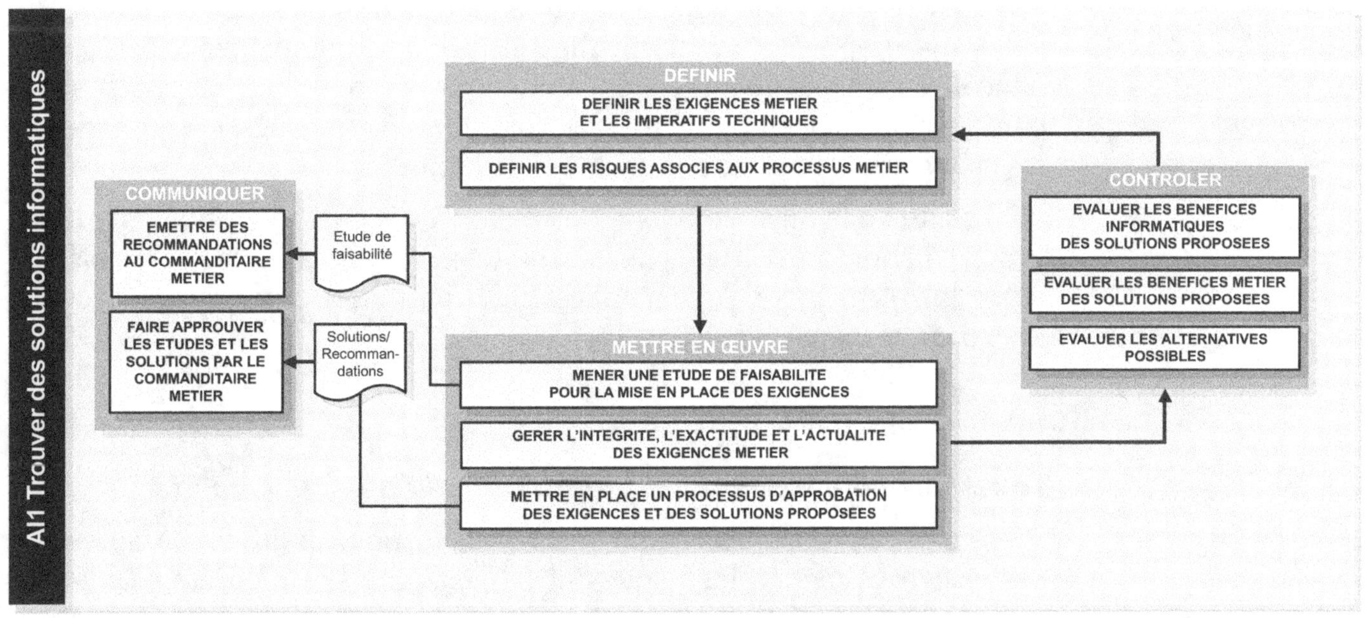

Figure 5-2 : Représentation schématique des flux internes du processus AI1

Planification et mise en œuvre

Toutes les exigences métier, fonctionnelles et techniques, doivent être prises en compte et classées par priorité. Les solutions potentielles proposées en réponse à ces exigences doivent être identifiées avant tout développement ou acquisition. Le choix de la solution définitive est dicté par des critères de rentabilité, d'efficacité, de compatibilité, d'ergonomie, de disponibilité, de continuité et d'évolutivité, et également de sécurité.

En effet, l'analyse des risques, dûment documentée, permet d'identifier au plus tôt les pistes de réduction de risques et ainsi de limiter les impacts potentiels. Ces risques concernent les menaces sur l'intégrité des données, la disponibilité, la sécurité, le respect de la vie privée et la conformité aux lois et règlements.

Tout choix d'une solution doit être conditionné par une étude de faisabilité sur l'ensemble des solutions possibles (matérielles, logicielles ou de service). Cette analyse conforte la prise de décision sur le choix de la solution. La validation métier est requise pour s'assurer que ses exigences sont bien comprises par l'informatique avant accord de mise en place ou avant achat.

Cette étape de validation est d'autant plus importante que, conscients des enjeux, les métiers seront davantage impliqués pendant la mise en place.

Mesures et contrôles

Les métriques à mettre en place pour s'assurer de l'efficacité du processus concernent la vérification des objectifs présentés dans le tableau 5-1. Ces mesures portent principalement sur la satisfaction des métiers quant aux solutions proposées, en particulier le rapport coûts/bénéfices, la pertinence des études réalisées en amont par rapport aux résultats après déploiement (ROI en particulier), l'écart entre les spécifications initiales et les changements demandés en cours de projet.

La mesure de la mise en œuvre de ce processus passe principalement par le suivi du nombre d'études de faisabilité et d'analyse de risques réalisées. Plus généralement, on vérifiera dans quelle mesure le processus de décision global est respecté.

Rôles et responsabilités

Le responsable métier et le propriétaire du processus métier

Au sein de ce processus, chaque métier a la responsabilité de s'assurer que ses exigences métier, les risques et la faisabilité ont bien été étudiés, et que les bénéfices des solutions proposées ont bien été évalués afin de pouvoir approuver la meilleure solution.

L'office des projets (PMO)

Le PMO met en œuvre ce processus afin d'identifier et d'évaluer les différentes solutions adaptées aux exigences métier. Il est le pivot entre la DSI et les métiers ; il doit sa légitimité à sa compréhension intime des métiers de l'entreprise et à sa capacité à en répercuter les priorités au sein de la DSI.

Le directeur des systèmes d'information

Son rôle est de s'assurer que toutes les activités de ce processus ont été menées et que tous les acteurs concernés ont bien été impliqués afin que les bénéfices informatiques et métiers des solutions préconisées soient bien évalués.

Les entrées-sorties du processus

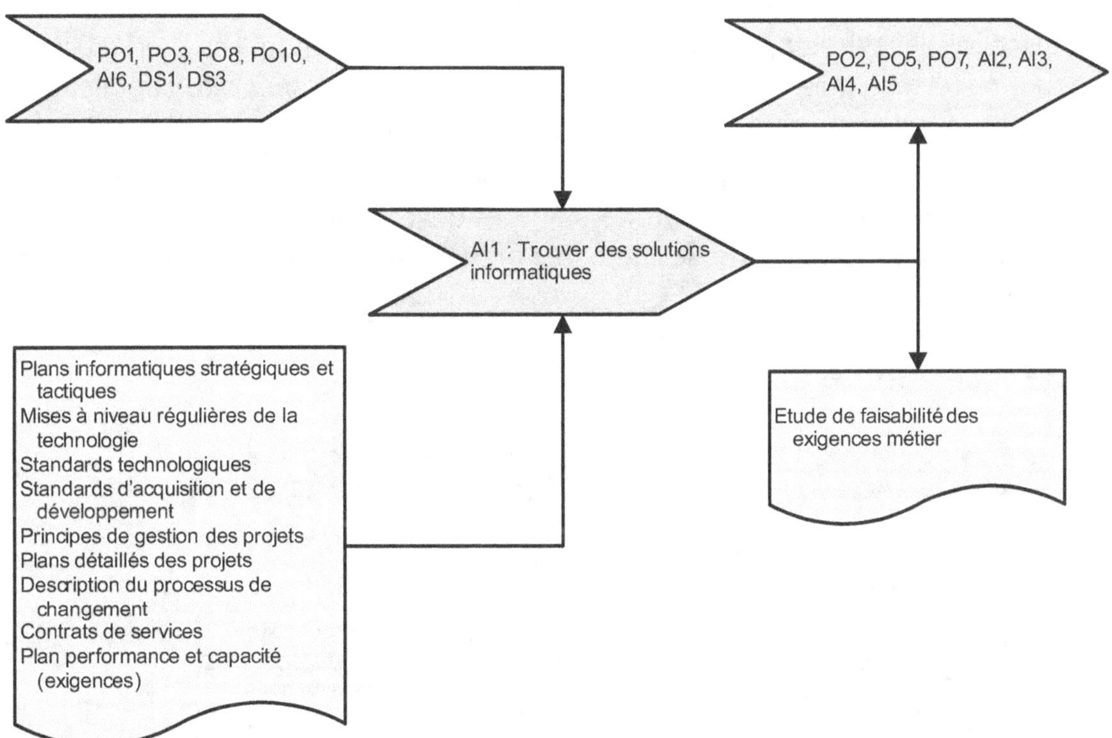

Figure 5-3 : Les entrées-sorties du processus AI1

AI2 — Acquérir des applications et en assurer la maintenance

L'un des objectifs de la DSI est de livrer des applications en adéquation avec les besoins des métiers, d'en maîtriser la maintenance et les évolutions afin d'en assurer le fonctionnement et de procéder aux adaptations techniques et fonctionnelles (transformation ou remplacement) nécessaires pour s'aligner aux processus métier.

Cet objectif se traduit par une succession d'étapes, appelée « cycle de développement logiciel ».

Après les étapes de définition du besoin, la traduction des exigences en spécifications de développement générales, détaillées et documentées, prenant en compte les orientations technologiques et l'architecture de l'information est essentielle. Une fois cette étape validée, le développement informatique commence.

Tout au long de cette étape, les mécanismes de développement sont soumis à des principes tels que le respect des standards en matière de configuration et d'architecture de l'information, la rédaction d'un plan d'assurance qualité, la présence de contrôles et de validations, le respect des exigences de sécurité (accès, données) et la mise en place de pistes d'audit.

Une fois les développements terminés, testés, validés et mis en production, il ne reste plus qu'à garantir la pérennité du fonctionnement de l'application qui conduit, en dernier lieu, à élaborer un plan de maintenance.

Ce cycle de développement est cependant perturbé par l'arrivée d'évolutions tout au long du processus de développement, impliquant de reprendre tout ou partie des activités précédemment menées pour intégrer ces évolutions.

Vue d'ensemble

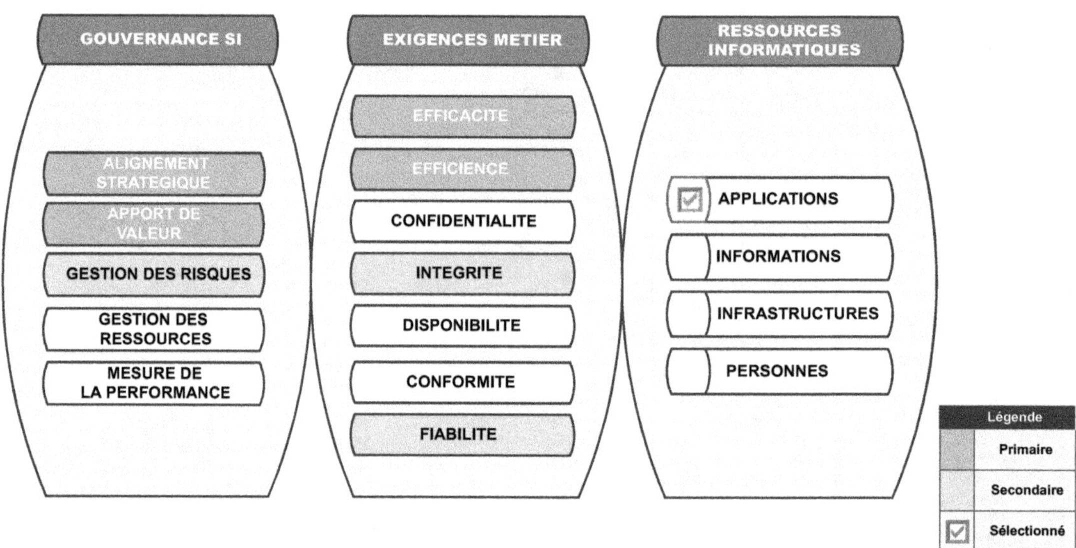

Figure 5-4 : Vue d'ensemble du processus AI2

Le processus AI2 résulte principalement de la maîtrise des étapes du cycle de vie d'une application en vue de réaliser les développements applicatifs conformes aux besoins des métiers (alignement stratégique et apport de valeur), qui répondent principalement aux critères d'efficacité et d'efficience du système d'information.

Pourquoi ?

Les oublis ou les défauts majeurs commis lors des étapes de conception peuvent s'avérer préjudiciables et difficilement rattrapables durant les développements ou la phase de test, car ils entraînent des retours en arrière coûteux. Ainsi, ces étapes sont essentielles pour garantir la qualité des développements futurs, en conformité avec les exigences métier.

Le processus AI2 est une sorte de macroprocessus couvrant l'ensemble du cycle de vie du développement ou de l'acquisition de logiciel. CobiT ne rentre pas plus dans le détail des méthodes de conception, de tests, de gestion de projets, que dans la description des processus nécessaires à une bonne gestion du cycle de vie. En ce sens, ce processus mérite d'être ensuite détaillé avec un référentiel plus spécialisé et orienté projet comme PRINCE2, CMMI ou encore PMBOK.

Objectifs et périmètre

Vis-à-vis des 28 objectifs globaux assignés au système d'information (voir annexe 2, « Objectifs du système d'information et processus CobiT »), le processus AI2 doit permettre de maîtriser les objectifs présentés dans le tableau 5-2.

Tableau 5-2 : Objectifs du processus AI2

Obj. 06	Déterminer comment traduire les exigences métier de fonctionnement et de contrôle en solutions automatisées efficaces et efficientes.
Obj. 07	Acquérir et maintenir fonctionnels des systèmes applicatifs intégrés et standardisés.

Le processus AI2 couvre l'ensemble des étapes de développement d'une application informatique jusqu'à celle consistant à élaborer un plan de maintenance. Les étapes préalables de définition des besoins sont traitées par le processus AI1.

Le processus AI2 couvre cinq grandes étapes dans la conception et le développement de solutions informatiques :

- la conception générale ;
- la conception détaillée ;
- la rédaction du plan d'assurance qualité ;

- le développement d'application ;
- la maintenance.

À noter que ce processus est lié au processus AI7 (voir section « AI7 – Installer et valider des solutions et des modifications » de ce chapitre), qui traite des tests et de la mise en production des applications ainsi que de leurs évolutions.

Description du processus

La figure 5-5 représente les flux internes du processus AI2.

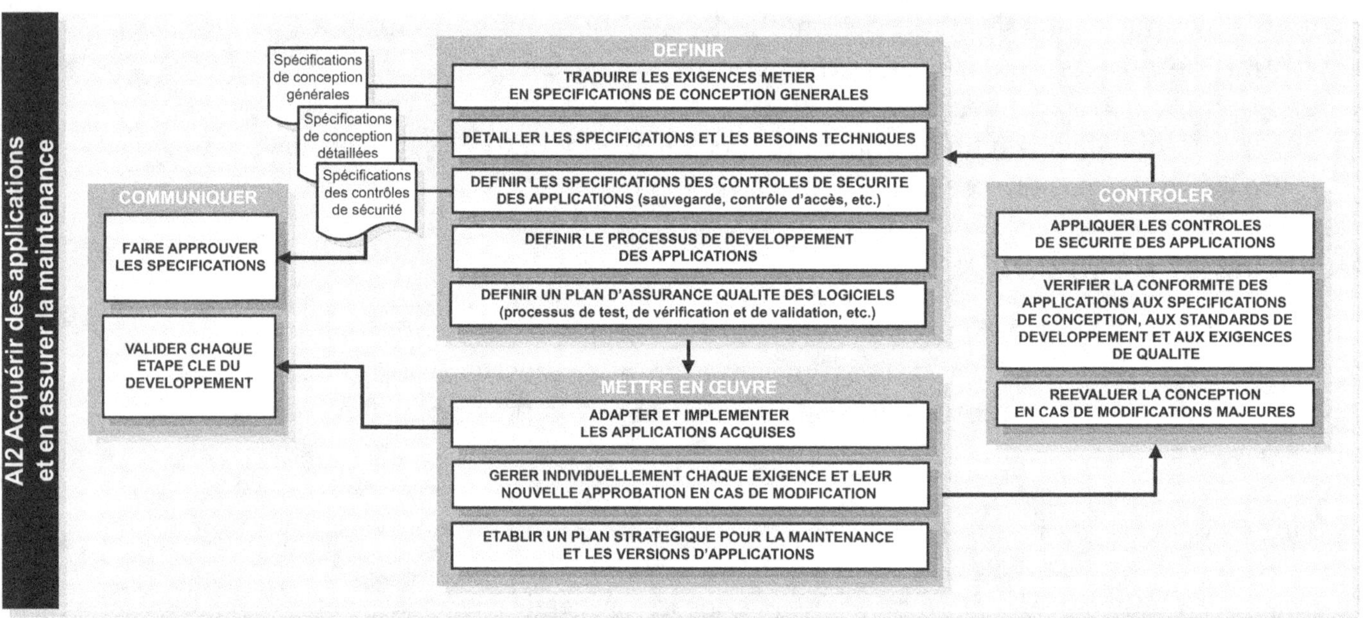

Figure 5-5 : Représentation schématique des flux internes du processus AI2

Planification et mise en œuvre

La conception générale et la conception détaillée traduisant les exigences métier en spécifications générales et techniques doivent faire l'objet de contrôle et de consultation/validation à plusieurs niveaux : coordination des métiers, architecture des données, développement et exploitation informatique.

Une conception générale de bonne qualité et bien documentée est la garantie que les exigences métier seront correctement prises en compte. Une bonne conception détaillée garantit une programmation et une maintenance d'application à terme plus faciles. Elle permet également de mettre l'accent sur les priorités afin de livrer au final une application qui satisfait aux conditions de rentabilité.

Parallèlement, le plan d'assurance qualité des logiciels – ayant pour objet de spécifier les critères de qualité et les processus de validation et de vérification, dont les tests – est aussi un document incontournable. Ce plan fournit également un cadre de travail pour le processus AI7 s'intéressant à toutes les phases de tests, de recette, d'installation et de mise en production.

Dans l'étape qui suit la phase de conception, la réussite des développements tient au respect des exigences formalisées dans les documents de conception, au respect du plan d'assurance qualité, à l'intégration du système en conformité à l'architecture existante, à la configuration standard et à la pertinence des tests.

Un mécanisme de contrôle doit être mis en place pour s'assurer que les résultats des développements répondent aux exigences métier et que la confidentialité des données, l'intégrité, la sécurité et la disponibilité du système sont compatibles avec les processus métier.

Ce processus concerne également l'élaboration d'un plan de maintenance des applications, qui doit obéir aux procédures de gestion du changement en vigueur dans le cadre des évolutions et aux procédures de gestion des incidents en cas de dysfonctionnement.

Mesures et contrôles

Les métriques à mettre en place pour s'assurer de l'efficacité du processus concernent le suivi du nombre de projets respectant les coûts, la qualité, les fonctions et les délais. Ces mesures portent principalement sur la satisfaction des utilisateurs quant aux fonctionnalités proposées, en particulier sur les bénéfices apportés dans le métier.

La mesure de la mise en œuvre de ce processus passe principalement par le suivi du plan d'assurance qualité de chaque projet applicatif.

Rôles et responsabilités

L'office des projets (PMO)

Il s'assure du bon déroulement du projet en élaborant le plan d'assurance qualité, conformément aux exigences auxquelles sont soumis les projets applicatifs et en vérifiant que ses dispositions sont bien en œuvre.

Le responsable développements

Il est en charge de la réalisation des différentes étapes du projet applicatif. Il s'assure également de la bonne collaboration des métiers lorsque des activités requièrent leur validation.

Les entrées-sorties du processus

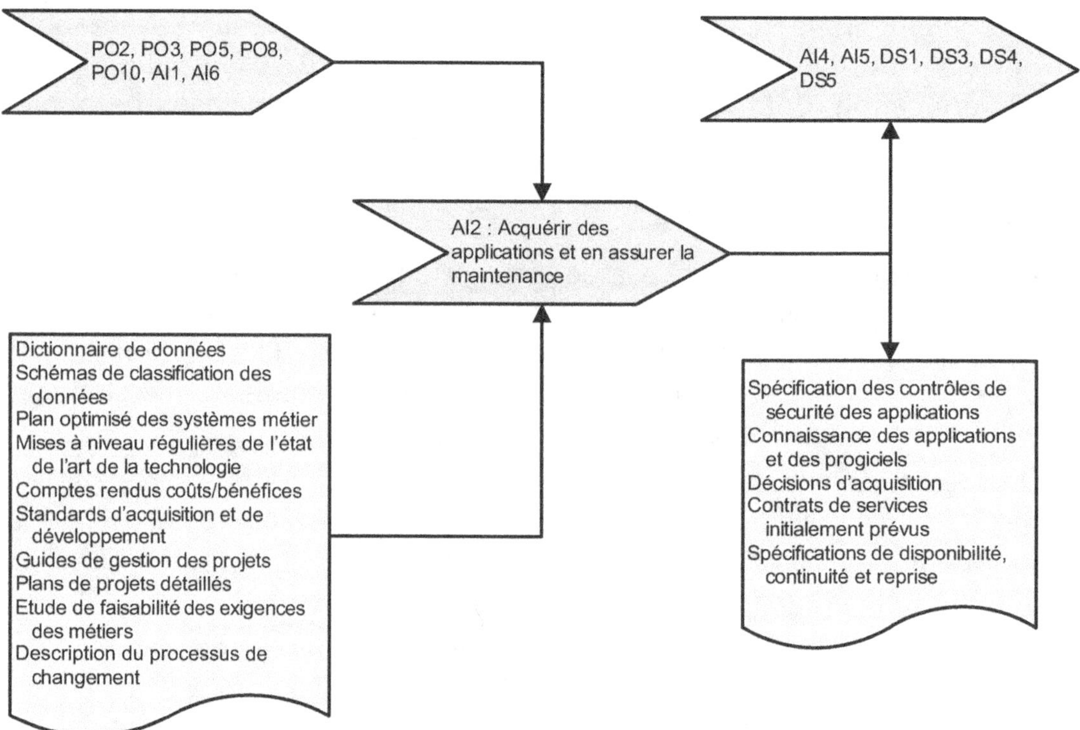

Figure 5-6 : Les entrées-sorties du processus AI2

AI3 — Acquérir une infrastructure technique et en assurer la maintenance

Parmi les postes de dépenses informatiques les plus importants figurent les investissements liés aux infrastructures, qui incluent les PC, les serveurs, les imprimantes, les composants réseau, etc.

Face aux infrastructures ayant une durée de vie limitée, il convient naturellement de disposer d'une stratégie et d'un plan de renouvellement, de remise à niveau ou de nouvelles acquisitions. Ce plan constitue une partie du programme d'investissement informatique et doit être en ligne avec le plan d'infrastructure technologique.

Le processus intègre un certain nombre d'opérations : la planification d'acquisition, la maintenance, les activités de protection et la mise en place d'environnements de développement et de tests relatifs à l'infrastructure.

Dans l'intérêt de l'entreprise, il est en tout cas essentiel de préserver et de pérenniser le fonctionnement des infrastructures, considérées comme supports de logiciel ou comme transporteurs d'information.

Vue d'ensemble

Le processus AI3 résulte principalement de la maîtrise des activités visant à acquérir et à entretenir l'infrastructure en ligne avec les stratégies et les choix technologiques (gestion des ressources matérielles) qui répondent principalement au critère d'efficience du système d'information.

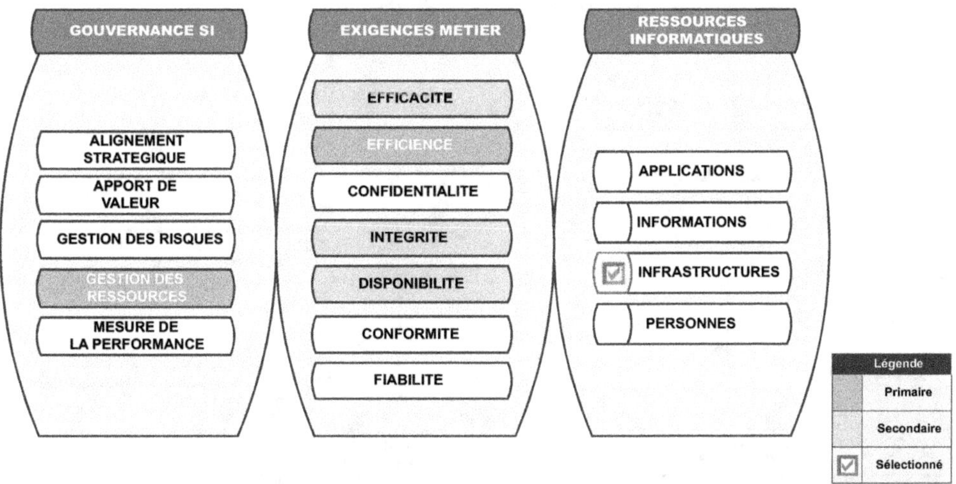

Figure 5-7 : Vue d'ensemble du processus AI3

Pourquoi ?

Compte tenu des implications budgétaires qui peuvent être importantes et en conformité avec le plan d'infrastructure technologique, le plan d'acquisition d'une infrastructure technique doit obligatoirement être mis en place. Il doit être en phase avec le plan stratégique informatique, l'architecture de l'information, les orientations technologiques et la stratégie d'achat.

Objectifs et périmètre

Vis-à-vis des 28 objectifs globaux assignés au système d'information (voir annexe 2, « Objectifs du système d'information et processus CobiT »), le processus AI3 doit permettre de maîtriser les objectifs présentés dans le tableau 5-3.

Tableau 5-3 : Objectifs du processus AI3

OBJ. 05	Donner de l'agilité à l'informatique.
OBJ. 08	Acquérir et maintenir opérationnelle une infrastructure informatique intégrée et standardisée.
OBJ. 15	Optimiser l'infrastructure, les ressources et les capacités informatiques.

Le processus AI3 couvre l'ensemble des opérations nécessaires pour acquérir et maintenir les infrastructures informatiques. Il ne développe pas le processus d'achat traité dans le processus AI5.

Description du processus

La figure 5-8 représente les flux internes du processus AI3.

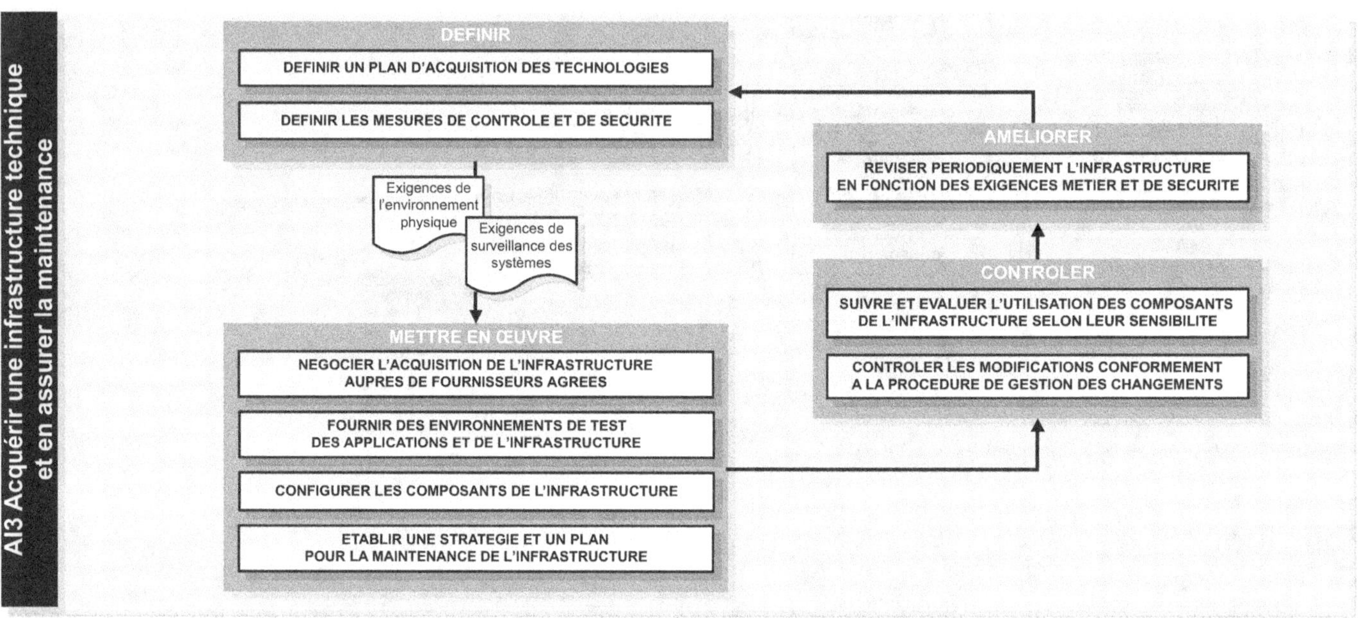

Figure 5-8 : Représentation schématique des flux internes du processus AI3

Planification et mise en œuvre

Les facteurs risques techniques, coûts de transition, durée de vie et viabilité du fournisseur sont à considérer dans le plan d'acquisition.

Les aspects protection et disponibilité des ressources de l'infrastructure doivent être maîtrisés. À ce titre, des mesures de contrôle internes doivent être prises pour évaluer la robustesse de l'infrastructure afin de protéger la confidentialité et l'intégrité des données à tous les niveaux.

Pour renforcer la sécurité, et permettre l'évolutivité, un plan de maintenance de l'infrastructure est primordial. Contractuel, il doit inclure des révisions périodiques en fonction des besoins métier et permettre des remises à niveau ou des remplacements de composants.

Dans le cadre de développement et de test d'applications, il est fortement recommandé de disposer d'une infrastructure dédiée afin de détecter des erreurs et des problèmes avant la mise en production.

Mesures et contrôles

Les métriques à mettre en place pour s'assurer de l'efficacité du processus concernent le suivi de la capacité à gérer l'obsolescence des infrastructures. Ceci passe par la mesure du respect des standards technologiques et des procédures d'acquisition.

Rôles et responsabilités

Le directeur des systèmes d'information

Il est le garant des choix stratégiques concernant les infrastructures. Il en délègue la responsabilité opérationnelle au responsable exploitation.

Le responsable exploitation

Il est en charge de la bonne réalisation des différentes étapes d'acquisition des infrastructures dans le respect des procédures et des processus d'acquisition de l'entreprise. Il s'assure de la collaboration des responsables architecture et administratif.

Les entrées-sorties du processus

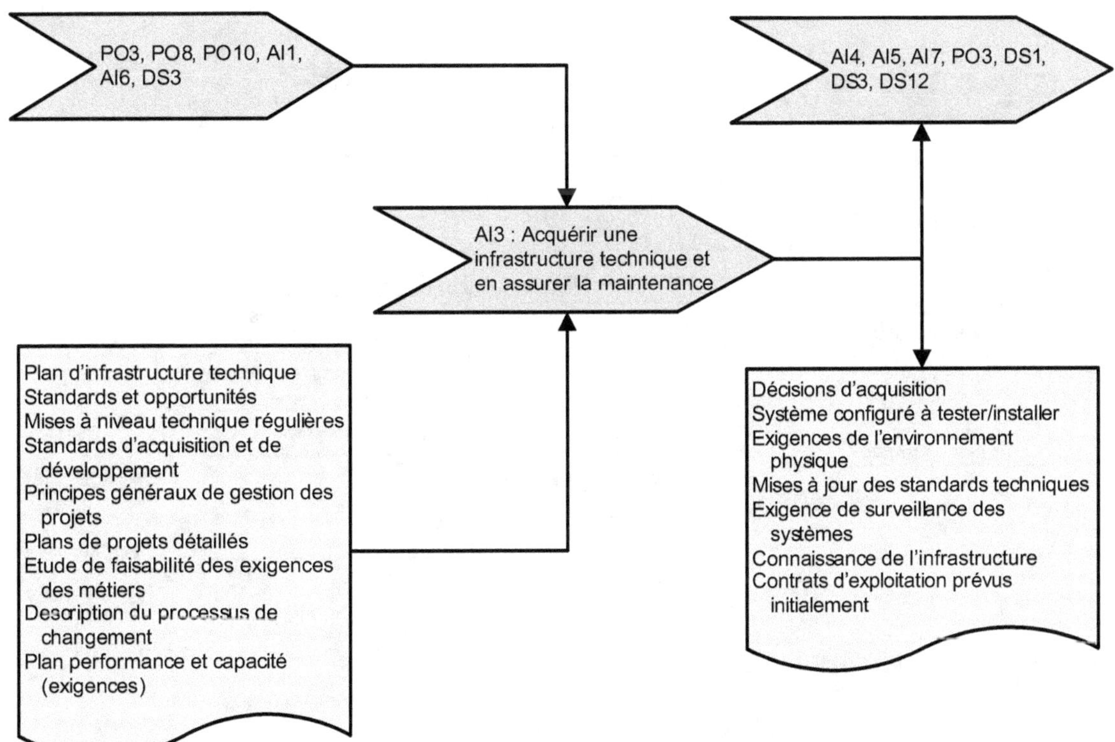

Figure 5-9 : Les entrées-sorties du processus AI3

AI4 — Faciliter le fonctionnement et l'utilisation

Il n'est pas rare d'entendre que les incidents ou les problèmes remontés par les utilisateurs et recensés par les services d'assistance trouvent leurs racines dans une mauvaise utilisation ou dans l'ignorance de la fonctionnalité d'une application.

Partant de ce constat, on attribue parfois ce type de problème à un manque d'information sur l'utilisation de la fonctionnalité en question ou, plus largement, à une absence ou à une lacune dans l'accompagnement des utilisateurs (formation, documentation, prise en main).

Afin d'assurer une bonne utilisation et un bon fonctionnement des applications et de l'infrastructure, il est donc nécessaire de proposer des formations, de rédiger de la documentation et des manuels pour les utilisateurs et l'informatique.

C'est à ce prix que l'on peut espérer utiliser correctement la plupart des fonctionnalités d'une application.

Vue d'ensemble

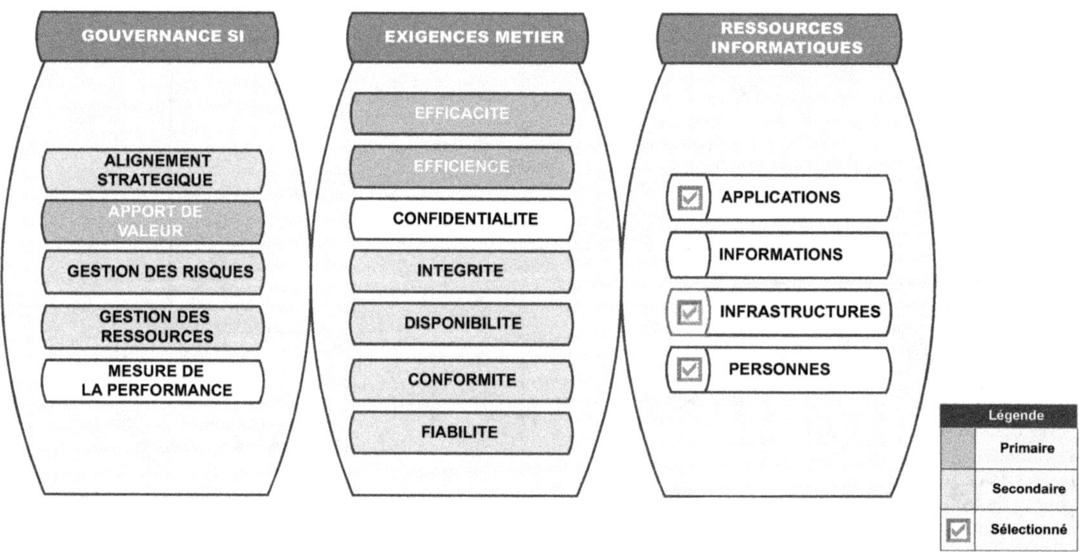

Figure 5-10 : Faciliter le fonctionnement et l'utilisation : AI4

Le processus AI4 résulte principalement de la maîtrise des activités visant à transférer aux utilisateurs la connaissance nécessaire au bon fonctionnement des systèmes (applications et infrastructures) et à une contribution optimale aux métiers (apport de valeur) qui répondent principalement aux critères d'efficacité et d'efficience du système d'information.

Pourquoi ?

En principe, toute livraison d'infrastructure ou de système doit être accompagnée d'une formation, d'un guide d'exploitation ou d'un mode opératoire. Il arrive que cette documentation ne soit pas suffisamment complète, qu'elle soit obsolète ou égarée ou que de nouveaux utilisateurs travaillent sur une application sans formation préalable. Dans tous les cas, il faut mettre en œuvre les solutions qui garantissent la meilleure appropriation possible pour toute solution informatique.

Objectifs et périmètre

Vis-à-vis des 28 objectifs globaux assignés au système d'information (voir annexe 2, « Objectifs du système d'information et processus CobiT »), le processus AI4 doit permettre de maîtriser les objectifs présentés dans le tableau 5-4.

Tableau 5-4 : Objectifs du processus AI4

OBJ. 03	S'assurer de la satisfaction des utilisateurs finaux à l'égard des offres et des niveaux de services.
OBJ. 11	S'assurer de l'intégration progressive des solutions informatiques aux processus métier.
OBJ. 13	S'assurer d'une bonne utilisation et des bonnes performances des applications et des solutions informatiques.
OBJ. 16	Réduire le nombre de défauts et de retraitements touchant la fourniture de solutions et de services.

Le processus AI4 traite tous les aspects de la formation et de la prise en main des applications. Le transfert de connaissance touche tous les niveaux d'utilisateurs : du secteur métier au personnel informatique.

Description du processus

La figure 5-11 représente les flux internes du processus AI4.

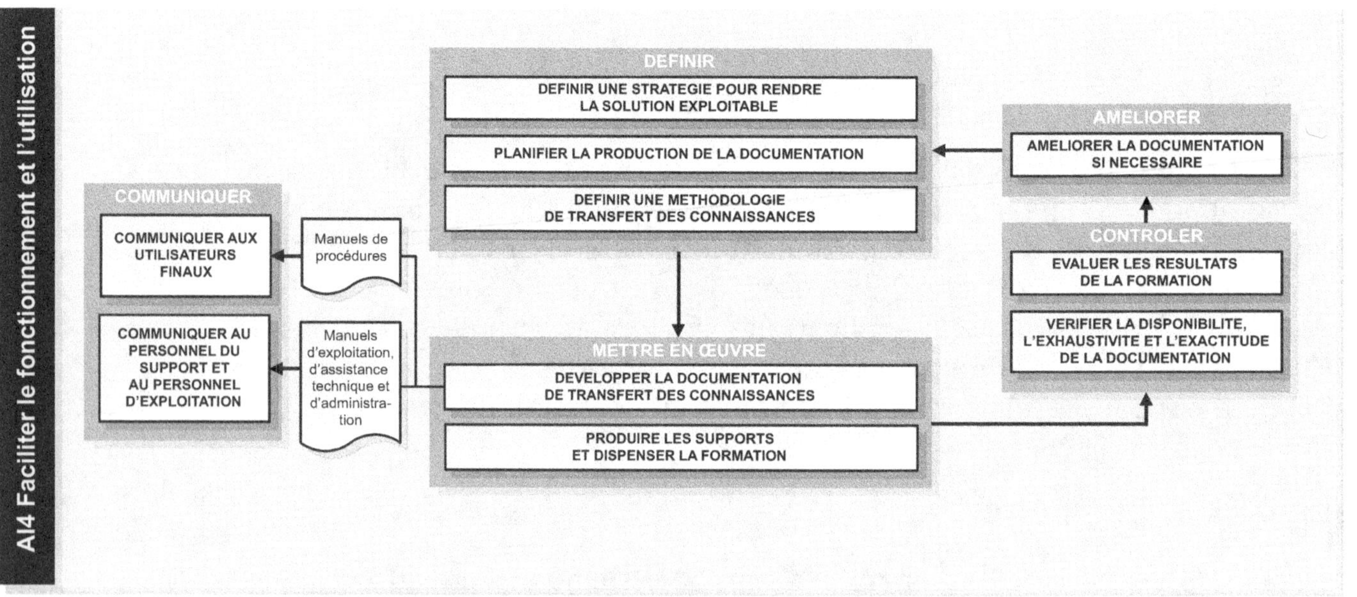

Figure 5-11 : Représentation schématique des flux internes du processus AI4

Planification et mise en œuvre

Le transfert de la connaissance s'opère par différents canaux : la documentation, le manuel utilisateur, les manuels de procédures, l'aide en ligne, le service support, la formation initiale et la formation permanente.

Il s'adresse aux responsables métier chargés de s'approprier le système, les données et les règles de gestion qui s'y rattachent. Il touche aussi les utilisateurs finaux pour les rendre au plus vite opérationnels et pour optimiser leur efficacité. Des plans de formation plus ciblés sur l'interface homme/machine sont prévus à ce titre.

Le transfert des connaissances vers le personnel de l'exploitation et du support technique est également indispensable pour obtenir la maîtrise des outils mais aussi fournir un support efficace auprès des utilisateurs.

Il faut ensuite actualiser et diffuser aux parties prenantes ces documentations qui doivent contenir les informations utiles pour réaliser ces tâches (procédures utilisateurs, de gestion, d'exploitation). Outre l'acte d'appropriation qu'elle implique, la documentation est un support précieux pour mettre plus facilement à niveau les systèmes et les infrastructures.

Mesures et contrôles

Les métriques à mettre en place pour s'assurer de l'efficacité du processus concernent le suivi des incidents causés par une mauvaise connaissance des systèmes et des applications, et du volume d'assistance engagé par le support sous toutes ses formes (service d'assistance, correspondant). Le processus AI4 est susceptible d'apporter rapidement une valeur tangible. On peut en mesurer l'efficacité et l'efficience facilement (nombre d'incidents, nombre d'appels d'utilisateurs insuffisamment formés, etc.).

La mesure de la mise en œuvre de ce processus passe principalement par le suivi du volume de formation des utilisateurs au démarrage, du volume de la documentation utilisateur proposée et de la fréquence de mise à jour de cette documentation.

Rôles et responsabilités

Le propriétaire du processus métier

Il est responsable de la bonne réalisation de ce processus. À ce titre, il en est le pilote et est en charge de la diffusion des éléments de transfert de connaissance aux utilisateurs.

Les responsables exploitation et développements

Ils sont responsables de la bonne réalisation des différentes étapes de production de la documentation et des actions de formation/communication pour les utilisateurs.

Les entrées-sorties du processus

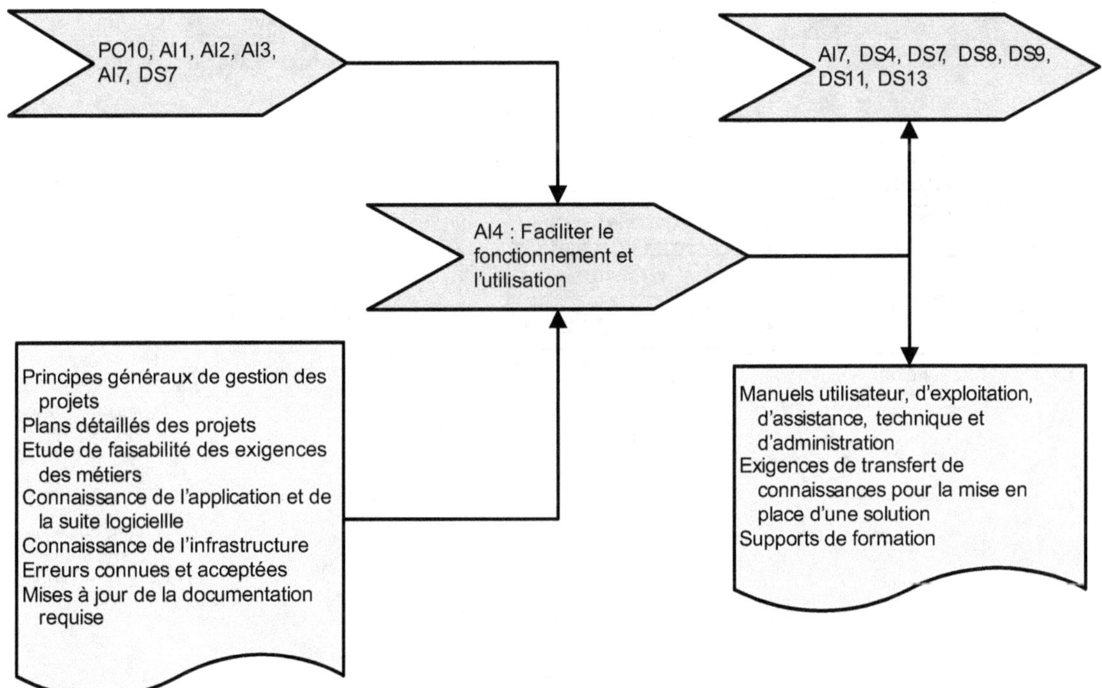

Figure 5-12 : Les entrées-sorties du processus AI4

AI5 — Acquérir des ressources informatiques

L'acquisition de ressources informatiques englobe le personnel, les services, le matériel et les logiciels. Un processus général d'acquisition informatique doit être défini et appliqué afin de fournir à l'entreprise toutes les ressources informatiques requises en temps voulu et au meilleur coût.

Le processus comprend les procédures d'achats, la sélection des fournisseurs, la gestion des relations contractuelles avec les tiers, et fixe les conditions d'acquisition des ressources.

L'objectif est de définir une politique d'achat informatique compatible avec les plans stratégiques, tactiques et le programme d'investissement informatique. Celle-ci vise la prise en compte des exigences métier à travers l'apport de nouveaux systèmes, le développement des infrastructures et l'acquisition des compétences.

Cette politique conduit à faire des achats contrôlés visant ou préservant les intérêts de l'entreprise. Elle doit aussi mener vers plus de transparence dans les relations avec le fournisseur.

Vue d'ensemble

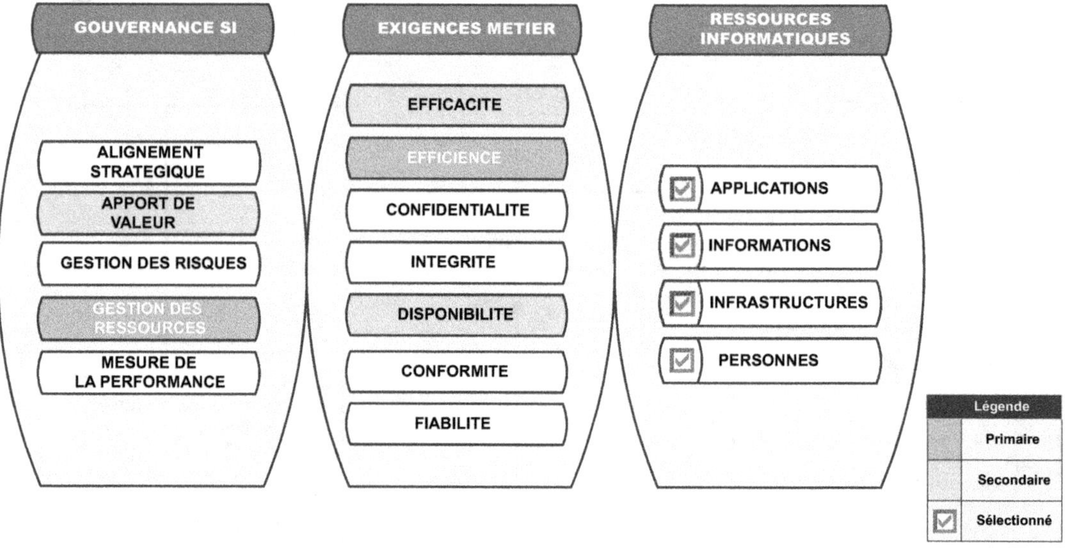

Figure 5-13 : Acquérir des ressources informatiques : AI5

Le processus AI5 résulte principalement du besoin de maîtrise de la gestion de toutes les ressources du système d'information (applications, informations, infrastructures et personnes) pour une contribution optimale aux métiers (apport de valeur) qui répondent principalement aux critères d'efficacité et d'efficience du système d'information.

En cas d'externalisation des activités (l'exploitation notamment), la maîtrise des risques doit être assurée de bout en bout. Ceci nécessite que le fournisseur soit averti de toutes les exigences liées à la sécurité qu'il doit prendre en compte.

Pourquoi ?

Une gestion efficace des achats permet à la fois de faire des économies, de réduire les risques liés aux tiers et de se conformer aux dispositions légales. Le processus d'acquisition de ressources informatiques précise les étapes de contrôle et de validation en relation avec le service achats : la stratégie achat SI, la décision finale dans le choix du fournisseur, la négociation des modalités d'acquisition avec le fournisseur, la partie gestion des contrats fournisseurs vue sous l'angle achat et la relation fournisseur.

Objectifs et périmètre

Vis-à-vis des 28 objectifs globaux assignés au système d'information (voir annexe 2, « Objectifs du système d'information et processus CobiT »), le processus AI5 doit permettre de maîtriser les objectifs présentés dans le tableau 5-5.

Tableau 5-5 : Objectifs du processus AI5

OBJ. 07	Acquérir et maintenir fonctionnels des systèmes applicatifs intégrés et standardisés.
OBJ. 08	Acquérir et maintenir opérationnelle une infrastructure informatique intégrée et standardisée.
OBJ. 09	Se procurer et conserver les compétences nécessaires à la mise en œuvre de la stratégie informatique.
OBJ. 24	Améliorer la rentabilité de l'informatique et sa contribution à la profitabilité de l'entreprise.

Le processus AI5 décline les grands thèmes de la politique d'achat informatique. Il doit s'intégrer dans le processus d'achat généralisé au sein de l'entreprise car il demande une forte intervention du service achats.

Description du processus

La figure 5-14 représente les flux internes du processus AI5.

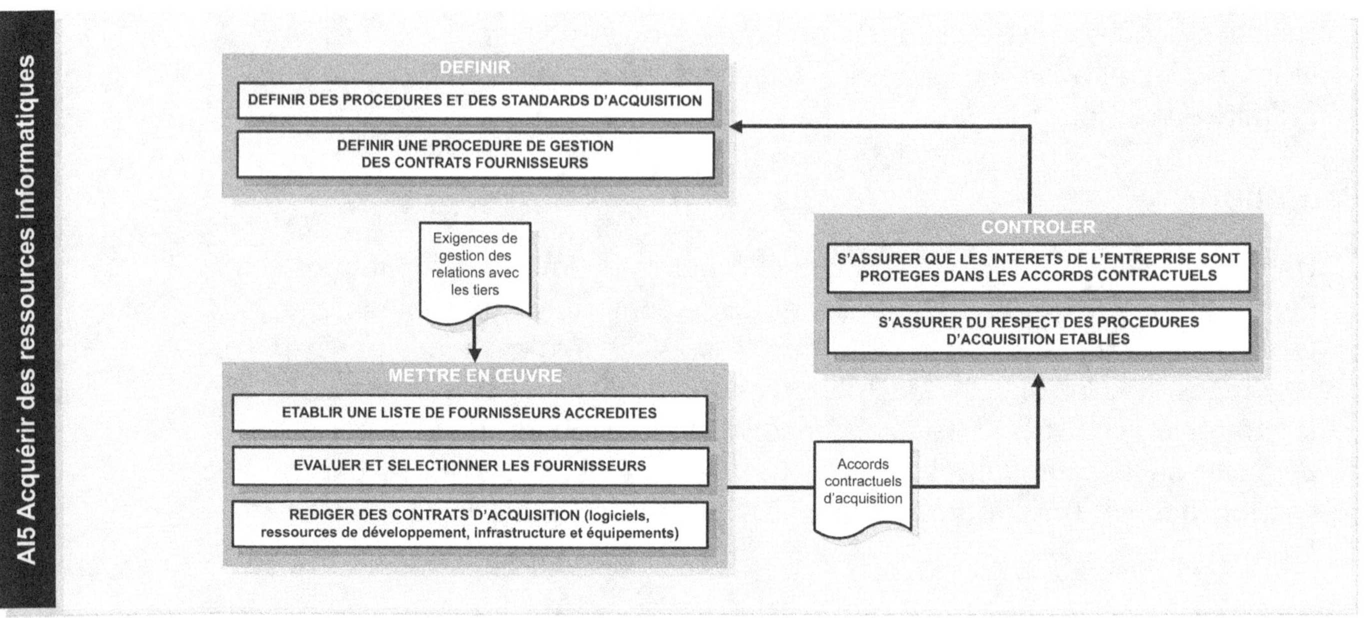

Figure 5-14 : Représentation schématique des flux internes du processus AI5

Planification et mise en œuvre

Ce processus instaure une coopération entre l'informatique et le service achats.

En amont de l'achat proprement dit, les intéressés vont segmenter le domaine informatique pour recenser les tiers éligibles (infogérants, éditeurs, prestataires de services, constructeurs, conseils, etc.). Pour chaque segment, ils dresseront une liste de fournisseurs à consulter dans le cadre des appels d'offre. Des contrats cadres sont négociés (prix par unité d'œuvre, réductions) ; cela peut conduire à un référencement des fournisseurs accrédités.

La DSI doit établir les spécifications d'achat décrivant toutes les exigences applicables au produit ou service demandé (descriptif du produit ou service demandé, documentation associée, exigences qualité et sécurité applicables…).

Au cas par cas, le choix d'un fournisseur est généralement une décision prise conjointement avec l'acheteur. Les règles du jeu sont édictées de façon à garantir la traçabilité des étapes, du cahier des charges au choix, en passant par le dépouillement des offres et leur analyse. La procédure de sélection est transparente ; elle note les offres selon les critères établis (qualité de la proposition, capacités à mettre en œuvre la solution, prix, etc.). La négociation finale s'effectue en principe avec le service informatique sur les aspects techniques de la proposition, et avec le service achats en ce qui concerne les aspects financiers et les clauses d'acquisition.

En plus de l'acheteur, la DSI doit aussi travailler en étroite collaboration avec un conseiller juridique pour la mise au point d'un contrat. En dehors de l'objet et des modalités l'accompagnant, le contrat ne doit pas omettre des clauses concernant les responsabilités légales, financières et civiles, la propriété intellectuelle, les licences, la sécurité, les conditions de résiliation du contrat, les garanties, les pénalités et les mécanismes d'évolution qui influencent les prix (unités d'œuvre, travaux supplémentaires).

Le métier sera aussi associé au processus d'acquisition lorsqu'il est concerné (développements applicatifs, assistance à la maîtrise d'ouvrage).

La gestion des contrats fournisseurs permet de définir des objectifs de performance et d'amélioration sur la durée (voir chapitre 6, section « DS2 – Gérer les services tiers »). Par exemple, le fournisseur peut apporter une contribution continue à la qualité du service offert à travers un SLA[1] (*Service Level Agreement*). L'acquisition de logiciel, de ressources de développement, d'infrastructure, d'aménagements d'équipements et de services qui leurs sont liés, doit s'accompagner de garanties obligatoires permettant une fourniture de systèmes fonctionnant comme attendus, résistants aux pannes et permettant une gestion efficace des incidents.

1. La négociation d'un contrat de services aboutit à un niveau de service contractualisé (ou SLA, *Service Level Agreement*). L'atteinte de ce niveau de service et son amélioration peuvent être intégrées dans les contrats conclus avec les tiers.

Mesures et contrôles

Les métriques à mettre en place pour s'assurer de l'efficacité du processus AI5 concernent le suivi du pourcentage d'achats conformes aux procédures et aux politiques d'acquisition.

La mesure de la mise en œuvre de ce processus passe principalement par le suivi du délai de traitement des achats.

Rôles et responsabilités

Le directeur des systèmes d'information

Il est responsable de la bonne réalisation de ce processus et, à ce titre, il en est le pilote. Dès que la DSI devient importante, on nomme un correspondant achats de l'informatique qui centralise la relation avec le service achats.

Les responsables exploitation, développements et administratif des SI

Ils sont en charge de la bonne réalisation des différentes étapes du processus achats au sein de la DSI. En général, ils interviennent en binôme avec l'acheteur, chacun avec sa spécialité, en fonction des domaines concernés.

Les entrées-sorties du processus

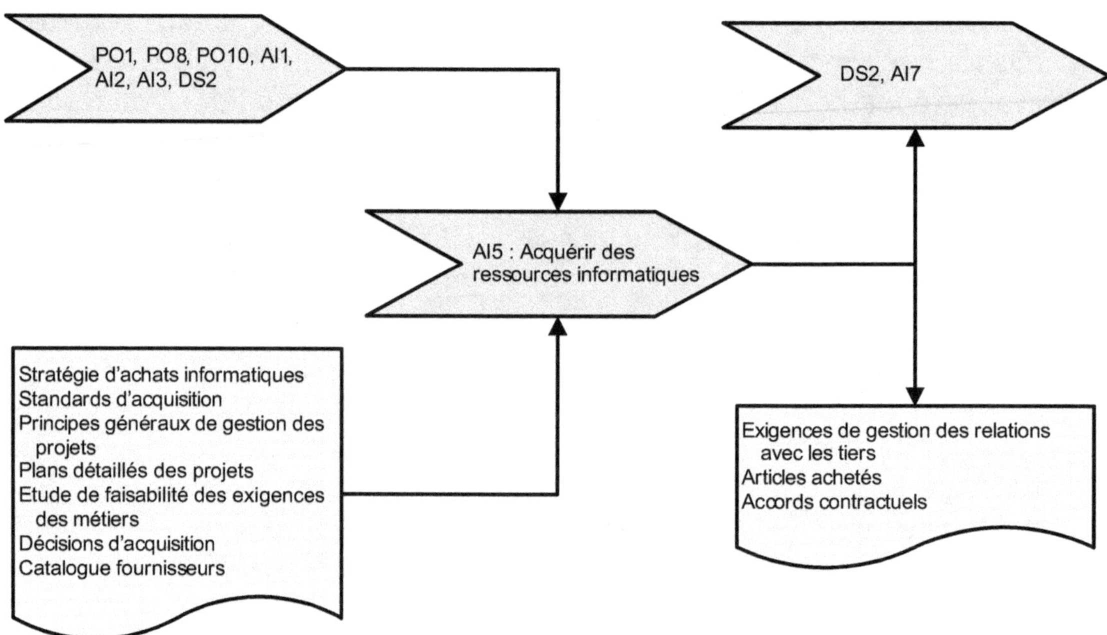

Figure 5-15 : Les entrées-sorties du processus AI5

AI6 | Gérer les changements

Dans le cadre de la maintenance évolutive ou corrective des applications, de l'environnement de production, des services et des infrastructures, les DSI doivent faire preuve de rigueur et de réactivité pour déployer les applications, les logiciels ou les corrections qui s'imposent.

Le circuit de décision, ainsi que l'ensemble des procédures qui en découlent, dépend d'un processus formalisé dit de gestion du changement. Ce dernier offre un cadre de contrôle qui permet le suivi de la demande de changement ou de correction, de sa création jusqu'à sa clôture. Il s'appuie sur une gestion très stricte du planning et nécessite une très bonne coordination avec la gestion de la configuration (voir chapitre 6, section « DS9 – Gérer la configuration »).

Tout changement – incluant procédures, processus, paramètres systèmes et services – doit être enregistré dans un fichier. Son impact doit être évalué, sa mise en place autorisée et ses effets en production suivis. Le demandeur doit être évidemment informé du statut de sa demande.

Vue d'ensemble

Le processus AI6 résulte principalement du besoin de maîtrise de tous les composants en production du système d'information (gestion des ressources) pour réagir aux évolutions des besoins des métiers (apport de valeur) qui répondent principalement aux critères d'efficacité, d'efficience, de disponibilité et d'intégrité du système d'information.

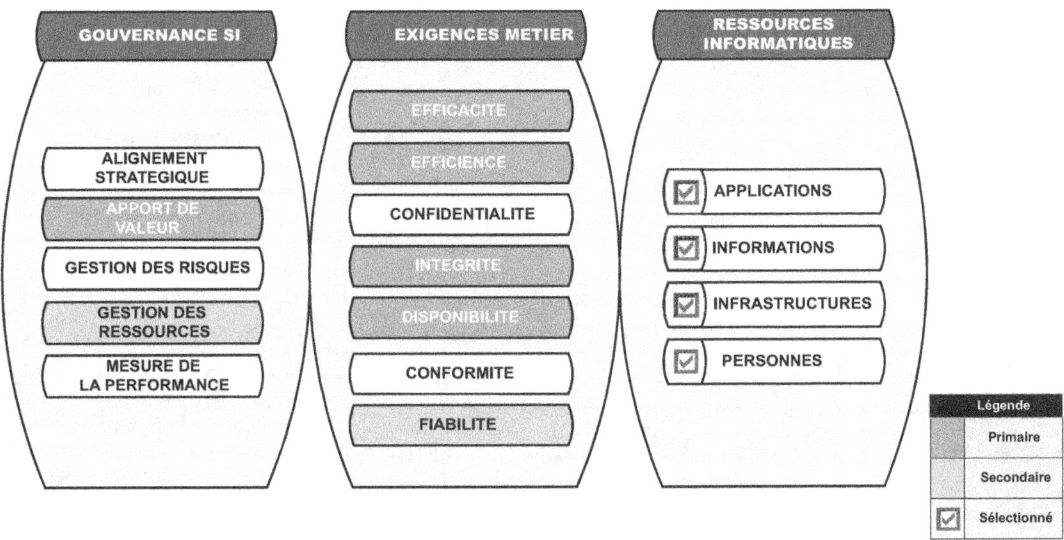

Figure 5-16 : Gérer les changements : AI6

Pourquoi ?

La gestion des changements est un processus crucial pour limiter les risques d'instabilité de l'environnement de production. Ce processus contribue à une responsabilisation accrue de l'utilisateur qui doit canaliser ses demandes et à une meilleure organisation au sein de l'informatique qui doit les traiter. Il pose aussi des principes de transparence dans les relations entre les parties prenantes métier et informatiques.

Comme beaucoup de processus en liaison avec l'exploitation, le processus AI6 est fréquemment partagé avec des tiers (infogérants, exploitants), ce qui accroît encore la nécessité de le rendre efficace et transparent.

Objectifs et périmètre

Vis-à-vis des 28 objectifs globaux assignés au système d'information (voir annexe 2, « Objectifs du système d'information et processus CobiT »), le

processus AI6 doit permettre de maîtriser les objectifs présentés dans le tableau 5-6.

Tableau 5-6 : Objectifs du processus AI6

OBJ. 01	Réagir aux exigences métier en accord avec la stratégie métier.
OBJ. 06	Déterminer comment traduire les exigences métier de fonctionnement et de contrôle en solutions automatisées efficaces et efficientes.
OBJ. 16	Réduire le nombre de défauts et de retraitements touchant la fourniture de solutions et de services.
OBJ. 22	S'assurer qu'un incident ou une modification dans la fourniture d'un service informatique n'a qu'un impact minimum sur l'activité.
OBJ. 26	Maintenir l'intégrité de l'information et de l'infrastructure de traitement.

Le processus AI6 couvre l'ensemble des étapes de gestion du changement dans le cadre du déploiement, de la maintenance corrective et évolutive. Il traite aussi bien les changements planifiés en accord avec les exigences métier que les corrections à apporter dans l'urgence.

Description du processus

La figure 5-17 représente les flux internes du processus AI6.

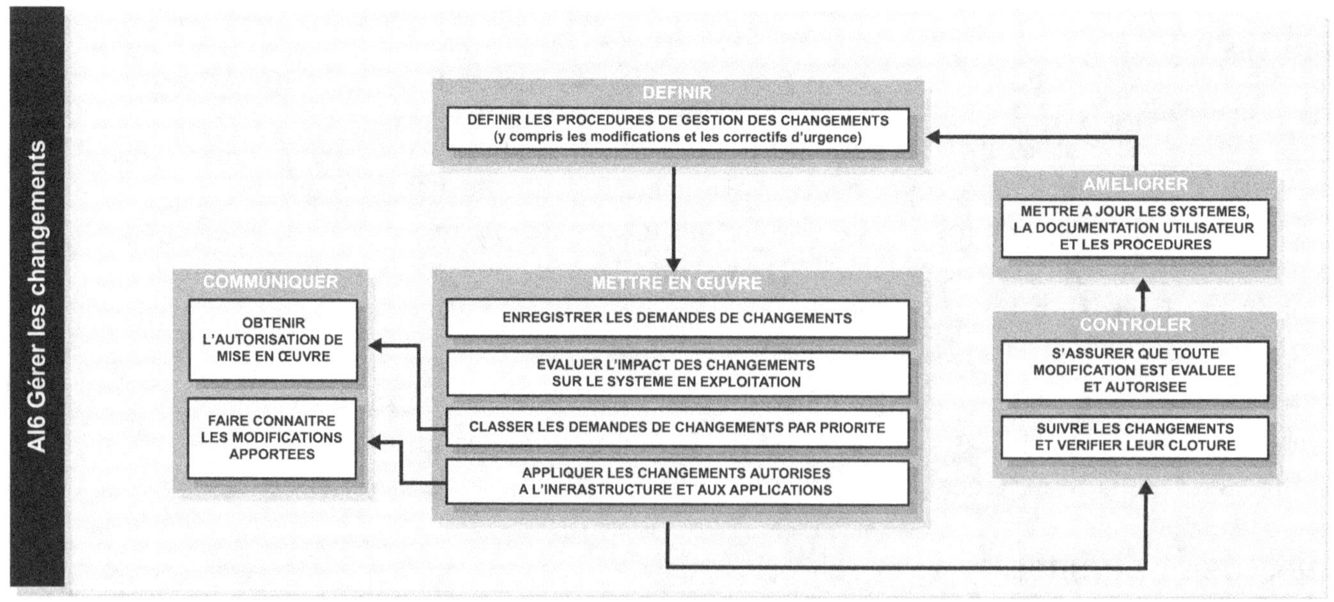

Figure 5-17 : Représentation schématique des flux internes du processus AI6

Planification et mise en œuvre

Le processus de gestion des changements vise essentiellement à gérer les priorités dans les mises en service, en réduisant les risques d'instabilité des installations et des applications. Pour atteindre cet objectif, il doit revêtir un caractère « industriel » (planification rigoureuse, procédures strictes) et appliquer des standards.

Afin de traiter les demandes d'évolution de façon rigoureuse, il est nécessaire de mettre en place une organisation adaptée, qui gère ces demandes de façon standardisée au moyen de procédures formelles. Service d'assistance, comités statuant sur les évolutions ou autres instances de révision sont les supports et les canaux essentiels dans la gestion des changements.

Plutôt que d'avoir une position rigide sur la planification des changements, il est conseillé de mettre en place également un processus des changements dans l'urgence (patchs, correctifs) afin de traiter les actions correctives urgentes.

Les demandes d'évolution et de résolution d'erreur reçues au niveau du service d'assistance nécessitent une analyse rapide. Après enregistrement, ces demandes sont classées par priorité ou par catégorie, selon des procédures définies. Un statut leur est alors affecté, puis la demande est transmise aux services techniques pour traitement et évaluation des impacts sur le système en exploitation et sur ses fonctionnalités. Une fois la demande traitée, il est essentiel, avant la mise en production, de se mettre en rapport avec la partie prenante concernée.

Tout au long du cycle de vie d'une demande, il est important d'appliquer un système de suivi et de reporting pour informer les demandeurs de l'évolution du statut de leur requête et des délais de mise en œuvre.

Après chaque changement, un processus de revue doit être déclenché pour s'assurer que la mise en place des changements ne dégrade pas le système d'information.

Mesures et contrôles

Les métriques à mettre en place pour s'assurer de l'efficacité du processus concernent le suivi du pourcentage de changements qui ont généré des incidents.

La mesure de la mise en œuvre de ce processus passe principalement par le suivi des changements ne respectant pas le circuit formel.

Rôles et responsabilités

Le directeur des systèmes d'information

Il doit s'assurer que ce processus est bien mis en place et que le reporting des changements est opérationnel. Ce processus est un maillon clé dans l'amélioration du fonctionnement global de la DSI. Il sert en particulier à réguler et à organiser les flux de nouveautés en production.

Le responsable exploitation

Il est en charge de la bonne réalisation de ce processus et, à ce titre, il en est le pilote. En collaboration avec les responsables développements et métiers, il s'assure que les changements sont bien maîtrisés.

Le responsable développements

Il participe à toutes les étapes du traitement des changements relatifs aux applications.

Les entrées-sorties du processus

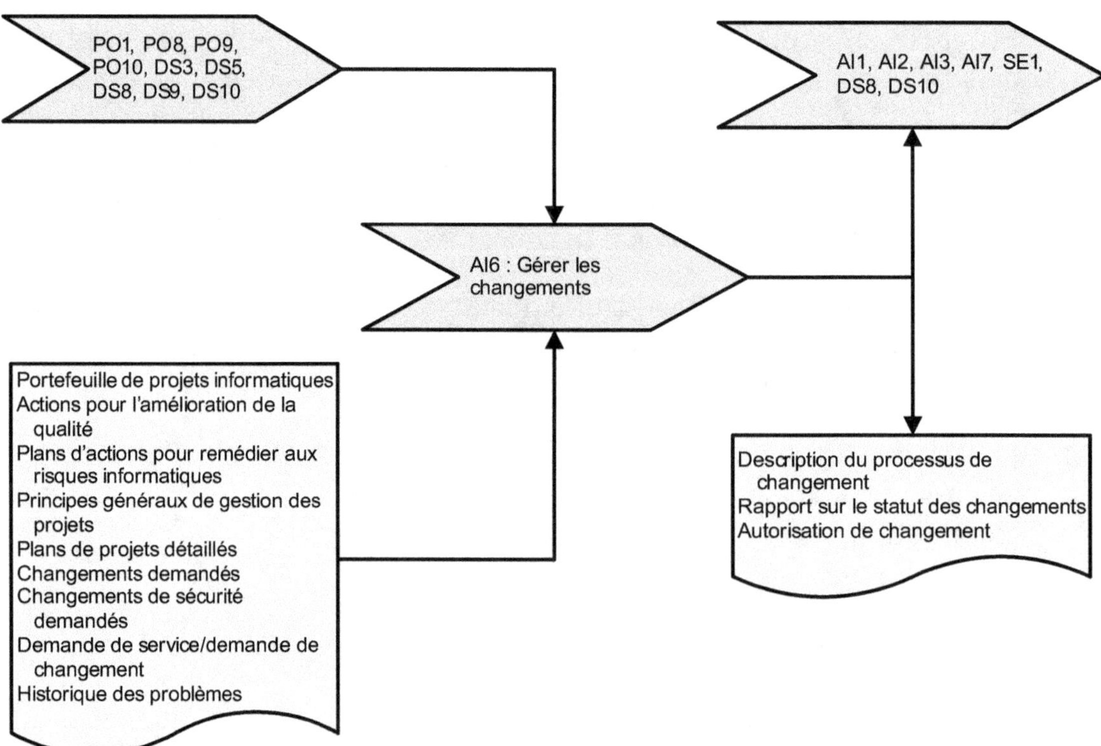

Figure 5-18 : Les entrées-sorties du processus AI6

AI7 Installer et valider des solutions et des modifications

C'est après une décision définitive que tout nouveau système peut être légitimement mis en exploitation. Derrière cette décision lourde de conséquence, se cache un ensemble de tâches importantes, planifiées et réalisées lors de la phase de développement.

Lors de cette phase, certaines tâches demeurent incontournables, telles que l'élaboration d'un programme de tests dans un environnement dédié impliquant les parties prenantes métier et informatiques, un planning de recettes et de formation ainsi qu'un plan d'implémentation contenant les instructions de déploiement, de migration et le calendrier de mise en production.

Chaque étape est fondamentale et doit être validée au fur et à mesure pour assurer le succès dans la mise en place et l'utilisation pérenne des systèmes opérationnels.

Des revues après mise en place peuvent suivre pour offrir une visibilité sur les résultats attendus, et ainsi permettre d'agir en conséquence.

Vue d'ensemble

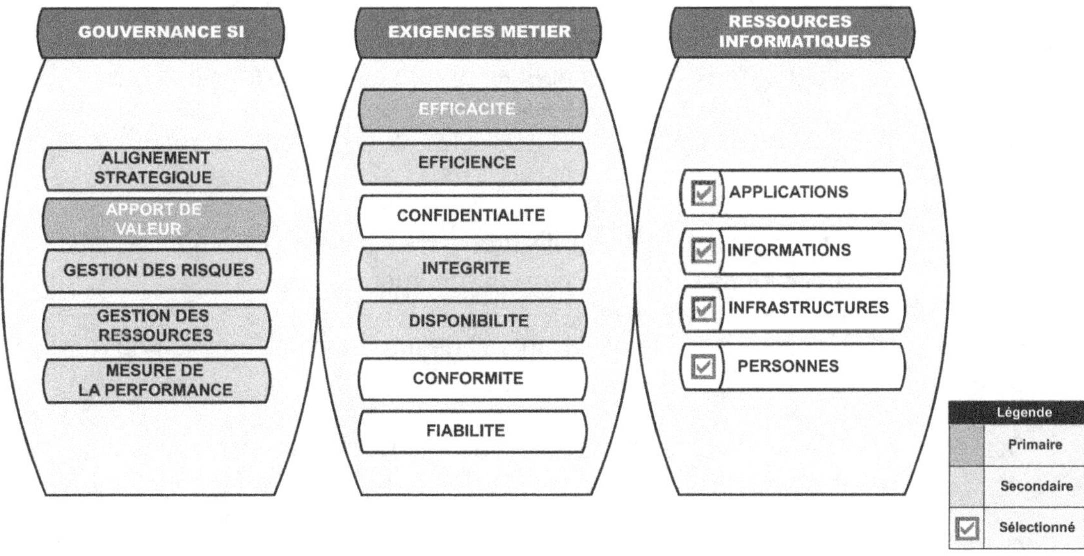

Figure 5-19 : Installer et valider des solutions et des modifications : AI7

Le processus AI7 résulte principalement du besoin de s'assurer que seules les solutions validées du système d'information seront installées afin de bien répondre aux attentes des métiers (apport de valeur) en respectant principalement le critère d'efficacité du système d'information.

Pourquoi ?

La phase de test est une étape critique qui conditionne la réussite des projets. Souvent mis sous la pression de l'urgence, le responsable des tests doit être ferme pour éviter de négliger cette étape. C'est pourquoi, il est fondamental de définir et de piloter ce processus, ce qui permettra de suivre la qualité de la fin du cycle de vie du développement des logiciels.

L'étape de mise en exploitation est délicate et nécessite une documentation précise et complète. Quel que soit le nom qu'on lui donne (plan d'implémentation, dossier d'exploitation ou guide d'installation), il est nécessaire de disposer d'un document qui fournit une description des procédures de déploiement, d'installation, de gestion des incidents, du stockage du logiciel, des modifications effectuées entre deux versions et des solutions de remplacement ou de retour en arrière.

Objectifs et périmètre

Vis-à-vis des 28 objectifs globaux assignés au système d'information (voir annexe 2, « Objectifs du système d'information et processus CobiT »), le processus AI7 doit permettre de maîtriser les objectifs présentés dans le tableau 5-7.

Tableau 5-7 : Objectifs du processus AI7

Obj. 01	Réagir aux exigences métier en accord avec la stratégie métier.
Obj. 11	S'assurer de l'intégration progressive des solutions informatiques aux processus métier.
Obj. 13	S'assurer d'une bonne utilisation et des bonnes performances des applications et des solutions informatiques.
Obj. 16	Réduire le nombre de défauts et de retraitements touchant la fourniture de solutions et de services.
Obj. 20	S'assurer que les transactions métier automatisées et les échanges d'informations sont fiables.
Obj. 21	S'assurer que les services et l'infrastructure informatique peuvent résister/se rétablir convenablement en cas de panne due à une erreur, à une attaque délibérée ou à un sinistre.

Le processus AI7 complète les étapes de conception et de développement définies dans le processus AI2. L'accent est surtout mis sur les aspects de tests, de préparation et de validation de la mise en production.

Description du processus

La figure 5-20 représente les flux internes du processus AI7.

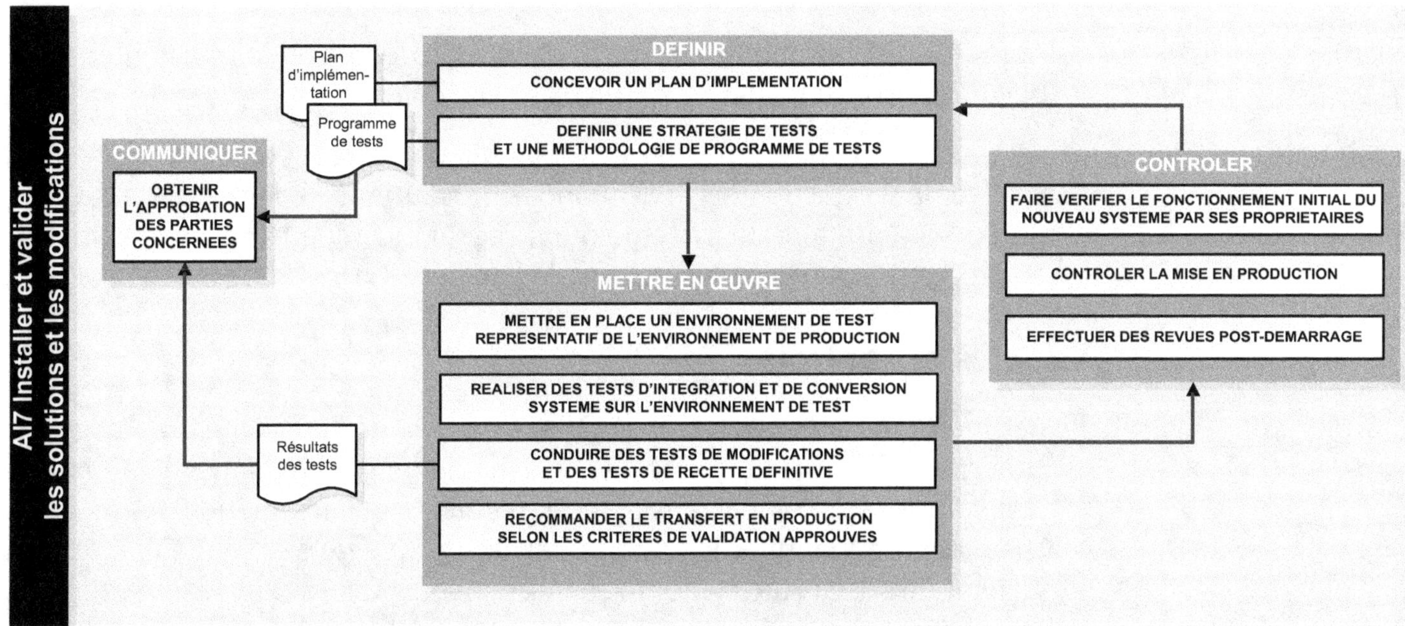

Figure 5-20 : Représentation schématique des flux internes du processus AI7

Planification et mise en œuvre

La qualité d'un programme de tests reste primordiale, dans la mesure où elle est l'une des clés du succès de la mise en production de la solution informatique.

Les tests contribuent à faire valider la solution par les parties prenantes. Ils minimisent les risques de panne du système en environnement de production provoquant des incidences négatives sur l'activité. Ils permettent également aux parties prenantes de se familiariser avec le nouveau système. En cas de succès, la phase de test se termine par une recette (acceptation).

Ces tests de recette touchent aussi bien la sécurité et la performance que les aspects fonctionnels des composantes du système d'information (applications, infrastructures, technologie et procédures utilisateurs). Leurs résultats devront être conservés et documentés afin de servir de pistes d'audit.

Pour créer, en phase de test, des conditions similaires à celles de la phase de production, il faut concevoir un environnement de tests avec des données représentatives de celles utilisées en production. Des tests de conversion des systèmes et des données sont indispensables dans le cas du passage d'une version d'un logiciel à une autre, ou d'une application à une autre.

La migration des données fait l'objet d'un processus à part entière au sein du processus AI7.

Après les tests de modifications et de recette définitive, le transfert en production doit être réalisé selon un calendrier bien établi.

Le passage du système de l'environnement de développement et de tests à celui de la production exige de grandes précautions. Il demande l'autorisation du propriétaire du système qui a l'assurance que le nouveau sera mis en production après désactivation de l'ancien.

Mesures et contrôles

Les métriques à mettre en place pour s'assurer de l'efficacité du processus concernent le suivi du pourcentage d'incidents qui ont suivi la validation des solutions installées ainsi que la satisfaction des métiers. On s'attachera aussi à identifier les causes des écarts (jeu de test inadéquat, changement de spécification, données inexactes).

La mesure de la mise en œuvre de ce processus passe principalement par le suivi de réalisation des activités de ce celui-ci, conformément au plan d'assurance qualité de la solution (à travers les audits et les inspections menés).

Rôles et responsabilités

Le propriétaire du processus métier

Il est responsable de la décision de mise en production ; il est le client de ce processus. En général, les projets informatiques sont plutôt en retard et les métiers poussent à ce que la mise en production intervienne au plus vite. Le responsable du processus doit donc prendre le risque de mettre en service une solution insuffisamment testée ou incomplète fonctionnellement.

Le directeur des systèmes d'information

Il doit vérifier que ce processus est bien mis en place et que toutes les parties prenantes sont bien impliquées. Il en est le pilote et s'assure que les métiers pourront décider convenablement de la mise en production.

Le responsable exploitation

Il doit fournir l'environnement de tests approprié et réaliser les tests techniques. Il travaille en collaboration avec le responsable développements et le propriétaire processus métier.

Le responsable développements

Il est en charge de la spécification des tests et de leur réalisation, en particulier en ce qui concerne les tests applicatifs.

Les entrées-sorties du processus

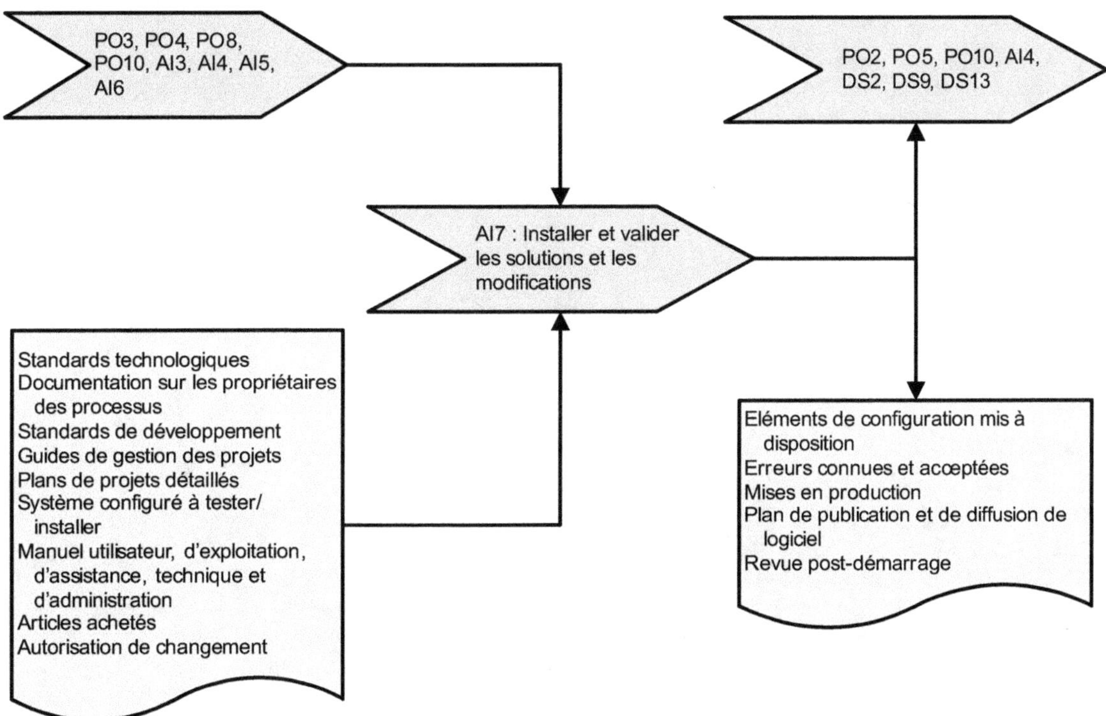

Figure 5-21 : Les entrées-sorties du processus AI7

En résumé

Le domaine AI couvre l'ensemble des projets, applicatifs ou infrastructures, l'ensemble des correctifs et, en bref, tout changement intervenant sur le périmètre des systèmes d'information. Il s'apparente au chapitre *Service Transition* du référentiel ITIL V3.

Certains trouveront que le pilotage des projets à proprement parler n'y figure pas. Il est vrai que le processus AI2, qui couvre à la fois le développement et la maintenance d'applications, mérite d'être détaillé. C'est à ce niveau qu'il faut coupler les méthodes de gestion de projet qui existent par ailleurs.

En revanche, ce domaine a le mérite de décrire des processus qui sont trop souvent ignorés, tel le processus AI4 (faciliter le fonctionnement et l'utilisation), ou négligés, tels que les processus AI1 (décision de faire ou non) et AI6/7 (gestion des changements, tests et mise en production).

Chapitre 6

Délivrer et Supporter

Ce domaine concerne la mise en œuvre des services : exploitation informatique, gestion de la sécurité, gestion de la continuité de service, assistance aux utilisateurs, gestion des données et des équipements.

Les processus de ce domaine sont les suivants :

- DS1 – Définir et gérer les niveaux de services
- DS2 – Gérer les services tiers
- DS3 – Gérer la performance et la capacité
- DS4 – Assurer un service continu
- DS5 – Assurer la sécurité des systèmes
- DS6 – Identifier et imputer les coûts
- DS7 – Instruire et former les utilisateurs
- DS8 – Gérer le service d'assistance aux clients et les incidents
- DS9 – Gérer la configuration
- DS10 – Gérer les problèmes
- DS11 – Gérer les données
- DS12 – Gérer l'environnement physique
- DS13 – Gérer l'exploitation

DS1 — Définir et gérer les niveaux de services

Le premier processus du domaine Délivrer et Supporter (DS) concerne la relation avec les bénéficiaires des services. L'importance donnée à ce processus, au moins dans l'énumération, reflète une conception très anglo-saxonne des services, basée sur une forme souple de contractualisation. En d'autres termes, il n'y a fourniture d'un service que dans un cadre définissant en particulier les engagements souscrits, lequel servira à en mesurer la qualité et l'efficience. La notion de service rendu ne prend donc sens que face à un engagement des parties.

Cette notion de niveau de service renvoie à un vocabulaire anglais précis : on parle de SLR (*Service Level Requirement*) pour qualifier la demande des métiers et de SLA (*Service Level Agreement*) pour les niveaux de services négociés entre les parties. Ce distinguo établit la nécessité de trouver des compromis entre les demandes et les termes de l'accord. Autrement dit, les métiers ne peuvent pas imposer leurs exigences sans négociation. On parle ensuite de contrat de services (CS) et de contrat d'exploitation (CE).

Les niveaux de services précisent non seulement la qualité du service rendu (par exemple, 80 % des appels au centre d'assistance sont résolus en moins de 4 heures) mais aussi la capacité à prévoir (par exemple, moins de 3 000 appels/jour).

Vue d'ensemble

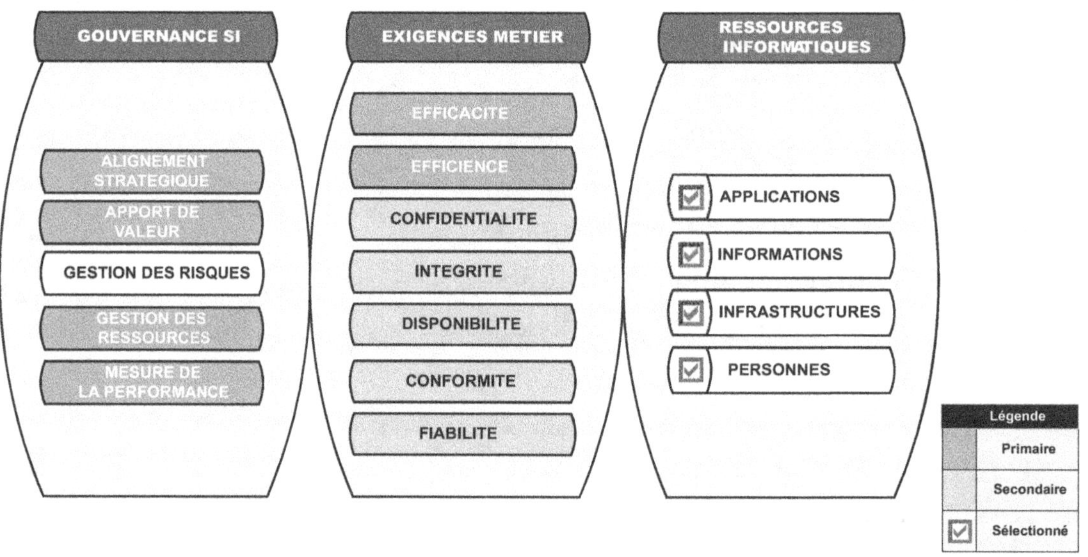

Figure 6-1 : Définir et gérer les niveaux de services : DS1

Ce processus est un pivot de la gouvernance SI à travers la relation avec les métiers, voire avec les clients de l'entreprise eux-mêmes. Il pèse sur l'alignement stratégique et l'apport de valeur, la mesure de la performance et l'ajustement des ressources. En d'autres termes, le niveau de service, dès lors qu'il a été négocié et accepté, devrait dicter une bonne part de l'orientation de la DSI.

En termes d'exigences sur les métiers SI, la gestion des services renvoie principalement à l'efficacité et à l'efficience.

Pourquoi ?

Les DSI se demandent parfois quel est l'intérêt de mettre en place une gestion de niveaux de services alors même que les clients, utilisateurs et responsables métier, s'en désintéressent. Ce désintérêt apparent masque souvent une exigence absolue qui leur évite une discussion perçue comme un compromis à ce qui semble leur être dû.

La négociation, puis la gestion des niveaux de services, signe donc une sorte de maturité de la relation entre métiers et DSI. La communication qui en résulte sera la base d'une meilleure compréhension mutuelle, que ce soit des enjeux métier ou des contraintes pesant sur le SI.

Enfin, cette régulation des services de la DSI par la demande est l'une des conditions d'une bonne gouvernance, que ce soit en termes de qualité, de coûts ou de ressources.

Objectifs et périmètre

Vis-à-vis des 28 objectifs globaux assignés au système d'information (voir annexe 2, « Objectifs du système d'information et processus CobiT »), le processus DS1 doit permettre de maîtriser les objectifs présentés dans le tableau 6-1.

Tableau 6-1 : Objectifs du processus DS1

OBJ. 01	Réagir aux exigences métier en accord avec la stratégie métier.
OBJ. 03	S'assurer de la satisfaction des utilisateurs finaux à l'égard des offres et des niveaux de services.
OBJ. 12	S'assurer de la transparence et de la bonne compréhension des coûts, bénéfices, stratégie, politiques et niveaux de services des SI.

Notons que le piège le plus courant consiste à parler de satisfaction des utilisateurs sans y associer les offres et niveaux de services. Un des travers les plus classiques consiste à mesurer une satisfaction avant même de savoir pour quel service la DSI et son correspondant se sont mis d'accord.

L'ensemble des activités de la DSI est concerné par les niveaux de services ; les objectifs de performance internes à la DSI doivent donc être alignés aux niveaux de services négociés. ITIL distingue soigneusement les niveaux de services entre entités de la DSI (OLA, pour *Operation Level Agreement*), des niveaux de services contractualisés avec des tiers (UC, pour *Underpinning Contract*), l'ensemble de la chaîne des services étant soumise au SLA (niveau de service contractualisé avec le client). Cette vision a le mérite de détailler chaque activité concourant à un résultat, mais risque de conduire à un pilotage morcelé alors que le client ne s'intéresse qu'au résultat du SLA.

Description du processus

La figure 6-2 représente les flux internes du processus DS1.

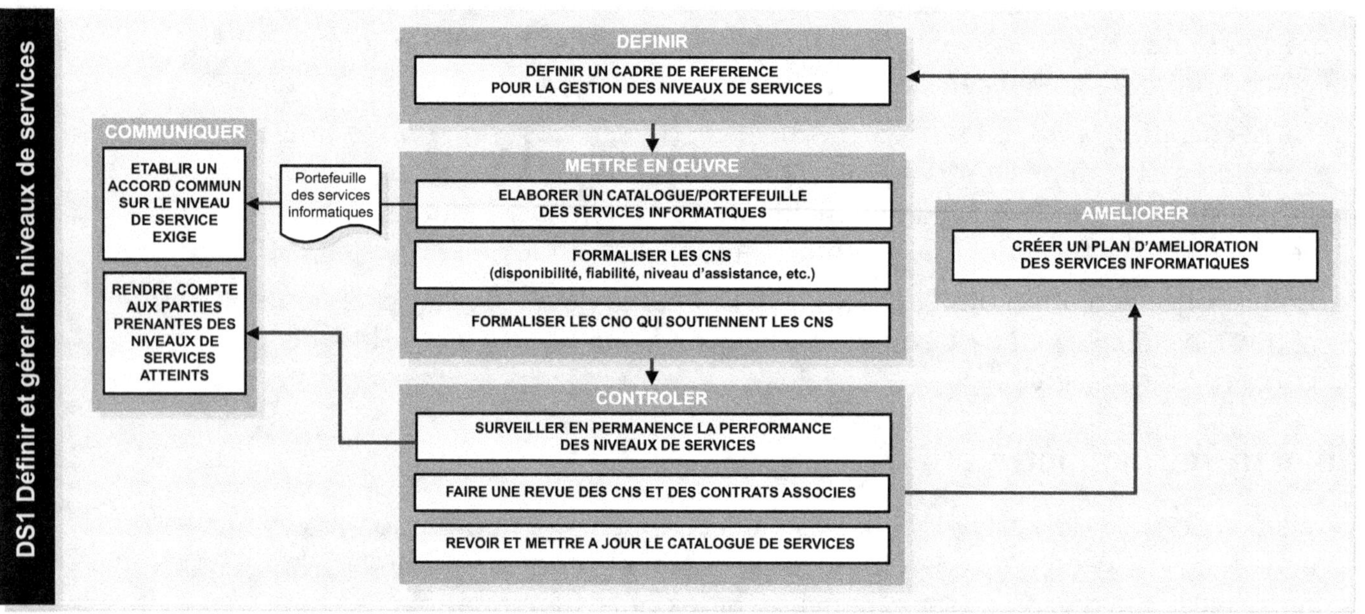

Figure 6-2 : Représentation schématique des flux internes du processus DS1

Planification et mise en œuvre

Comme tous les services de « support » aux métiers, la DSI travaille pour ses clients internes, et une bonne communication est le préalable à la mise en œuvre d'un cadre de négociation des niveaux de services.

Le processus de « contractualisation » passe par une phase d'expression des besoins de la part des métiers conduisant aux niveaux de services après négociation. Le processus se trouverait très inopérant si on confondait le niveau de service demandé (SLR) et le niveau négocié (SLA). Pour aborder cette négociation, il est conseillé de s'armer d'un historique des performances observées dans le domaine concerné. C'est en particulier le cas pour les centres de services dont la performance dépend beaucoup de l'ampleur de la sollicitation. Un centre d'appel prévu pour 1 000 appels/jour ne rendra pas le même service s'il en reçoit 3 000/jour, quelle que soit la qualité de son organisation.

Cette négociation doit également prendre en compte les obligations des utilisateurs, par exemple, la formation ou le respect des procédures et des habilitations.

La capacité à mesurer la performance en renseignant les indicateurs de pilotage des niveaux de services est un préalable à tout management de l'activité. Ceci peut se révéler plus ou moins complexe à mettre en œuvre (par exemple, mesure du temps de réponse observé au niveau du poste de l'utilisateur). Il faut impérativement lancer des processus de mesure de performance quitte à en améliorer progressivement la précision.

S'agissant des activités externalisées, gardons à l'esprit la nécessité de mettre en cohérence les SLA et les contrats avec les tiers. En définitive, seuls ces derniers compteront vraiment, dès lors qu'ils sont assortis de facturation réelle.

La boucle d'amélioration du processus passe par la mesure et un souci constant de communication afin de trouver les meilleurs compromis entre les parties.

Mesures et contrôles

Les mesures les plus couramment utilisées viennent du pilotage des centres d'assistance (pourcentage de résolution dans un délai donné), des mesures de fiabilité des composants (nombre de coupure des télécommunications par jour) ou des statistiques prélevées sur les *mainframes* (temps de réponse). La principale difficulté consiste à passer de ces KPI[1] techniques attachées à un aspect du service offert à un KGI ayant un sens pour le métier. Cette chaîne d'engagements permet au client final de se concentrer sur des objectifs métier (KGI) et à la DSI de les décliner en objectifs techniques (KPI).

Rôles et responsabilités

Le directeur des systèmes d'information

Le DSI a un rôle majeur dans l'instauration d'une communication claire avec les métiers, basée sur la compréhension mutuelle, l'explication, la mesure, ainsi que sur la dynamique d'ensemble qui tire les uns et les autres vers un comportement positif. Sans participation du DSI, il n'existe pas de cadre de niveaux de services partagé. Le DSI doit être l'interlocuteur des directions métiers comme les responsables des centres de services sont les interlocuteurs des utilisateurs.

La cellule méthodes et qualité (MAQ)

Le rôle de la cellule MAQ est de piloter, relancer, challenger et mesurer la performance des services au regard des engagements. Elle doit surtout animer la boucle d'amélioration continue, en impulsant les actions correctives prioritaires qui s'imposent.

Le service d'assistance et le responsable exploitation

Sous la responsabilité du chef d'exploitation, les responsables des centres de services sont en charge du pilotage opérationnel de la relation avec le souci de gérer l'escalade vers le management de la DSI si nécessaire.

1. Les indicateurs (KPI : *key performance indicators*) mesurent les performances au niveau technique et contribuent à la réalisation d'objectifs au niveau des métiers, eux-mêmes mesurés par des KGI (*key goal indicators*).

Le responsable administratif des SI

Le contrôle de gestion de la DSI a aussi un rôle important quand il s'agit de mettre en place des indicateurs liés aux coûts. N'oublions pas que les éléments de coûts constituent souvent des indicateurs pertinents de consommation des services.

Les entrées-sorties du processus

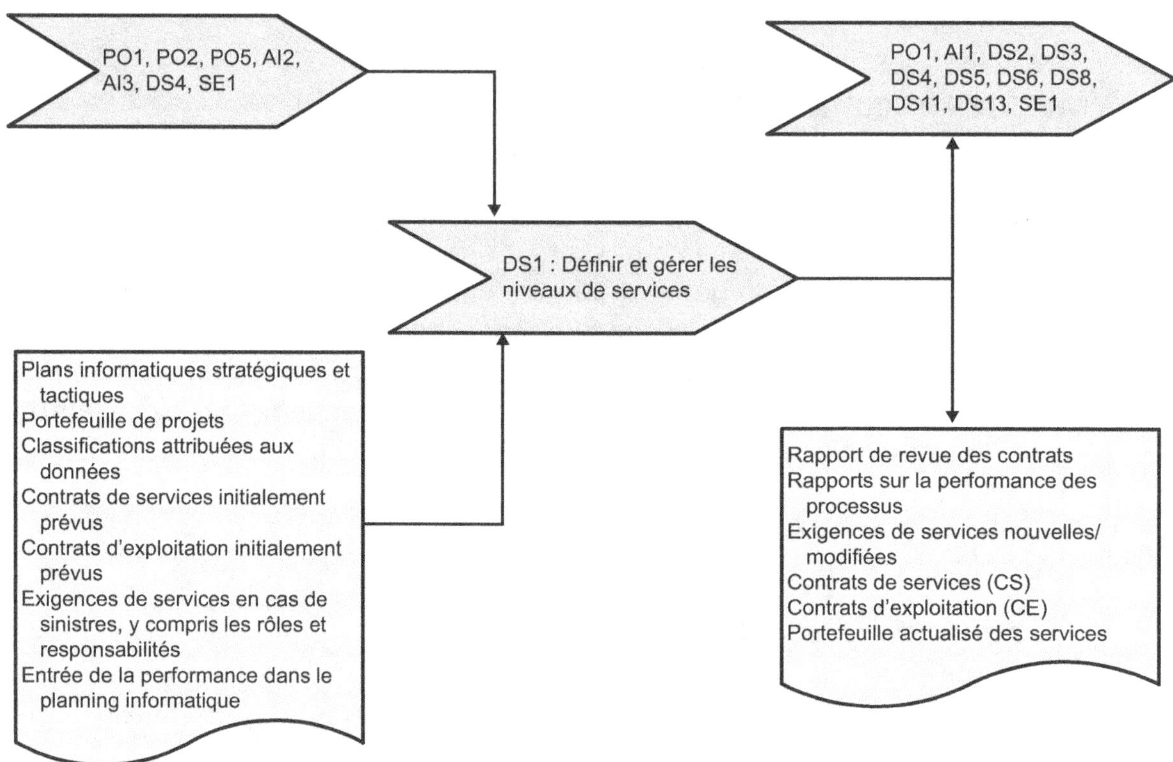

Figure 6-3 : Les entrées-sorties du processus DS1

DS2 | Gérer les services tiers

Les activités de la DSI sont de plus en plus imbriquées à des services contractualisés auprès de tiers. Ces derniers deviennent partie intégrante des processus de la DSI quand il s'agit d'en garantir l'efficacité et l'efficience.

Les opérationnels sont inévitablement amenés à banaliser les rapports entre individus, qu'ils soient internes ou externes à l'entreprise. Dans ce contexte, comment maintenir la vigilance nécessaire ? Il faut, quelque part, instancier un processus de gestion des services contractualisés avec les tiers.

Vue d'ensemble

En termes de gouvernance, les services tiers renvoient à deux préoccupations, à savoir l'apport de valeur et la gestion des risques dans un souci d'efficacité et d'efficience.

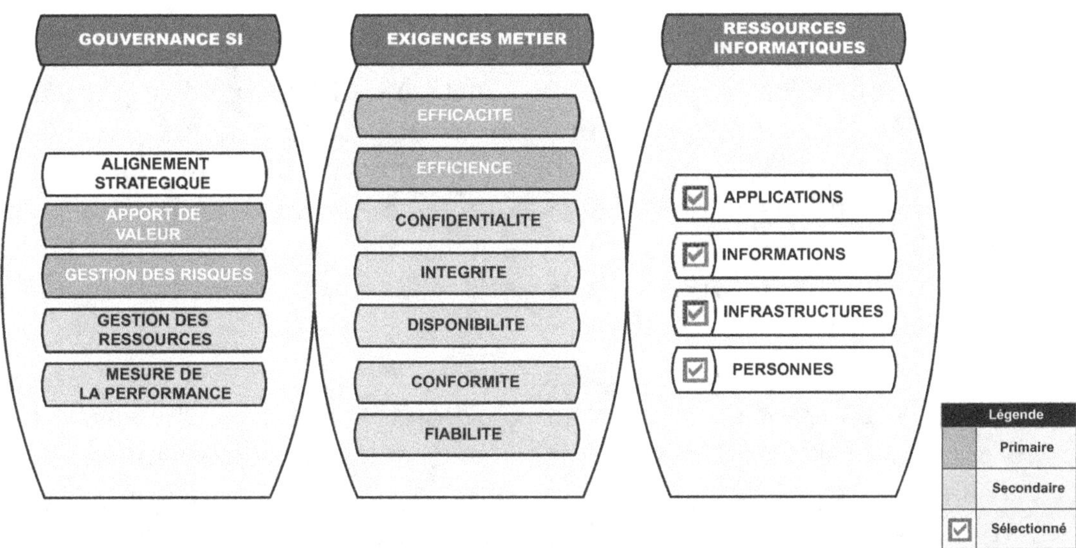

Figure 6-4 : Gérer les services tiers : DS2

Pourquoi ?

La gestion des tiers répond à la fois au souci de piloter correctement les engagements contractuels et à celui de se poser les bonnes questions sur le moyen terme. En travaillant étroitement avec la fonction achats, il s'agit de maintenir une veille du marché afin d'optimiser le couple apport de valeur/risque, en fonction du segment considéré. Il est clair, par exemple, que la maintenance applicative d'un ERP n'est pas à mettre au même niveau que la maintenance des PC sur le plan des risques.

On observe couramment en la matière un manque d'anticipation qui révèle la mauvaise implémentation de ce processus.

Objectifs et périmètre

Vis-à-vis des 28 objectifs globaux assignés au système d'information (voir annexe 2, « Objectifs du système d'information et processus CobiT »), le processus DS2 doit permettre de maîtriser les objectifs présentés dans le tableau 6-2.

Tableau 6-2 : Objectifs du processus DS2

Obj. 03	S'assurer de la satisfaction des utilisateurs finaux à l'égard des offres et des niveaux de services.
Obj. 10	S'assurer de la satisfaction réciproque dans les relations avec les tiers.
Obj. 12	S'assurer de la transparence et de la bonne compréhension des coûts, bénéfices, stratégie, politiques et niveaux de services des SI.

L'objectif Obj. 03 est à relativiser en fonction de la visibilité du tiers par rapport aux utilisateurs. Si sa prestation est incluse dans un ensemble plus global, la satisfaction de l'utilisateur sera un indicateur très partiel. En revanche, il faut garder à l'esprit que le contrat avec le tiers finit par envahir la discussion et occulter les SLA internes, si on n'a pas pris garde d'aligner les attentes vis-à-vis des tiers et les engagements pris auprès des utilisateurs.

Le périmètre du processus englobe l'ensemble des relations avec les tiers qu'il s'agisse de contrats de type infogérance, de forfaits, de contrats basés sur des consommations d'unités d'œuvre ou même de délégation de personnel.

Le périmètre du processus recoupe celui du processus DS1 s'agissant des interactions entre les niveaux de services contractualisés avec les tiers et les niveaux de services négociés avec les utilisateurs.

Description du processus

La figure 6-5 représente les flux internes du processus DS2.

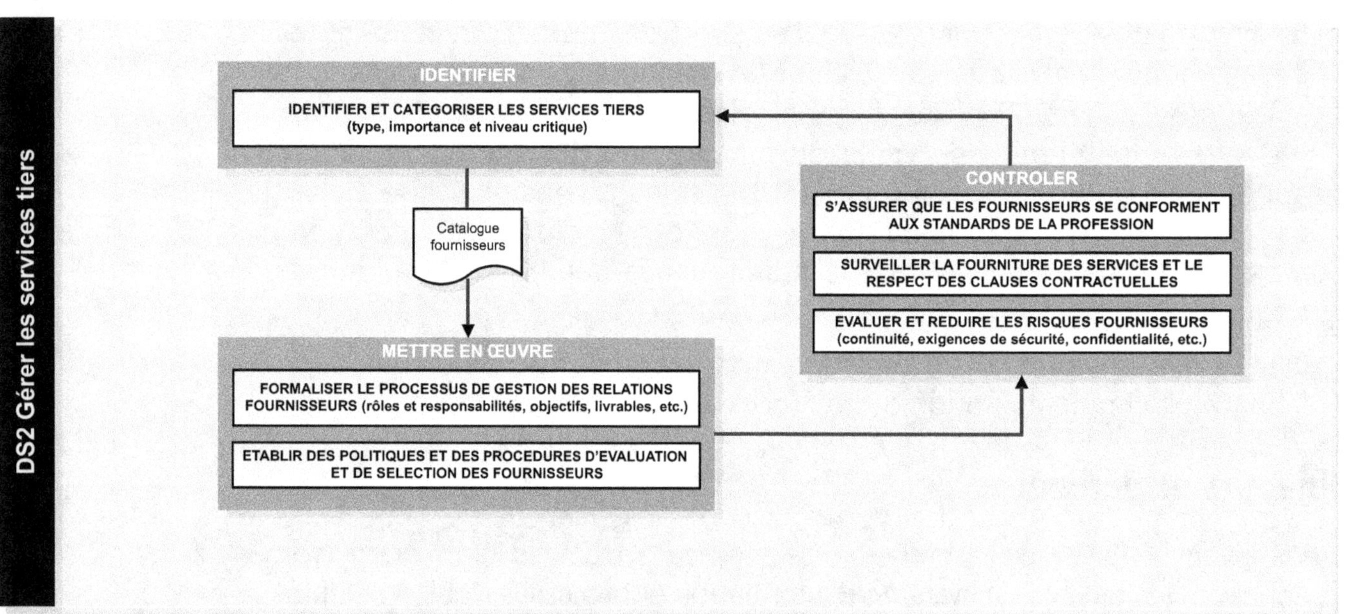

Figure 6-5 : Représentation schématique des flux internes du processus DS2

Planification et mise en œuvre

La planification et la mise en œuvre du processus DS2 part d'une identification des principaux services sous-traités à caractériser en relation avec les méthodes employées aux achats. Il est habituel d'opérer une segmentation selon les catégories des services confiés à des tiers. Une expertise de haut niveau ne relève pas de la même catégorie que le renfort d'une équipe de développement ou une maintenance applicative.

Ensuite, on cherche progressivement, au fur et à mesure des renouvellements, à encadrer de façon homogène les services sous-traités. Ainsi, par exemple, on pourra décider de généraliser une option de réversibilité à l'issue du contrat, de normaliser les dispositions concernant la propriété intellectuelle ou d'assortir les contrats de mécanismes d'unités d'œuvre avec comptabilisation analytique par client final, de façon à répercuter les coûts.

À partir de ce portefeuille de services tiers, on cherche à optimiser le couple valeur/risques. Ce peut être le fruit de renégociations, de comparaisons (benchmarks), le résultat d'outillages ou de standards (ITIL en production) ou la refonte des périmètres à sous-traiter. Il est manifeste que le morcellement des contrats entraîne une forte implication de la DSI pour les gérer et limite les bénéfices de l'externalisation. En revanche, un périmètre redessiné peut conduire à des économies d'échelle voire à l'abandon de certains domaines techniques jugés peu stratégiques.

Mesures et contrôles

La mesure et les contrôles des services tiers sont clairement alignés avec les dispositions contractuelles. Le tableau de bord de mesure des services fournis par les tiers doit donc être soigneusement préparé au stade du cahier des charges pour éviter d'avoir à déployer un effort supplémentaire pour définir, alimenter et négocier les tableaux de bord de suivi du service.

Il est souhaitable que la partie prenante propose avec le service les outils de mesure avec une possibilité d'audit.

Rôles et responsabilités

Les achats

Les achats informatiques de l'entreprise jouent un rôle déterminant dans la réussite de ce processus dès lors qu'ils fonctionnent étroitement avec les services internes à la DSI.

La direction des systèmes d'information

Au sein de la DSI, il faut trouver une instance et un pilote du processus, ce qui n'est pas toujours chose aisée. On va plutôt trouver des responsables par domaine (opérations pour l'exploitation, les télécommunications, les

PC, etc.) qu'il faudra fédérer pour avoir une politique DSI homogène vis-à-vis des tiers.

Très fréquemment, ce processus est confié aux opérationnels qui sont trop proches des tiers dans le quotidien pour réellement mener ce processus à bien.

Le responsable des relations avec les utilisateurs doit être fortement impliqué dans la négociation des services tiers.

Les entrées-sorties du processus

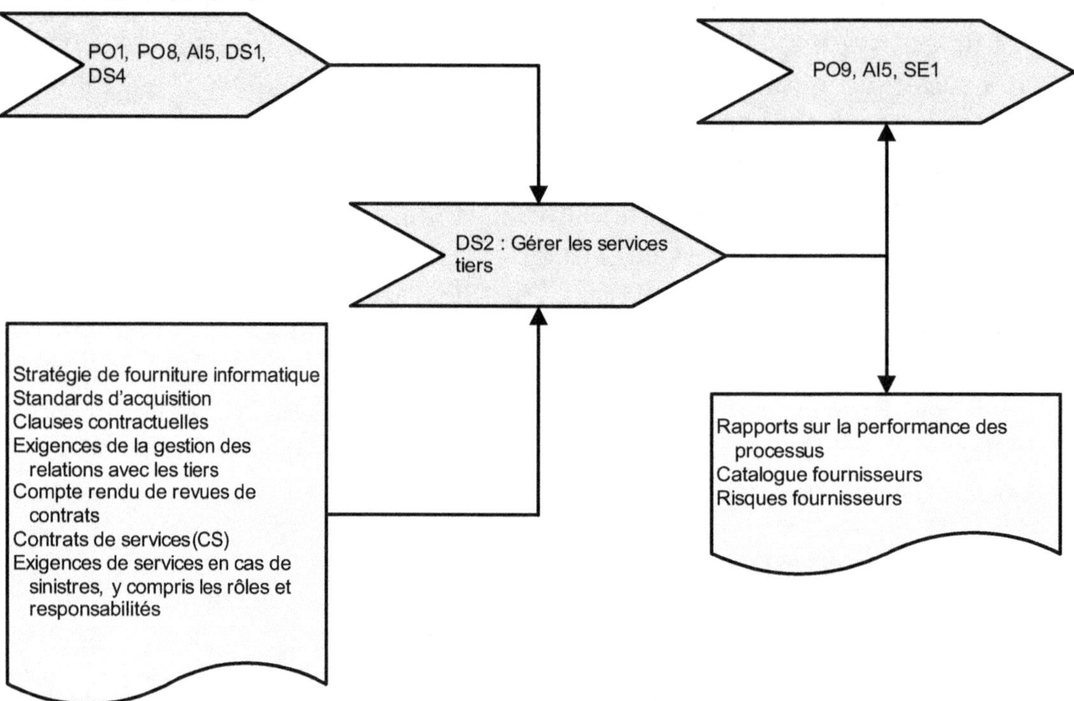

Figure 6-6 : Les entrées-sorties du processus DS2

DS3 | Gérer la performance et la capacité

Processus interne à la DSI, la gestion des performances et des capacités constitue la base même du pilotage des activités.

Vue d'ensemble

La gestion des ressources, en particulier dans les grands comptes, renvoie à des cycles qui nécessitent de bien anticiper à partir de l'état de ses ressources propres et de l'évolution des demandes. Le processus DS3 est donc un processus amont critique pour les processus stratégiques que sont PO2 (architecture), PO3 (orientation technologique) et PO5 (investissements).

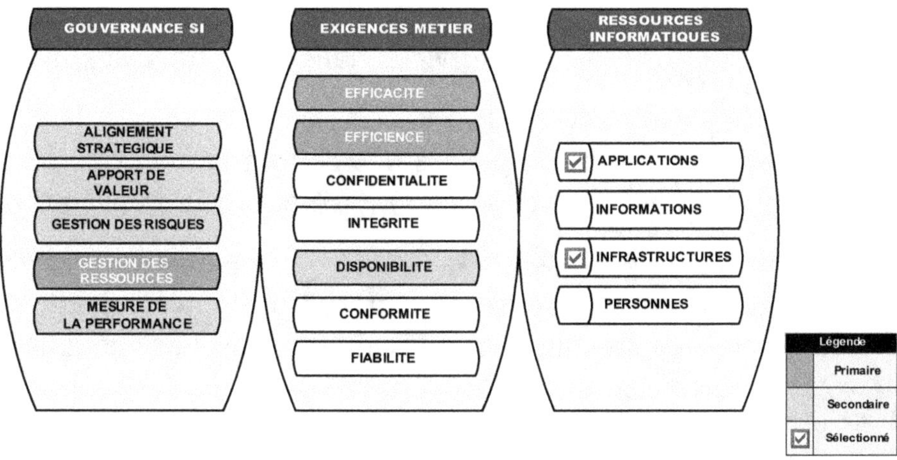

Figure 6-7 : Gérer la performance et la capacité : DS3

Il s'agit donc essentiellement d'apporter à la gouvernance du SI les moyens de gérer les ressources informatiques, dans un contexte d'efficacité, d'efficience mais aussi de disponibilité. En ce sens, le processus DS3 est le résultat des niveaux de services qui auront été négociés lors du processus DS1, et produira les informations permettant, dans le cycle des processus CobiT, d'en suivre l'adéquation globale.

Pourquoi ?

Le pilotage des activités de la DSI est basé sur la recherche du meilleur compromis entre les performances exigées et les capacités informatiques. Cette préoccupation s'inscrit aussi bien dans le très court terme (quelle attitude observer face à des imprévus ?) que dans le moyen terme où il s'agit de planifier au mieux les évolutions dans le souci constant d'apporter la meilleure réponse (qualité et prix) aux exigences métier.

Objectifs et périmètre

Vis-à-vis des 28 objectifs globaux assignés au système d'information (voir annexe 2, « Objectifs du système d'information et processus CobiT »), le processus DS3 doit permettre de maîtriser les objectifs présentés dans le tableau 6-3.

Tableau 6-3 : Objectifs du processus DS3

OBJ. 01	Réagir aux exigences métier en accord avec la stratégie métier.
OBJ. 15	Optimiser l'infrastructure, les ressources et les capacités informatiques.
OBJ. 23	S'assurer que les services informatiques sont disponibles dans les conditions requises.

Le périmètre du processus comprend les infrastructures et les ressources nécessaires à la fourniture des services dans le respect des niveaux de services négociés.

Il consiste à établir une vision précise des performances et des capacités (actuelles et futures) et, périodiquement, un état précis d'ensemble.

L'une des activités du processus consiste à se poser comme initiateur des demandes de changement gérées par le processus AI6 (voir chapitre 5, section « AI6 – Gérer les changements »). On reconnaît là le couplage entre les deux processus équivalents dans ITIL.

Description du processus

La figure 6-8 représente les flux internes du processus DS3.

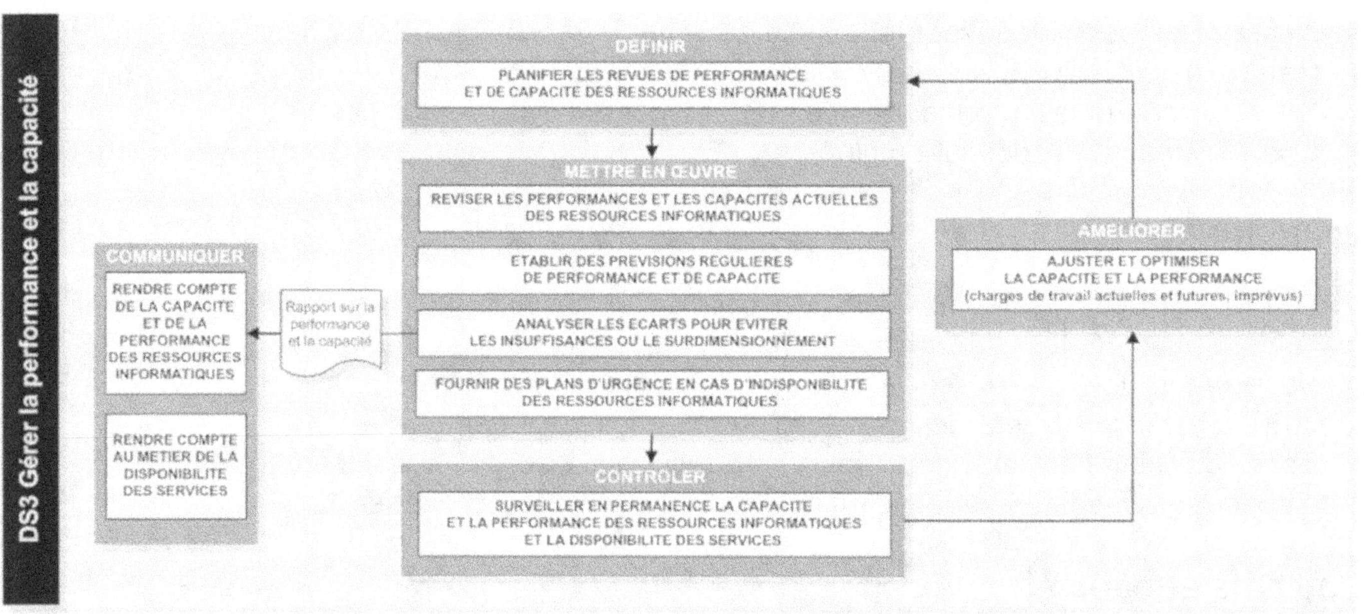

Figure 6-8 : Représentation schématique des flux internes du processus DS3

Planification et mise en œuvre

Le processus doit avant tout mettre sur pied la revue des performances et des capacités de l'infrastructure et des ressources informatiques de façon pérenne et stable, en relation étroite avec les niveaux de services négociés. Cela doit conduire à la fois à des tableaux de bord précis et à des techniques de modélisation permettant d'anticiper les évolutions, le tout au meilleur coût.

Il permettra ainsi de suivre la situation actuelle et de jalonner les grandes étapes à moyen terme pour l'évolution des ressources.

Ce processus prend également en compte une hiérarchisation des services à fournir de façon à établir les plans de fourniture de service dégradés, en cas de défaillance partielle de ressources ou d'aléas sur les demandes des métiers. L'une des activités du processus consiste donc à s'assurer périodiquement de la mise en place, de l'efficacité et de la pertinence des mesures prises pour garantir la disponibilité du système (procédures de secours et de plans d'urgence).

Enfin, il s'attache à établir en permanence une vision précise et compréhensible des ressources et des performances, à maintenir les performances et à rendre compte des résultats face aux conventions de services négociées.

Mesures et contrôles

Le processus DS3 est une source d'alimentation importante du processus de contrôle SE1 (voir chapitre 7, section « SE1 – Surveiller et évaluer la performance des SI »). Il maintient une vision des paramètres clés du pilotage des ressources : temps de réponse, charges des équipements, indisponibilité, pannes, écarts par rapport aux prévisions des métiers, écarts par rapport aux plans d'évolution des infrastructures, etc.

Ce processus nécessite la mise en place et l'alimentation d'une base de données de l'ensemble des éléments concourant à la mesure de la performance et de la disponibilité. Dans le référentiel ITIL, on parle de la CMDB (*Configuration Management Database*) pour regrouper toutes les informations sur les composants et les ressources et alimenter une vue qui part du composant élémentaire (*bottom-up*) pour apprécier la disponibilité.

Au-delà du simple reporting, le processus DS3 demande de modéliser l'utilisation des ressources et d'être force de proposition pour répondre aux questions posées lors du processus PO2 sur l'évolution de l'architecture du système d'information.

Rôles et responsabilités

Le processus DS3 doit à la fois s'appuyer sur des ressources permanentes (reporting) et mobiliser des instances au plus haut niveau de la DSI (modélisation, prévisions, plans d'urgence).

Le responsable exploitation

Il doit s'assurer en permanence que les performances et les capacités informatiques, actuelles et futures, permettent de respecter les engagements pris.

Les entrées-sorties du processus

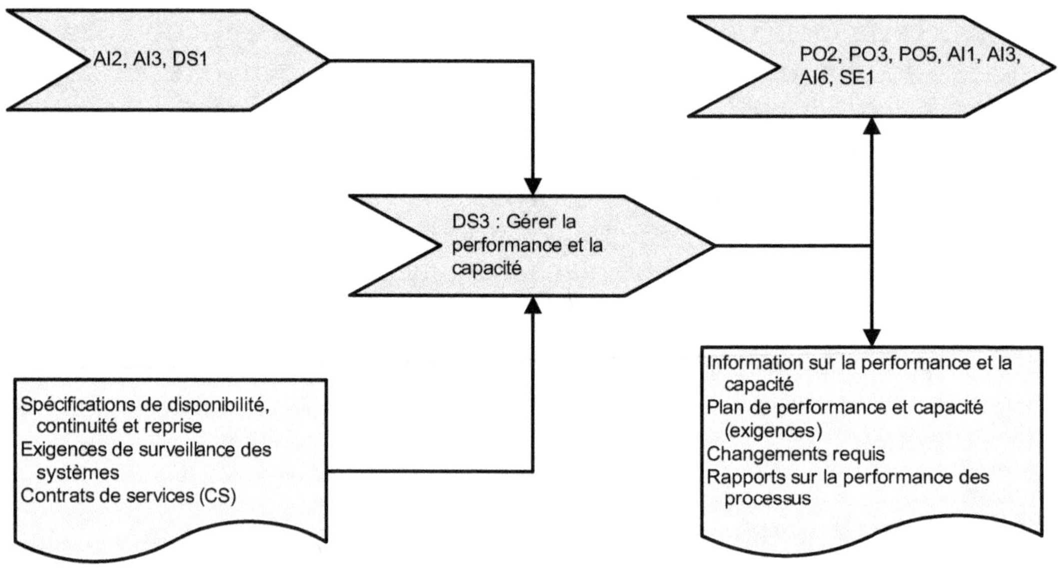

Figure 6-9 : Les entrées-sorties du processus DS3

DS4 | Assurer un service continu

Au-delà du respect des contrats de services qui sont le lot quotidien des DSI, il est indispensable d'envisager les situations de crise voire de catastrophe pour tenter de mettre en place des plans d'action qui en réduisent les impacts.

Vue d'ensemble

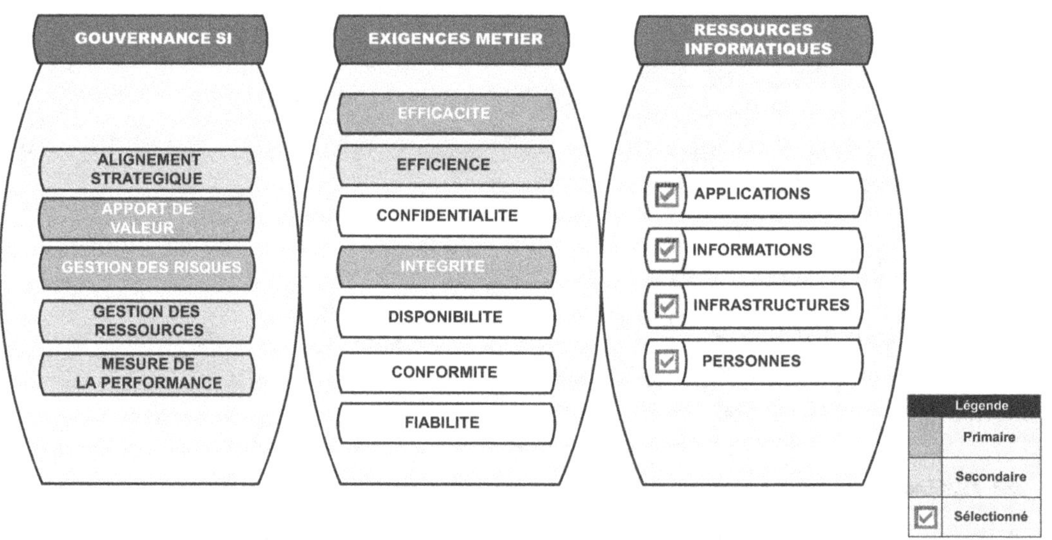

Figure 6-10 : Assurer un service continu : DS4

Si le processus DS4 est particulièrement détaillé dans CobiT, c'est parce qu'il relève en grande partie de la gestion des risques sur un domaine qui se prête bien à une description de « bonnes pratiques » applicables pour toutes les entreprises ou organismes.

Notons que la gestion des risques de l'ensemble du SI est associée à l'apport de valeur. La situation de dégradation des performances est telle que l'on ne parle plus d'alignement stratégique mais de ce que pourra apporter encore le plan de continuité en cas de gros problème. Les critères d'exigence sont très pragmatiques car ils doivent réaliser un compromis entre efficacité et intégrité du système.

Pourquoi ?

Assurer un service continu signifie offrir le meilleur compromis en fonction de la dégradation du système d'information à travers l'application d'un plan de continuité approprié et éprouvé. Cette réponse graduée à la défaillance du système ne peut pas être improvisée dans l'urgence.

Objectifs et périmètre

Vis-à-vis des 28 objectifs globaux assignés au système d'information (voir annexe 2, « Objectifs du système d'information et processus CobiT »), le processus DS4 doit permettre de maîtriser les objectifs présentés dans le tableau 6-4.

Tableau 6-4 : Objectifs du processus DS4

OBJ. 21	S'assurer que les services et l'infrastructure informatique peuvent résister/se rétablir convenablement en cas de panne due à une erreur, à une attaque délibérée ou à un sinistre.
OBJ. 22	S'assurer qu'un incident ou une modification dans la fourniture d'un service informatique n'a qu'un impact minimum sur l'activité.
OBJ. 23	S'assurer que les services informatiques sont disponibles dans les conditions requises.

Parmi les processus DS, quatre processus relèvent surtout de la gestion des risques : DS4, DS5 (sécurité), DS11 (données) et DS12 (environnement physique). Le plan de continuité constitue la dernière réponse lorsque les trois autres processus (données, environnement, sécurité) se sont révélés défaillants.

L'ensemble des services informatiques est concerné par le processus DS4. Il s'agit non seulement de prévoir les situations entraînant un problème majeur pour les métiers, mais aussi d'envisager pour chacune d'entre elles un véritable système d'information provisoire en attendant le retour à la normale. Les métiers sont concernés parce que la convention de service va se muer en « service dégradé », sur le même principe d'exigences mutuelles. Quant aux services tiers, ils seront revus pour prendre en compte de nouvelles demandes.

Description du processus

La figure 6-11 représente les flux internes du processus DS4.

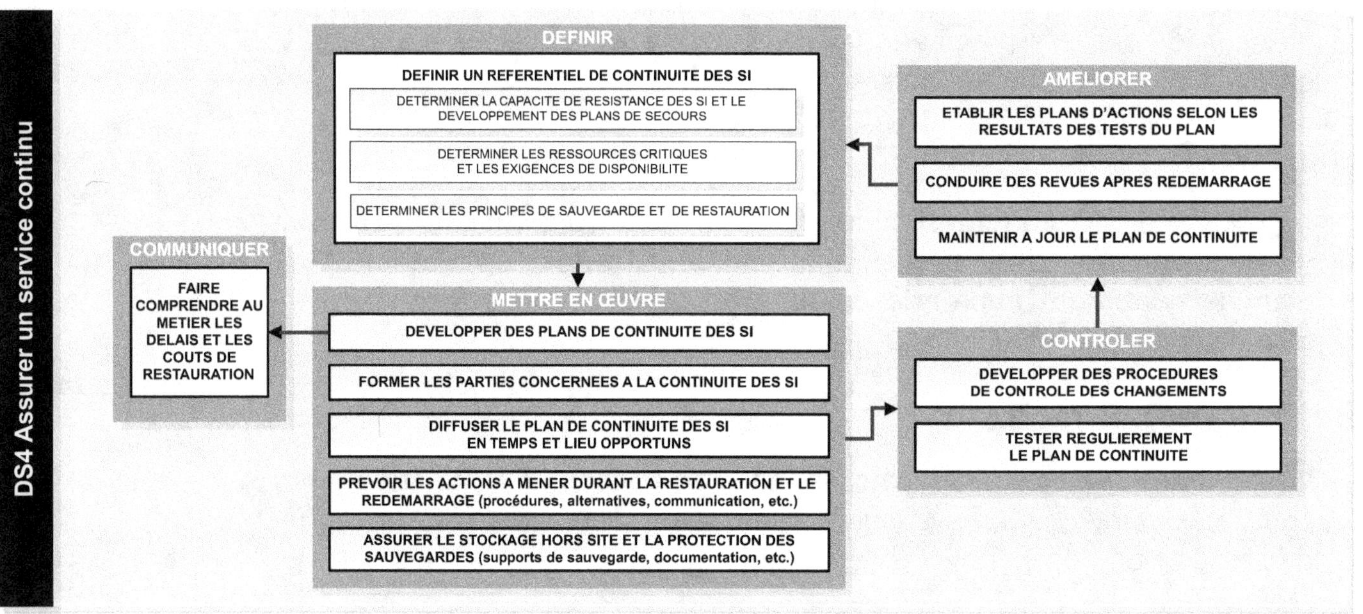

Figure 6-11 : Représentation schématique des flux internes du processus DS4

Planification et mise en œuvre

Il s'agit tout d'abord de définir un référentiel de continuité des systèmes d'information, ce qui amène à redessiner l'entreprise en situation de crise : applications, données, télécommunications, sites informatisés et postes de travail, rôles et responsabilités. Ce référentiel est le pivot de la communication avec les métiers sur la construction d'une solution mixant les réponses à des risques génériques non spécifiques de l'informatique (incendie, inondation, malveillance, par exemple). En l'absence d'une prise de conscience globale, le plan de continuité informatique ne sera que très partiel.

Ce plan de continuité informatique sera bâti en examinant les ressources critiques et en établissant avec les métiers une hiérarchie des services à maintenir. Le résultat doit prendre en compte les délais et les coûts pour la mise en œuvre du service dégradé, en accord avec les métiers.

À ce stade, on comprend que ce processus nécessite à la fois une bonne connaissance des exigences des métiers et des vulnérabilités du SI, mais le plus difficile reste à faire pour le faire vivre (maintenir, tester, réviser, former et communiquer autour du plan de continuité).

L'ensemble nécessite en outre des sortes de répétitions générales grandeur nature avec changements de sites, arrêt et redémarrage sur d'autres sites. Ces exercices sont souvent coûteux et longs, mais ils sont pourtant indispensables si l'on veut que l'ensemble du dispositif soit efficace le jour venu.

Mesures et contrôles

Un certain nombre de contrôles sont prévus sur l'existence de plans de continuité, leur mise à jour, leur test, les engagements des services tiers (salles blanches, etc.). Tous ces contrôles sont nécessaires mais seul l'exercice grandeur nature est probant.

Une seconde catégorie de contrôles porte sur les hypothèses qui ont présidé à la conception du plan de continuité, le faisceau de risques envisagés en hypothèse à la construction de ce plan.

Rôles et responsabilités

Le responsable exploitation

Il est en charge, en concertation avec les autres responsables de la DSI (responsable développements, responsable administratif des SI, responsable de l'office des projets), de préparer et maintenir un plan de continuité de services adapté aux besoins des métiers.

Les entrées-sorties du processus

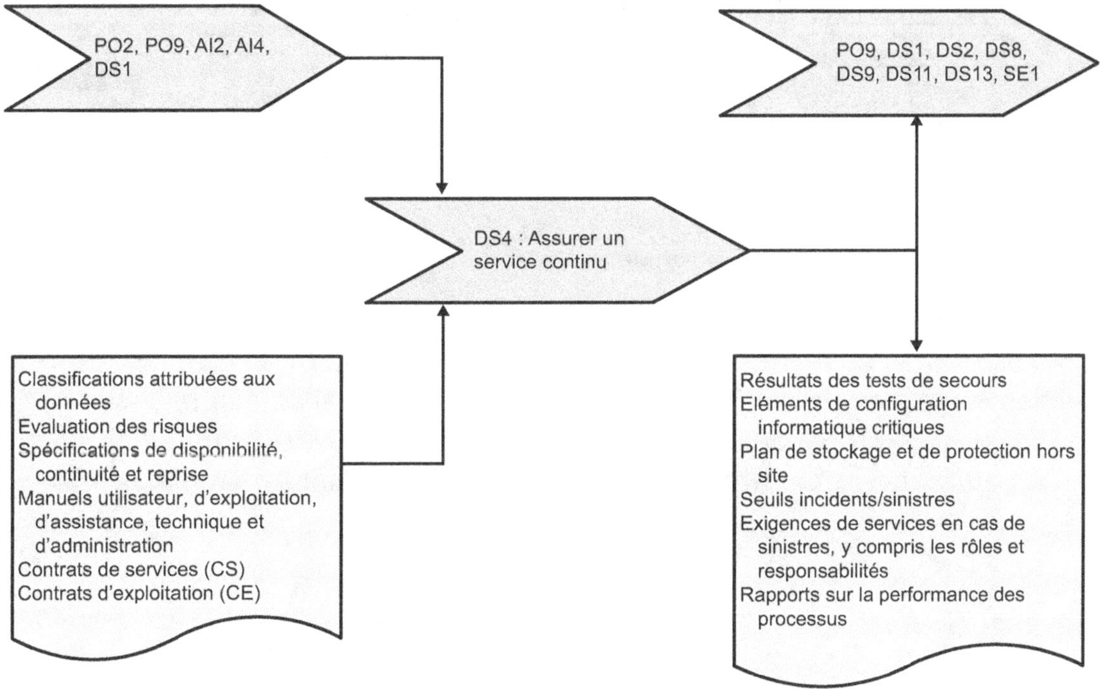

Figure 6-12 : Les entrées-sorties du processus DS4

DS5 | Assurer la sécurité des systèmes

Le processus de sécurité des systèmes d'information répond à la dépendance croissante des métiers vis-à-vis de l'informatique, et à la nécessité de réduire les impacts de ses vulnérabilités sur les métiers.

Vue d'ensemble

La contribution à la gestion des risques (processus PO9, voir chapitre 4, section « PO9 – Évaluer et gérer les risques ») est l'objectif essentiel de ce processus qui s'intéresse à l'ensemble des ressources informatiques (applications, informations, infrastructures et personnes).

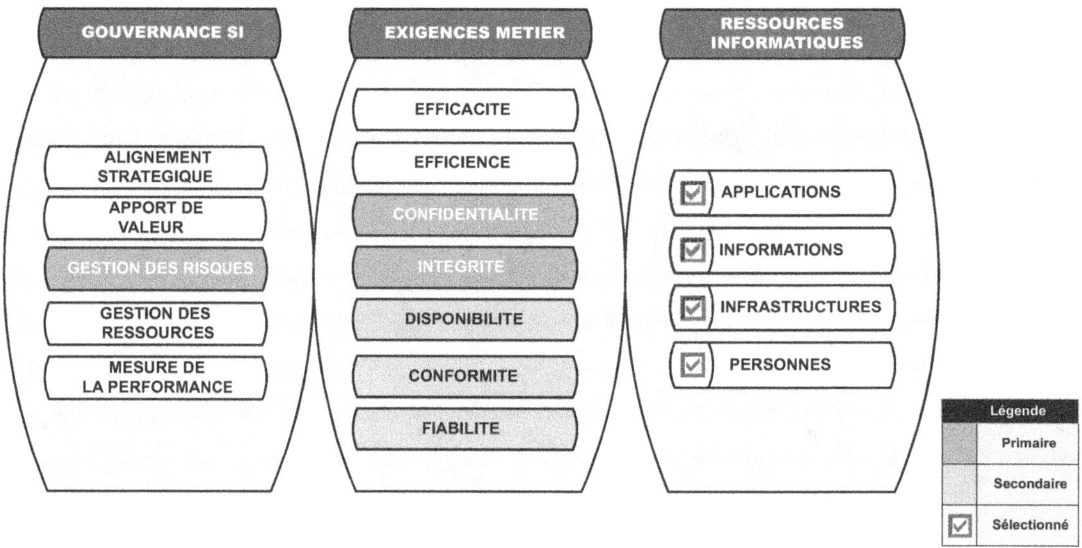

Figure 6-13 : Assurer la sécurité des systèmes : DS5

Les exigences métier sont particulièrement explicitées avec en priorité les exigences de confidentialité et d'intégrité, mais aussi les exigences de disponibilité, de conformité et de fiabilité. CobiT donne là toute sa puissance en offrant ainsi une finesse d'analyse appropriée aux enjeux.

Pourquoi ?

Pour assurer la sécurité des systèmes d'information, il faut maintenir les ressources associées de façon à réduire les vulnérabilités impactant les métiers. Cela passe par un processus dédié qui donne une vision de l'ensemble des ressources informatiques au regard des exigences de sécurité.

Objectifs et périmètre

Le processus DS5 couvre à peu près le spectre de la norme ISO/IEC 27002 (anciennement ISO/IEC 17799). Vis-à-vis des 28 objectifs globaux assignés au système d'information (voir annexe 2, « Objectifs du système d'information et processus CobiT »), le processus DS5 doit permettre de maîtriser les objectifs présentés par le tableau 6-5.

Tableau 6-5 : Objectifs du processus DS5

Obj. 14	Protéger tous les actifs informatiques et en être comptable.
Obj. 19	S'assurer que l'information critique et confidentielle n'est pas accessible à ceux qui ne doivent pas y accéder.
Obj. 20	S'assurer que les transactions métier automatisées et les échanges d'informations sont fiables.
Obj. 21	S'assurer que les services et l'infrastructure informatique peuvent résister/se rétablir convenablement en cas de panne due à une erreur, à une attaque délibérée ou à un sinistre.
Obj. 26	Maintenir l'intégrité de l'information et de l'infrastructure de traitement.

La gestion des risques informatiques s'intéresse à l'ensemble de l'entreprise, de ses ressources informatiques (infrastructure, données, applications) et des acteurs (utilisateurs, internes ou externes, clients, hackers) susceptibles de s'introduire dans les systèmes. Elle ne prend pas en compte les risques liés aux projets (processus PO10, voir chapitre 4, section « PO10 – Gérer les projets »).

En cas d'externalisation d'activités vers un tiers, il est important que la gestion des risques soit garantie de bout en bout et donc, que les exigences de sécurité nécessaires applicables aux tiers soient déterminées et mises en œuvre par ces derniers (processus DS2).

Description du processus

La figure 6-14 représente les flux internes du processus DS5.

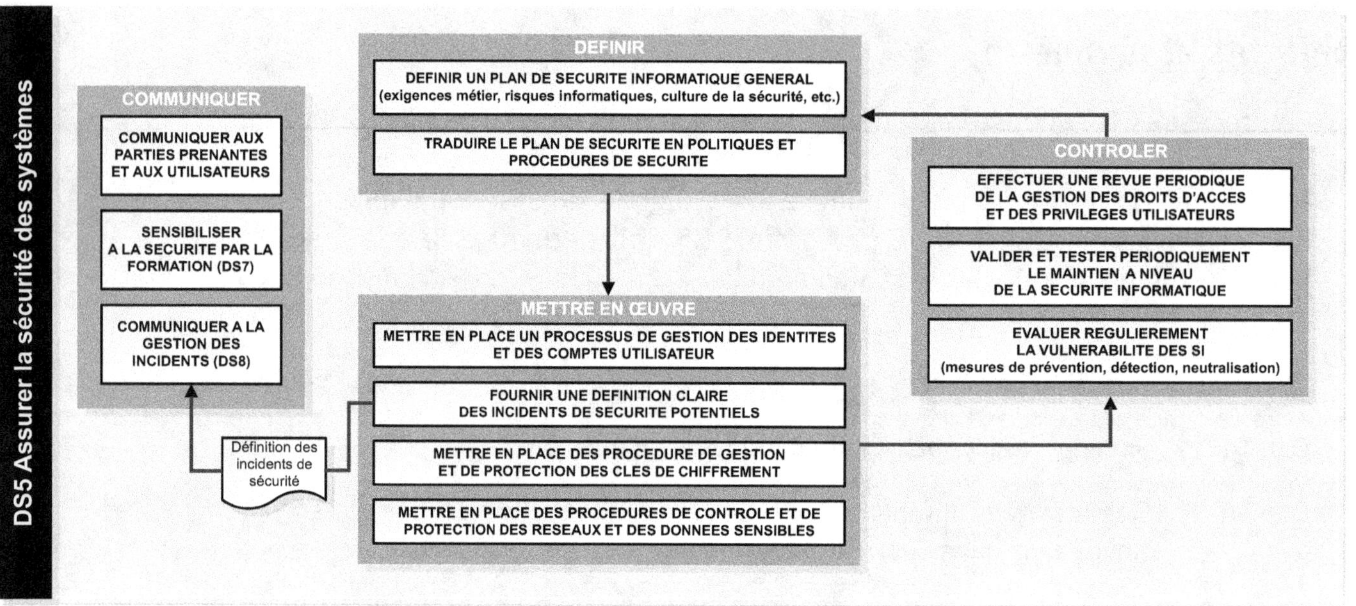

Figure 6-14 : Représentation schématique des flux internes du processus DS5

Planification et mise en œuvre

La gestion de la sécurité informatique nécessite une approche globale en relation directe avec les métiers. De même que la fourniture de services passe par une contractualisation des niveaux de services, la gestion de la sécurité doit être nuancée et pondérée en fonction des enjeux arrêtés avec les métiers.

La gestion de la sécurité se traduit par un plan de sécurité informatique qui couvre l'ensemble des domaines et en particulier la sécurité en regard des personnes et des défaillances des ressources.

Ce plan se décline en politiques et en procédures. La communication et la formation (processus DS7) revêtent un caractère essentiel. La sécurité est bien souvent perçue comme une entrave au fonctionnement des processus métier, il est donc important que la hiérarchie et les utilisateurs entrent dans une démarche de sensibilisation et de responsabilisation. Cela renvoie au caractère « raisonnable » et approprié des politiques pour être acceptables.

Le plan de sécurité doit prendre en compte la situation existante. Rien ne sert d'ériger un mur de fortification s'il suffit de sauter la haie au coin du mur ! Il faudra donc privilégier une approche homogène inscrite dans un processus d'amélioration. Là plus qu'ailleurs, la dynamique d'amélioration du processus est plus importante que sa complétude.

Concernant les risques liés aux personnes (internes, externes, malveillantes ou non), on suivra en permanence les évolutions réglementaires et les politiques internes associées (domaine privé du salarié, obligations d'information, déclarations aux autorités, etc.). Ce domaine couvre la gestion des identités, la gestion des comptes utilisateurs en liaison étroite avec les enjeux applicatifs des processus métier, la gestion des clés de chiffrement, la gestion de la confidentialité sur les plans de sécurité eux-mêmes, les échanges de données sensibles et la détection des logiciels malveillants. Le risque lié aux problèmes d'habilitation sera particulièrement pris en compte et répercuté sur le processus DS2 pour les tiers (accès des infogérants, par exemple).

Pour les risques liés aux ressources informatiques, le processus couvrira la sécurité des réseaux, des serveurs, des postes de travail et plus généralement la sécurité de toutes les ressources nécessaires au fonctionnement des SI.

Une attention particulière sera apportée à des processus transverses entre métiers et DSI comme l'archivage et la dématérialisation. Ce genre de processus met en œuvre des politiques de sécurité très disparates et obéissant à des objectifs différents selon que c'est un métier ou la DSI qui s'en occupe. Par exemple, l'archivage de contrats ou leur numérisation au sein des entités métier fait-il l'objet des mêmes règles de sécurité que ce qui est appliqué à la DSI ?

Le plan de sécurité doit être régulièrement testé et actualisé, que ce soit au travers d'audits, de sondages ou de contrôles automatiques.

Enfin, une hiérarchie des incidents de sécurité peut être établie et communiquée, en particulier au centre de services, pour que la détection d'incidents (processus DS8) identifie immédiatement les alertes de sécurité.

Mesures et contrôles

La mise en place d'un tableau de bord de la sécurité s'appuie sur la classification des incidents de sécurité qui sont répertoriés et classés en niveaux de risques. Ceci permet d'avoir une communication claire avec les métiers.

Le tableau de bord sera alimenté pour partie par les outils de contrôle interne automatisés (applications, espions, etc.), par les exploitants et par les incidents remontés en DS8 par le centre de services.

Enfin, on tracera également les tests du plan de sécurité, le processus d'amélioration de ce plan, vis-à-vis des objectifs à un an et à trois ans.

Rôles et responsabilités

Le directeur des systèmes d'information

Le DSI est clairement en charge de ce processus dont il délègue la responsabilité, en particulier aux responsables de son équipe (exploitation architecture, développements), au contrôle interne de la DSI et aux responsables des domaines applicatifs.

Le propriétaire du processus métier

Il est responsable de la détermination et du suivi des droits d'accès aux utilisateurs.

Les entrées-sorties du processus

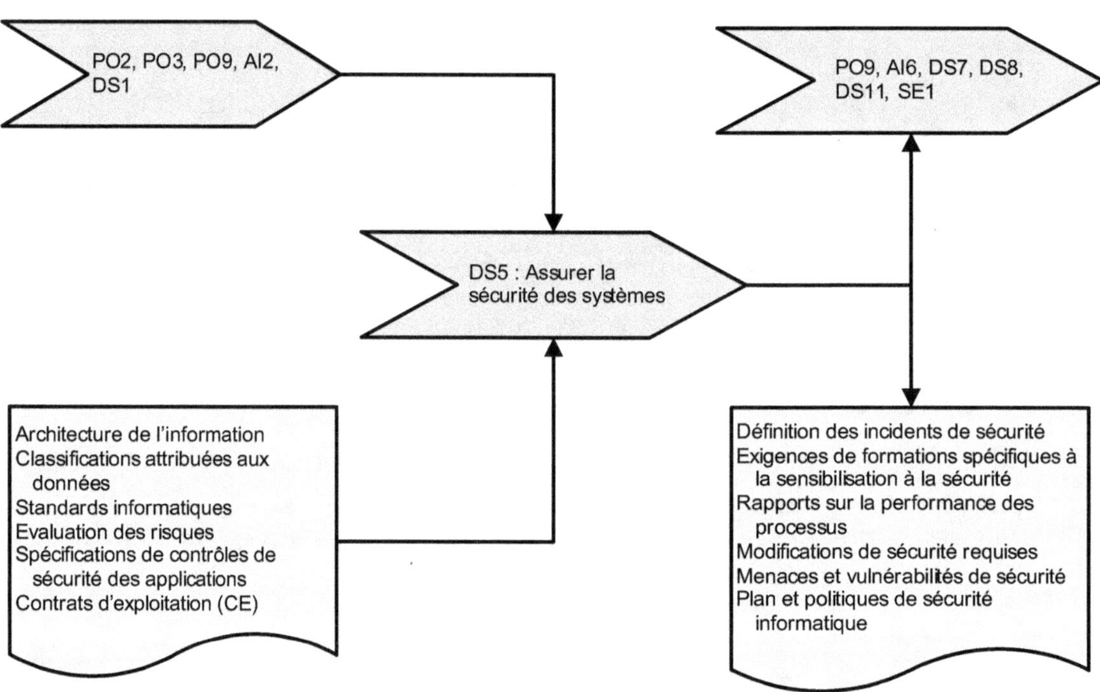

Figure 6-15 : Les entrées-sorties du processus DS5

S6 — Identifier et imputer les coûts

Il peut paraître élémentaire de songer à identifier et à imputer les coûts de l'informatique. Pourtant, peu de DSI ont une vision claire de leurs coûts en regard à la fois de la performance du SI et de l'apport de valeur pour les métiers.

Vue d'ensemble

Ce processus concerne en priorité la gestion des ressources parce qu'il n'y a pas de gestion des ressources efficiente sans une identification claire des coûts. Cette gestion s'applique à l'ensemble des ressources informatiques.

Après identification claire et précise des coûts (fiabilité de l'information) sur les ressources informatiques, le processus s'intéresse à l'apport de valeur pour les métiers et à la mesure de la performance. Cela aboutit d'une part à l'imputation des coûts pour les métiers et d'autre part, à la mesure de l'efficience de l'utilisation des ressources.

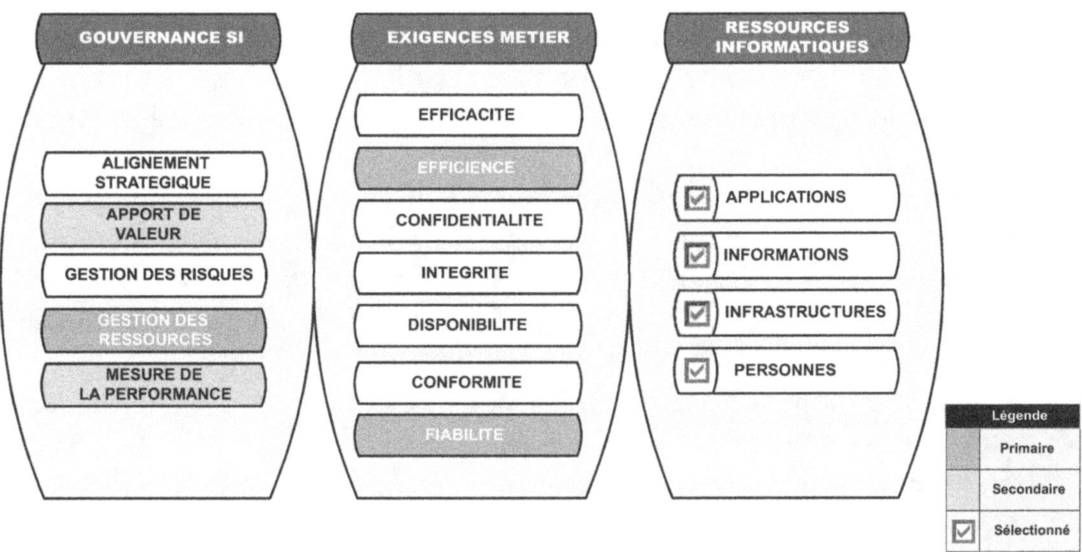

Figure 6-16 : Identifier et imputer les coûts : DS6

Pourquoi ?

L'expérience montre que le processus d'identification des coûts est complexe. La DSI est un service de support qui, en général, n'a pas sa comptabilité propre. Il faut donc reconstituer une comptabilité analytique. À titre d'exemple, calculer les coûts sur un projet conduit à additionner des dépenses internes (salaires, charges, locaux, etc.) et des dépenses externes (sous-traitants, centres de services), ce qui amène à retraiter des éléments disparates.

Le second écueil vient du niveau de granularité à viser pour être pertinent. Jusqu'où aller dans les consommables ? Comment gérer les achats imputables aux SI réalisés par les métiers ?…

Objectifs et périmètre

Vis-à-vis des 28 objectifs globaux assignés au système d'information (voir annexe 2, « Objectifs du système d'information et processus CobiT »), le

processus DS6 doit permettre de maîtriser les objectifs présentés dans le tableau 6-6.

Tableau 6-6 : Objectifs du processus DS6

Obj. 12	S'assurer de la transparence et de la bonne compréhension des coûts, bénéfices, stratégie, politiques et niveaux de services des SI.
Obj. 24	Améliorer la rentabilité de l'informatique et sa contribution à la profitabilité de l'entreprise.
Obj. 28	S'assurer que l'informatique fait preuve d'une qualité de services efficiente en matière de coûts, d'amélioration continue et de capacité à s'adapter à des changements futurs.

Il ressort que l'objectif principal de ce processus est d'instaurer une transparence pour un pilotage de la performance par les coûts. Cette identification des coûts doit conduire à une meilleure appréciation de la valeur apportée en cherchant le meilleur compromis coût/niveau de service.

L'ensemble des coûts imputables au SI est dans le périmètre de ce processus. En toute logique, les dépenses informatiques, qu'elles soient effectuées par les métiers ou par la DSI, entrent dans ce périmètre. Il s'agit de recréer un compte d'exploitation à partir de données comptables éparses couvrant l'ensemble des ressources informatiques.

La refacturation aux services utilisateurs n'est pas une obligation, mais le résultat d'une décision qui ne sera possible qu'une fois le processus DS6 rôdé.

Description du processus

La figure 6-17 représente les flux internes du processus DS6.

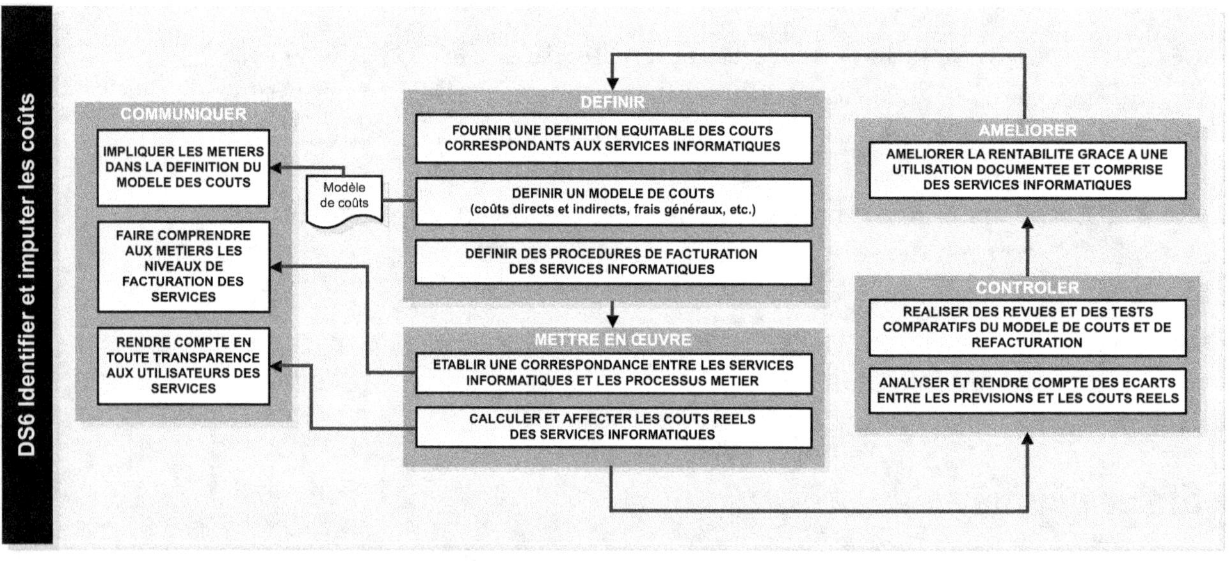

Figure 6-17 : Représentation schématique des flux internes du processus DS6

Planification et mise en œuvre

La première tâche consiste à mettre en place un plan de compte permettant de structurer la comptabilité analytique de la DSI, approprié au suivi des coûts. De nombreux exemples existent, le CIGREF (Club informatique des grandes entreprises françaises) a travaillé et établi des préconisations à ce sujet. Il s'agit là encore de démarrer de façon modeste et ensuite d'améliorer progressivement le processus.

L'identification des coûts passe par les systèmes de comptabilité existants dans l'entreprise qu'il faut donc projeter sur le système de gestion de l'informatique, mais cette condition indispensable n'est pas suffisante. Pour passer à une identification, certains préalables sont nécessaires, lesquels sont liés aux objets de gestion de l'informatique (projets, services, etc.). Citons par exemple le suivi et l'imputation des temps de travail des intervenants internes et externes.

Le processus doit progressivement permettre de donner une idée précise des coûts au regard de la valeur apportée aux métiers (maintenance d'une application, support, etc.), de façon à entrer dans des boucles de régulation coût/service lorsque l'on parle d'ajout de fonctionnalités ou de services, par exemple.

La cible qui consiste à détenir une comptabilité de l'informatique est, ne nous leurrons pas, très compliquée à atteindre pour les grands comptes. Il faudra se contenter pendant un certain temps d'éclairages partiels amenant à se confronter à des ratios du marché (benchmark) pour apprécier et améliorer la performance.

La communication vis-à-vis des métiers est l'un des points clés de ce processus, et la garantie de la voir contribuer à la régulation des demandes dans le cadre d'une bonne gouvernance. CobiT semble aller vers une facturation systématique des services aux métiers, ce n'est pas forcément l'objectif final dans la mesure où la transparence et l'imputation permettent déjà une communication précise.

Mesures et contrôles

La capacité à identifier l'ensemble des coûts dans les systèmes de gestion de l'entreprise est une première mesure qui suppose une forme de plan de compte analytique.

La mise au point d'un contrôle de gestion de l'informatique permettant d'isoler des unités d'œuvre à associer à des quantités consommées est un résultat probant.

L'imputation aux métiers des dépenses informatiques les concernant n'est possible que si les deux premières étapes sont finalisées.

De façon générale, le suivi des coûts, même partiel, est un indicateur qui peut servir à se comparer (benchmark) vis-à-vis de standards du marché (par exemple, le coût de possession des PC) ou entre des situations semblables en interne (comparaison entre filiales).

L'une des règles de base consiste à éviter de trop brouiller les repères d'une année à l'autre de manière à pouvoir isoler des tendances sur quelques années.

Rôles et responsabilités

Le responsable administratif des SI

Il est chargé de mettre en place et de suivre le système de gestion.

Les grandes DSI se dotent d'un contrôle de gestion interne pour piloter ce processus qui ne peut pas être complètement confié à la direction administrative et financière.

La direction financière

Elle joue un rôle majeur dans l'aide à la DSI pour construire le système de gestion et l'alimenter. C'est avec son support que la DSI mettra en œuvre son système de gestion.

Les entrées-sorties du processus

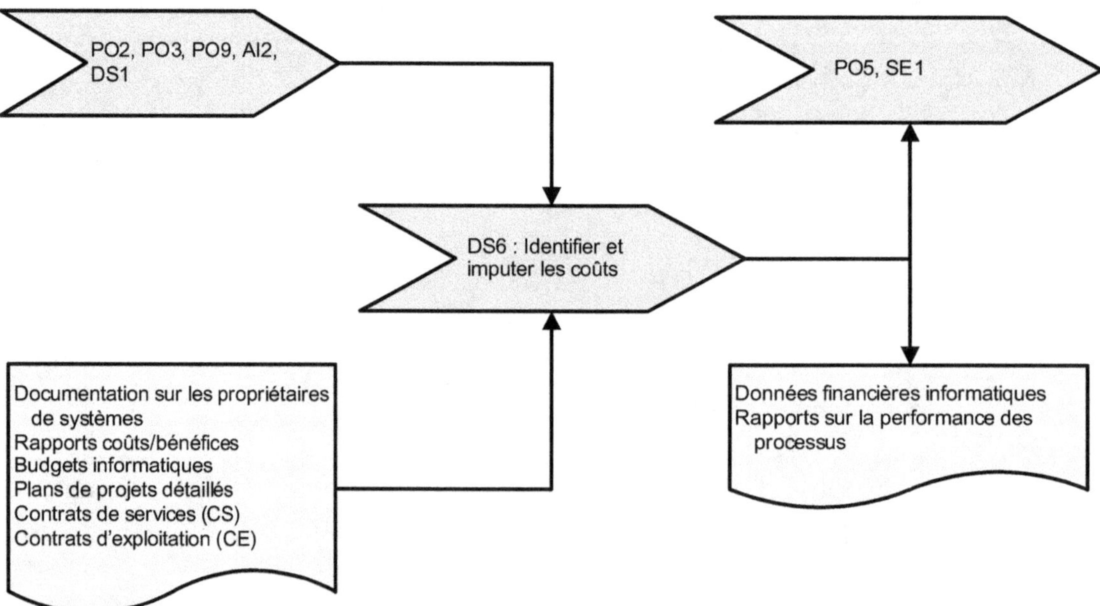

Figure 6-18 : Les entrées-sorties du processus DS6

DS7 | Instruire et former les utilisateurs

Il est courant d'entendre que les utilisateurs de la bureautique ne connaissent que 10 % des possibilités offertes par les outils mis à leur disposition. Ce qui est peut être tolérable pour des progiciels grand public ne saurait l'être pour le SI interne.

La mise en œuvre des composants du SI ne pourra être efficace que si la documentation, la formation et l'accompagnement des utilisateurs sont adaptés aux besoins et compétences de ces derniers.

Vue d'ensemble

L'une des conditions de l'efficacité et de l'efficience du SI réside dans la capacité des utilisateurs à en tirer le maximum de bénéfices pour les métiers.

Autrement dit, la fonction de transformation qui mène à l'apport de valeur pour les métiers passe pour une bonne partie par la formation des utilisateurs. Il en est de même pour la gestion des risques, l'alignement stratégique et la gestion des ressources.

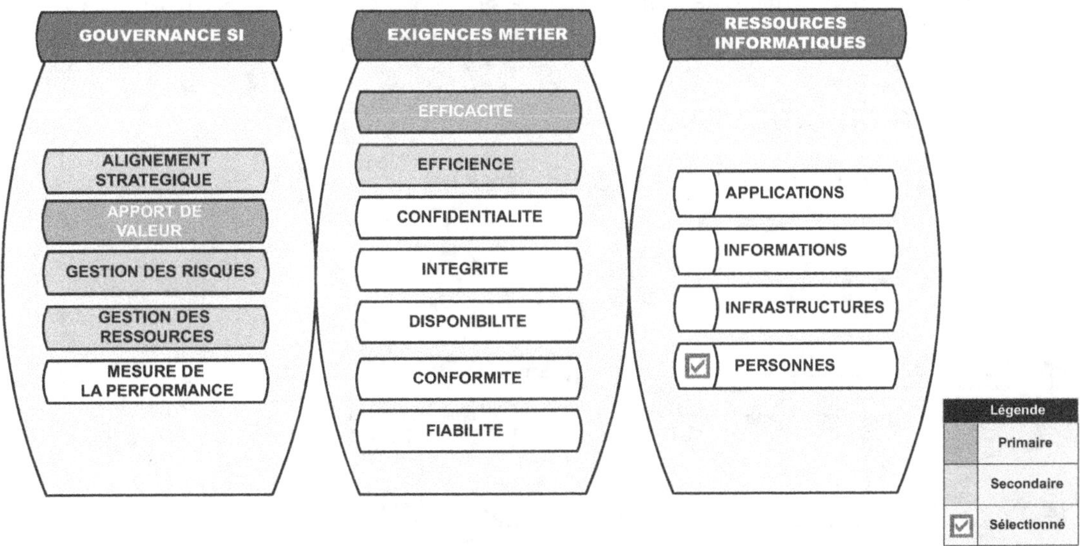

Figure 6-19 : Instruire et former les utilisateurs : DS7

Pourquoi ?

Le processus DS7 formalise clairement une exigence d'accompagnement des SI par la montée en compétence des utilisateurs pour en tirer bénéfice.

Objectifs et périmètre

Vis-à-vis des 28 objectifs globaux assignés au système d'information (voir annexe 2, « Objectifs du système d'information et processus CobiT »), le processus DS7 doit permettre de maîtriser les objectifs présentés dans le tableau 6-7.

Tableau 6-7 : Objectifs du processus DS7

Obj. 03	S'assurer de la satisfaction des utilisateurs finaux à l'égard des offres et des niveaux de services.
Obj. 13	S'assurer d'une bonne utilisation et des bonnes performances des applications et des solutions informatiques.
Obj. 15	Optimiser l'infrastructure, les ressources et les capacités informatiques.

On voit que les objectifs de la formation portent sur l'adéquation entre le système d'information et les besoins des utilisateurs. En clair, il s'agit de réunir les meilleures conditions pour que les métiers disposent d'un système d'information performant, que ce soit sur le plan des niveaux de services définis, de l'adéquation des applications aux besoins ou des performances de l'infrastructure, le tout en relation avec les compétences des utilisateurs.

Il concerne l'ensemble des programmes de formation nécessaires aux utilisateurs pour bien tirer profit du système d'information.

Description du processus

La figure 6-20 représente les flux internes du processus DS7.

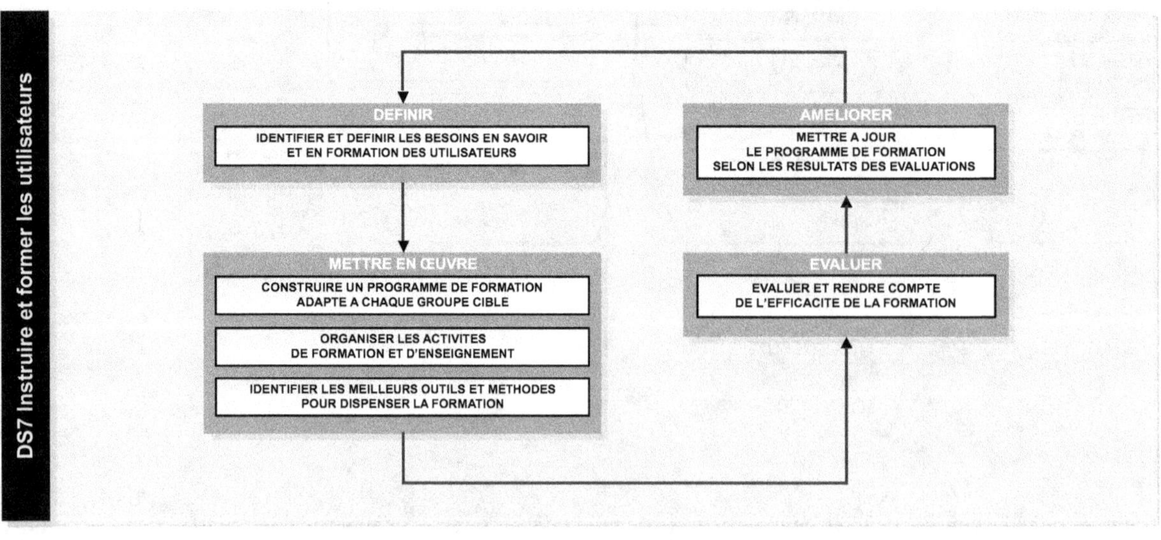

Figure 6-20 : Représentation schématique des flux internes du processus DS7

Planification et mise en œuvre

Il s'agit de mettre en place et de faire évoluer l'ensemble des plans de formation des utilisateurs, que ce soit pour l'utilisation des applications, l'infrastructure ou la gestion de la sécurité.

Mesures et contrôles

L'un des contrôles consiste à vérifier la pertinence des programmes de formation et leur déploiement effectif auprès des utilisateurs.

Il faut aussi prendre en compte les statistiques d'appels du centre de services pour identifier parmi les causes les plus fréquentes celles qui peuvent être réduites à l'aide de compléments de formation. Le centre d'appels initie ainsi une sorte de boucle d'amélioration pour le SI, à travers la formation ou, si c'est justifié, par des changements.

Rôles et responsabilités

Le directeur des systèmes d'information

Le DSI est le pilote de ce processus et s'appuie sur son équipe pour déterminer les besoins en savoir et formation, et pour concevoir les formations nécessaires (en tant qu'expert technique).

La direction des ressources humaines

Elle intervient, par l'intermédiaire du service formation, pour la conception des formations (en tant qu'expert de l'ingénierie pédagogique), leur planification et leur déploiement.

Le propriétaire du processus métier

Il intervient pour l'identification des besoins en savoir et formation en fonction des compétences des utilisateurs, puis pour la planification et le déploiement des formations.

Les entrées-sorties du processus

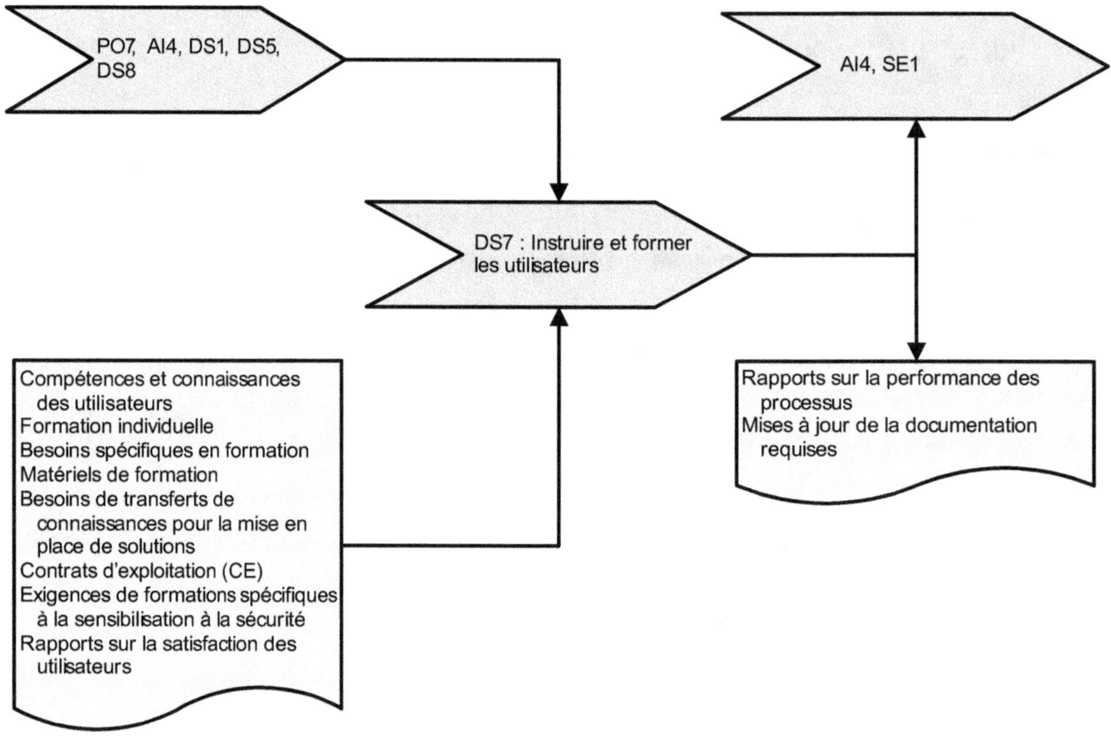

Figure 6-21 : Les entrées-sorties du processus DS7

DS8 | Gérer le service d'assistance aux clients et les incidents

Le service d'assistance aux clients est le pivot du référentiel ITIL. Dans CobiT, il est décrit conjointement au processus de gestion des incidents.

Vue d'ensemble

En première approche, le processus doit répondre aux attentes du client et concrétiser un apport de valeur concret du système d'information en satisfaisant les exigences d'efficacité et d'efficience. Simultanément, le service d'assistance est porteur de mesures de performance.

Le processus DS8 porte sur les applications et les personnes. Cette vision semble privilégier l'assistance aux utilisateurs d'applications sans inclure les infrastructures ou les données.

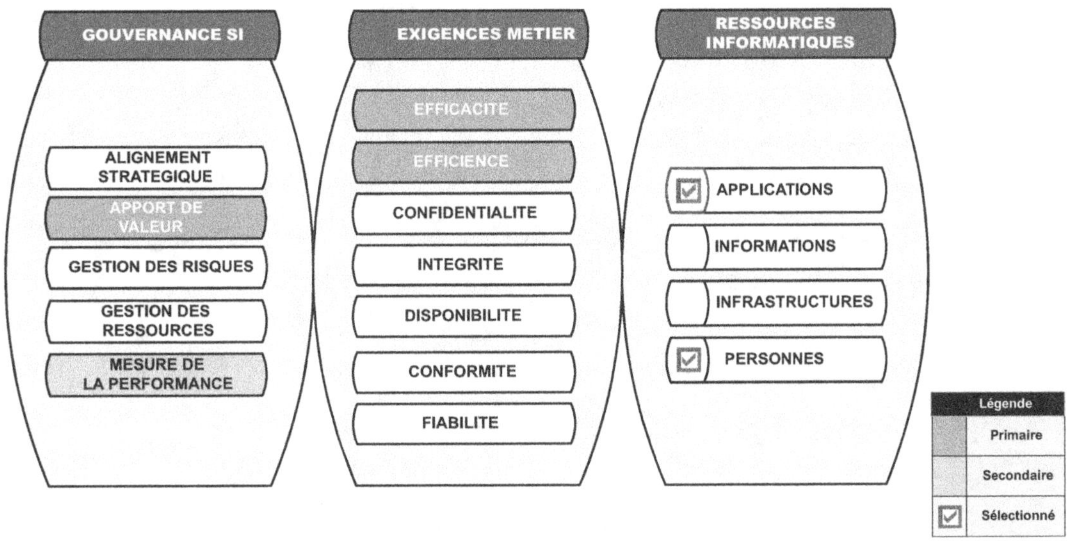

Figure 6-22 : Gérer le service d'assistance aux clients et les incidents : DS8

Pourquoi ?

Il est indispensable d'organiser et de structurer l'assistance aux utilisateurs de façon à s'aligner sur les bonnes pratiques en la matière : enregistrement des demandes, traçabilité des affectations pour résolution, respect des engagements de services, gestion d'une base des problèmes et des solutions (à transformer en FAQ). Cela doit conduire à améliorer l'efficacité et l'efficience du centre de services, son coût ainsi que le service rendu et la satisfaction des utilisateurs.

Objectifs et périmètre

Vis-à-vis des 28 objectifs globaux assignés au système d'information (voir annexe 2, « Objectifs du système d'information et processus CobiT »), le processus DS8 doit permettre de maîtriser les objectifs présentés dans le tableau 6-8.

Tableau 6-8 : Objectifs du processus DS8

OBJ. 03	S'assurer de la satisfaction des utilisateurs finaux à l'égard des offres et des niveaux de services.
OBJ. 13	S'assurer d'une bonne utilisation et des bonnes performances des applications et des solutions informatiques.
OBJ. 23	S'assurer que les services informatiques sont disponibles dans les conditions requises.

Le périmètre du processus semble orienté sur les personnes et les applications. Concrètement, l'ensemble des ressources informatiques entre dans le périmètre du centre d'assistance, que ce soit au premier niveau d'intervention ou au second niveau.

Tous les services utilisateurs ou clients finaux (e-services) sont concernés, même si les modalités d'accès au service sont plus ou moins filtrées (*key-users*, correspondants).

Ce processus est en relation avec le processus DS5 en ce qui concerne les incidents liés à la sécurité.

Description du processus

La figure 6-23 représente les flux internes du processus DS8.

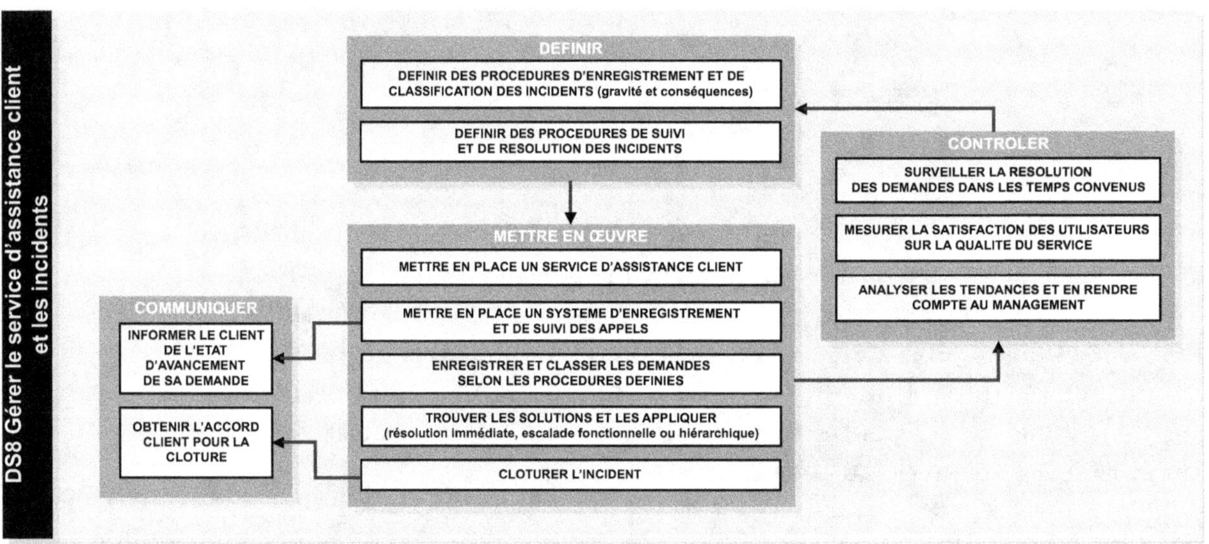

Figure 6-23 : Représentation schématique des flux internes du processus DS8

Planification et mise en œuvre

Les premières tâches à réaliser visent à définir le service aux clients en fixant les principaux paramètres sous-jacents : criticité des incidents et niveaux de services. Cela permet d'établir les procédures de gestion des incidents et d'escalade[1].

La mise en place de l'assistance s'appuie sur les procédures qui ont été décidées, il en résulte un dimensionnement des équipes pour satisfaire les niveaux de services définis. Un système d'information est à déployer pour enregistrer, suivre et résoudre les demandes. Dans le référentiel ITIL, on insiste sur la création d'une base de données regroupant toutes les informations sur les ressources informatiques (infrastructures, applications, datas) et les échanges avec les utilisateurs (tickets d'appel, dossiers d'incident, etc.).

1. Un centre de services est en général organisé avec un premier niveau qui résout, dans un temps limité, les cas les plus faciles, puis un second voire un troisième niveau pour des incidents plus complexes. En cas d'échec de résolution, il est prévu une procédure d'escalade afin de définir un plan d'action face à un incident non résolu.

Sur le plan opérationnel, le service d'assistance prend en compte les demandes et les incidents, les qualifie sur le plan de la criticité et applique les procédures correspondantes. Le processus de résolution des incidents est de la même manière réglé par les engagements de services pris (résolution en un délai donné).

Une importance particulière est donnée au processus de clôture d'incident qui fait l'objet d'un échange avec le client afin de s'assurer que la clôture est effective pour lui aussi et apprécier sa satisfaction face au service rendu. Notons que la clôture est un événement important qui doit être daté car il servira dans les analyses de performance. De ce fait, on ne peut pas toujours le lier à une clôture décidée avec l'utilisateur, sous peine d'ajouter au délai de résolution un délai de validation.

Ce processus comprend également un aspect important de communication avec les utilisateurs et un volet essentiel de mesure de performance.

Mesures et contrôles

Le centre d'assistance est une véritable mine de renseignements sur le fonctionnement de l'informatique selon ses clients, la satisfaction des utilisateurs, les incidents répétitifs ayant une causalité commune (les problèmes), les éléments de capacité, de disponibilité et enfin, l'atteinte des objectifs en termes de niveau de service contracté.

Parmi les contrôles, on s'attache en particulier à vérifier la bonne prise en compte des demandes clients (enregistrement, qualification, affectation, communication vers le client), l'existence de procédures d'escalade (pour les incidents non résolus dans les délais), le mécanisme de clôture d'incidents et enfin, le tableau de bord et les analyses de tendances.

Rôles et responsabilités

Le service client

Le centre d'assistance aux clients est en général constitué comme un pôle à part entière sous la responsabilité des services (opérateur, exploitant ou autre).

Ce service n'est pas rattaché aux études ou aux projets mais il devra peser sur les choix à faire en matière de maintenance applicative, par exemple, de façon à répondre aux besoins détectés auprès des utilisateurs au travers l'assistance.

Les entrées-sorties du processus

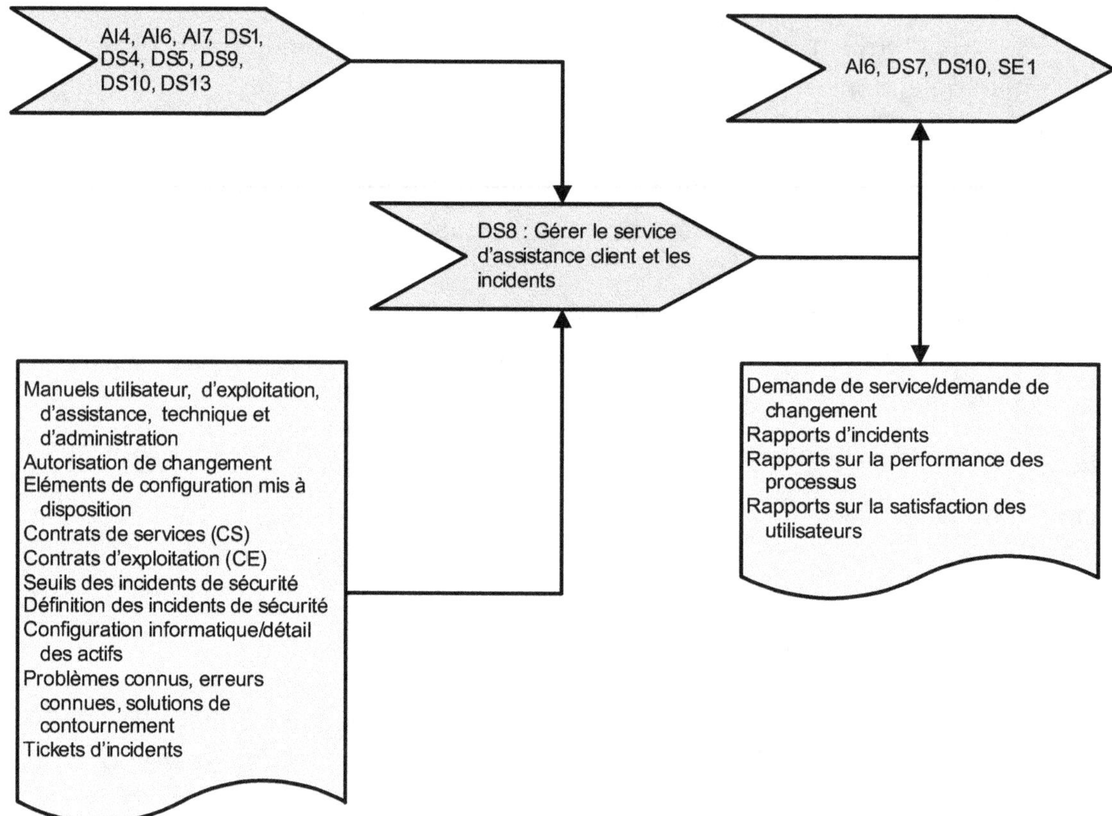

Figure 6-24 : Les entrées-sorties du processus DS8

DS9 | Gérer la configuration

Connaître à tout moment la configuration logicielle et matérielle pour mieux la gérer constitue une brique de base de la gouvernance informatique.

Une gestion de la configuration efficace permet de tracer les modifications apportées aux composants du SI, aide à vérifier la cohérence et la complétude de ces modifications, facilite la résolution des problèmes de production et en rend la résolution plus rapide.

Vue d'ensemble

La gestion de la configuration permet en tout premier lieu de conjuguer apport de valeur et gestion des ressources dans un souci d'efficacité.

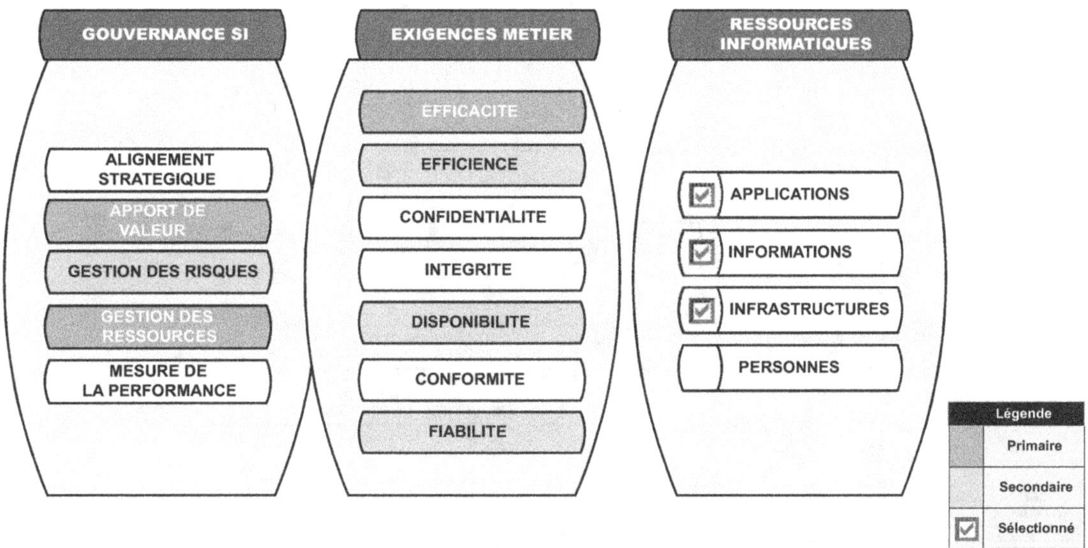

Figure 6-25 : Gérer la configuration : DS9

Le processus DS9 prend en compte les exigences d'efficience, de disponibilité et d'intégrité, et contribue à la gestion des risques.

Pourquoi ?

La gestion de la configuration suppose tout d'abord de tracer tous les changements pour tenir à jour la base de données de l'ensemble des configurations informatiques. À partir de là, la gestion de la configuration consiste à optimiser, prévoir et anticiper ses évolutions.

Objectifs et périmètre

Vis-à-vis des 28 objectifs globaux assignés au système d'information (voir annexe 2, « Objectifs du système d'information et processus CobiT »), le processus DS9 doit permettre de maîtriser les objectifs présentés dans le tableau 6-9.

Tableau 6-9 : Objectifs du processus DS9

OBJ. 14	Protéger tous les actifs informatiques et en être comptable.
OBJ. 15	Optimiser l'infrastructure, les ressources et les capacités informatiques.

Les ressources informatiques entrent dans le périmètre (applications, infrastructures, informations) du processus DS9.

Description du processus

La figure 6-26 représente les flux internes du processus DS9.

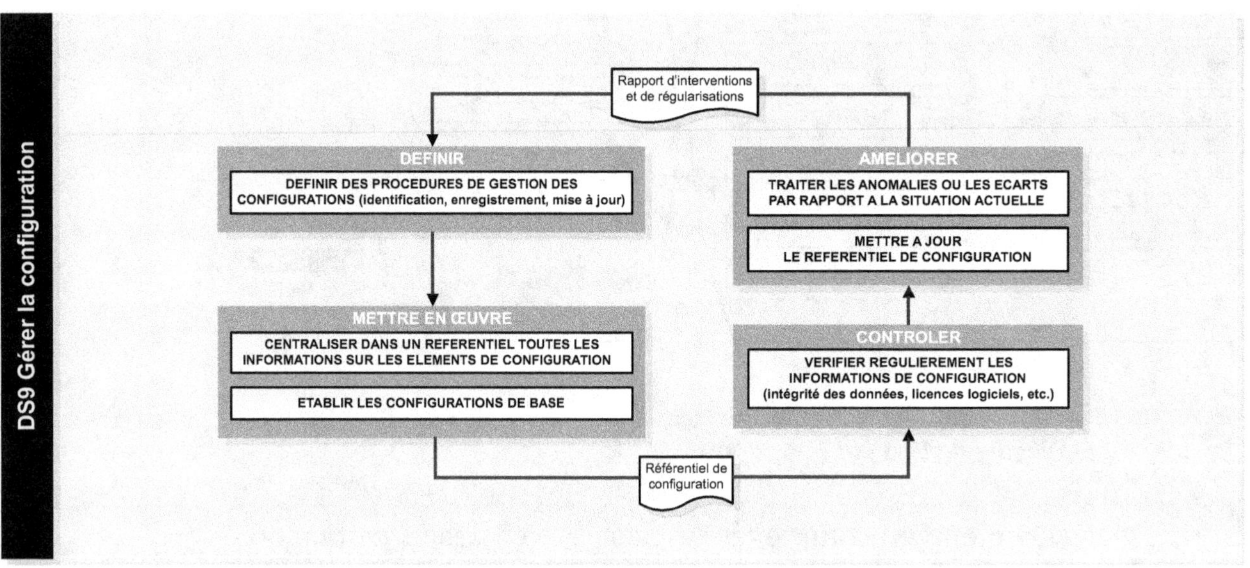

Figure 6-26 : Représentation schématique des flux internes du processus DS9

Planification et mise en œuvre

Le processus DS9 part de la création d'un référentiel centralisé avec les procédures de gestion associées (prise en compte des changements), ce qui correspond à une partie de la CMDB d'ITIL.

L'un des enjeux consiste à s'attacher à une granularité d'objets suffisants pour répondre aux objectifs d'optimisation, d'évolution et de gestion des incidents sans entrer dans des détails superflus.

Mesures et contrôles

Les indicateurs de bon fonctionnement du processus sont essentiellement les écarts entre la réalité et la configuration enregistrée, avec leurs impacts en termes de gestion des incidents, d'optimisation de la configuration et de gestion des risques.

Rôles et responsabilités

Le gestionnaire de la configuration

Le rôle de gestionnaire de la configuration s'appuie sur les responsables exploitation, architecture et développements pour la mise à jour du référentiel de configuration. Par ailleurs, il peut se faire aider d'une instance de décision en matière de choix d'évolutions.

Les entrées-sorties du processus

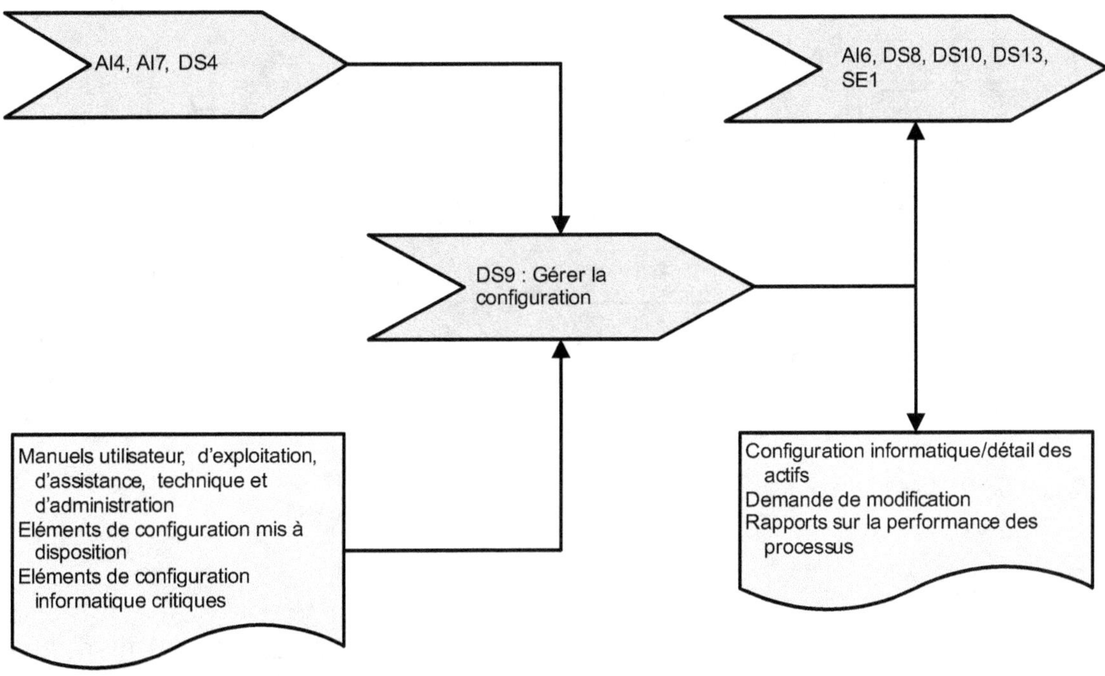

Figure 6-27 : Les entrées-sorties du processus DS9

DS10 | Gérer les problèmes

Une bonne gestion des problèmes permet d'améliorer le fonctionnement et l'utilisation des ressources et ainsi, de mieux répondre aux besoins des clients et d'accroître leur satisfaction.

Une gestion efficace des problèmes implique d'identifier ces problèmes, de les classer, d'en déterminer la cause, de trouver des solutions, puis de suivre les actions correctives et d'en vérifier l'efficacité.

Vue d'ensemble

L'apport de valeur est la principale contribution de ce processus à la gouvernance informatique, dans un souci d'efficience et d'efficacité.

Enfin, le processus DS10 alimente à la fois la mesure de la performance et la gestion des risques avec un focus sur la disponibilité des systèmes pour les métiers.

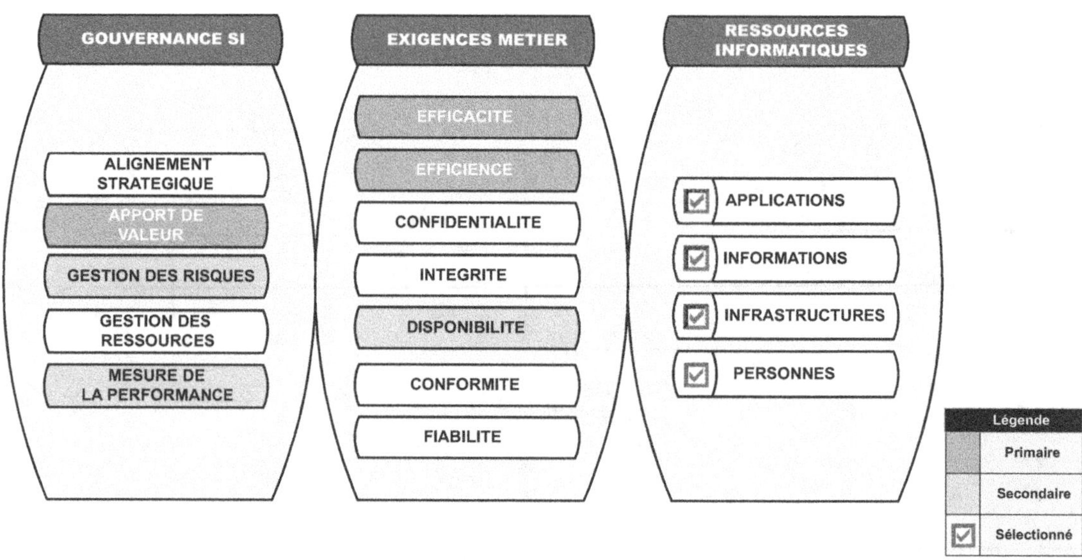

Figure 6-28 : Gérer les problèmes : DS10

Pourquoi ?

La gestion des incidents est focalisée sur la satisfaction des utilisateurs dans le cadre des niveaux de services contractés, alors que la gestion des problèmes s'intéresse à l'éradication des problèmes récurrents. Ce processus est donc à la source de la décision sur les changements à opérer sur le système d'information. Il agit comme une boucle d'amélioration du système.

Objectifs et périmètre

Vis-à-vis des 28 objectifs globaux assignés au système d'information (voir annexe 2, « Objectifs du système d'information et processus CobiT »), le processus DS10 doit permettre de maîtriser les objectifs présentés dans le tableau 6-10.

Tableau 6-10 : Objectifs du processus DS10

OBJ. 03	S'assurer de la satisfaction des utilisateurs finaux à l'égard des offres et des niveaux de services.
OBJ. 16	Réduire le nombre de défauts et de retraitements touchant la fourniture de solutions et de services.
OBJ. 17	Protéger l'atteinte des objectifs informatiques.

Il concerne l'ensemble des ressources informatiques.

Description du processus

La figure 6-29 représente les flux internes du processus DS10.

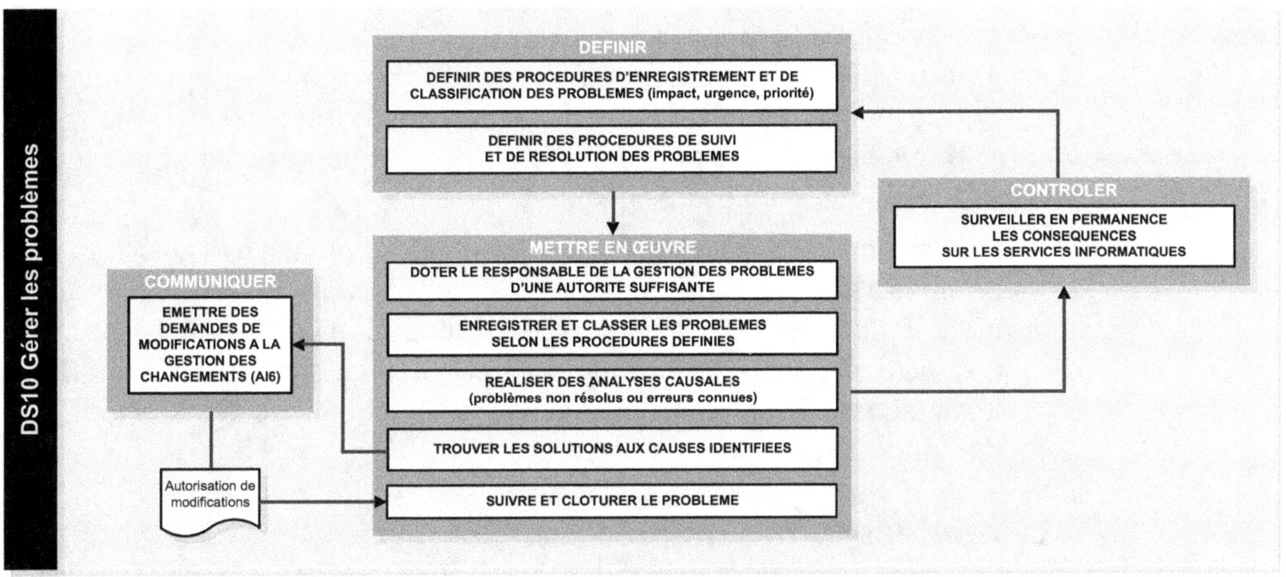

Figure 6-29 : Représentation schématique des flux internes du processus DS10

Planification et mise en œuvre

Les problèmes sont classés selon la méthode employée pour la gestion des risques (impact, urgence, priorité) et on définit une procédure d'enregistrement, de suivi et de résolution.

Une cellule est en charge de proposer des solutions d'éradication pour résoudre les problèmes.

Le plus difficile est de répercuter les demandes de changements sur les unités concernées afin de les intégrer dans les plannings avec la priorité adéquate.

Mesures et contrôles

Outre le contrôle de l'existence du processus et de sa bonne gestion, on mesure en général le nombre de problèmes ouverts à un moment donné ainsi que leurs délais de résolution et de clôture.

Rôles et responsabilités

Le responsable de la gestion des problèmes

Se trouvent impliqués à la fois un responsable de la gestion des problèmes (éventuellement dédié) et une instance mêlant divers acteurs concernés.

Deux points particuliers se révèlent critiques pour la bonne marche du processus :

- la légitimité et la capacité d'influence du responsable en charge des problèmes afin d'influer sur toutes les unités de la direction informatique, y compris les études, pour faire valoir ses priorités ;

- la réactivité des acteurs en charge des ressources informatiques pour trouver une réponse rapide aux problèmes critiques et/ou récurrents, en particulier lorsque plusieurs domaines techniques sont en jeu (capacité à créer des cellules de crise transverses).

Notons enfin que la réduction des problèmes doit à la fois améliorer la disponibilité des ressources pour les utilisateurs mais aussi résorber notablement le flux des incidents. Dans la mesure où la gestion de l'assistance et des incidents est très souvent externalisée, il faut sérieusement réfléchir à la manière dont on contrôle la gestion des problèmes dès lors qu'elle doit diminuer la charge de l'assistance.

Les entrées-sorties du processus

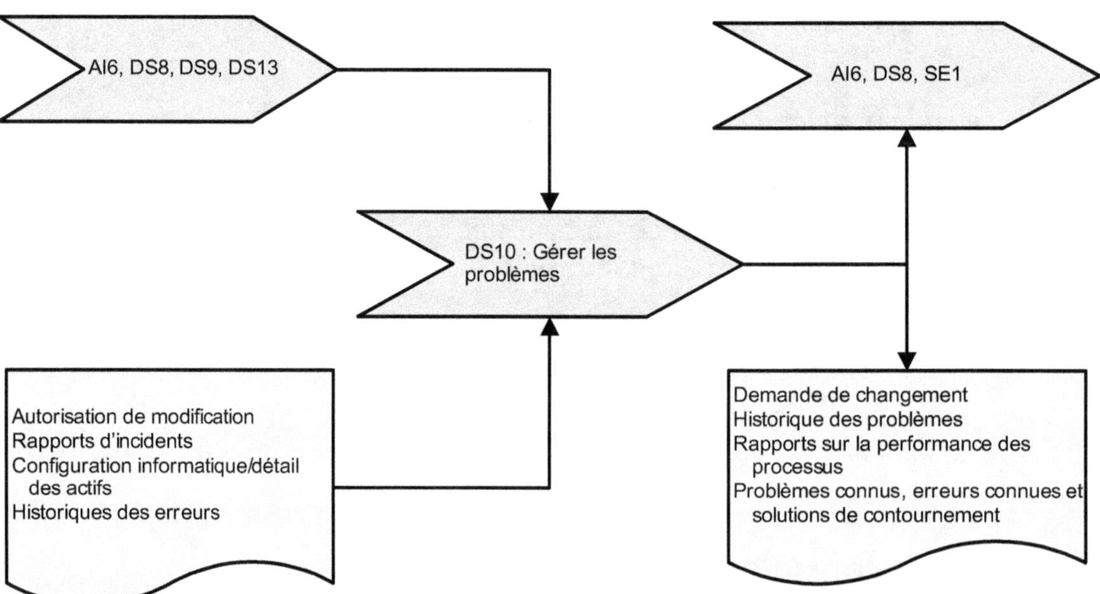

Figure 6-30 : Les entrées-sorties du processus DS10

DS11 | Gérer les données

Les données constituent un actif essentiel des entreprises qu'il faut gérer en termes de conservation, de fiabilité et de protection.

La gestion des données vise à garantir la qualité et la disponibilité des données métier au moment opportun.

Vue d'ensemble

La mise à disposition des informations constitue un apport de valeur essentiel pour les utilisateurs. Cet objectif doit associer une bonne gestion des risques sur ces données dans le cadre de la gestion des ressources.

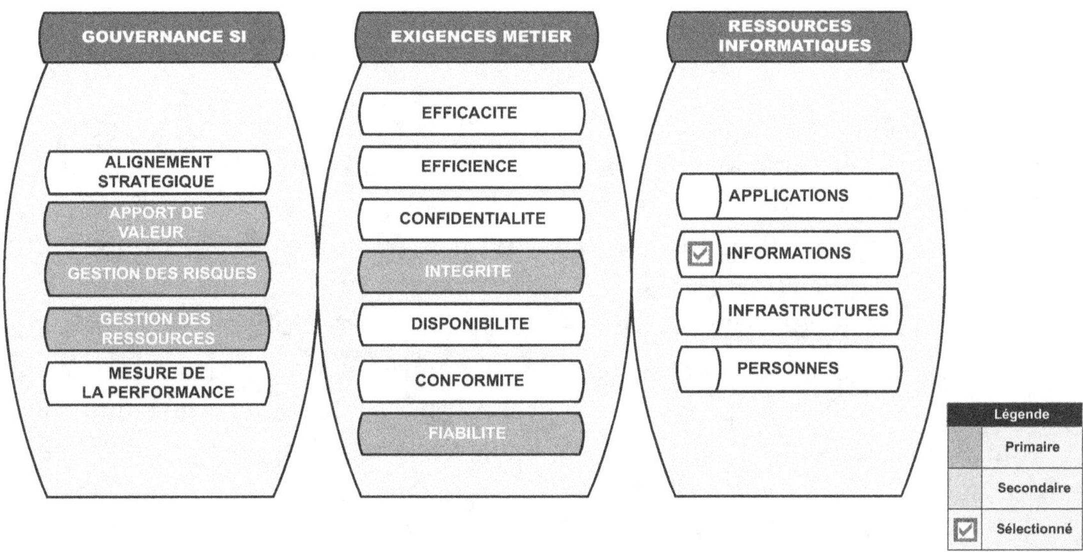

Figure 6-31 : Gérer les données : DS11

Les exigences métier à privilégier sont l'intégrité et la fiabilité des données. À noter que la confidentialité, la disponibilité et la conformité des données sont prises en compte dans d'autres processus.

Pourquoi ?

Les systèmes d'information produisent et stockent des volumes de données considérables. Chaque étape technologique se traduit par un changement d'échelle dans les stockages de données : le commerce en ligne avec la trace des transactions, les photos et leur résolution croissante, et à présent la vidéo.

Les coûts correspondants augmentent considérablement. Il s'agit donc de gérer cet actif au mieux des intérêts de l'entreprise et des métiers.

Objectifs et périmètre

Vis-à-vis des 28 objectifs globaux assignés au système d'information (voir annexe 2, « Objectifs du système d'information et processus CobiT »), le

processus DS11 doit permettre de maîtriser les objectifs présentés dans le tableau 6-11.

Tableau 6-11 : Objectifs du processus DS11

Obj. 04	Optimiser l'utilisation de l'information.
Obj. 19	S'assurer que l'information critique et confidentielle n'est pas accessible à ceux qui ne doivent pas y accéder.
Obj. 27	Assurer la conformité de l'informatique aux lois et aux règlements.

Ce processus a sa logique propre et n'interfère pas avec les dispositions prises dans les applications (habilitations et droits d'accès, par exemple). Parfois, les obligations réglementaires imposent de gérer certaines données de façon spécifique (c'est le cas pour les données de la comptabilité informatisée), le processus DS11 doit alors prévoir des dispositions spéciales (durée de conservation, modalités d'extraction, etc.).

Il couvre le stockage, l'archivage, la sauvegarde et la restitution des données. Le périmètre du processus englobe l'ensemble des données informatiques. Idéalement, il devrait aussi concerner les données informatisées stockées dans les médias gérés par les métiers.

Description du processus

La figure 6-32 représente les flux internes du processus DS11.

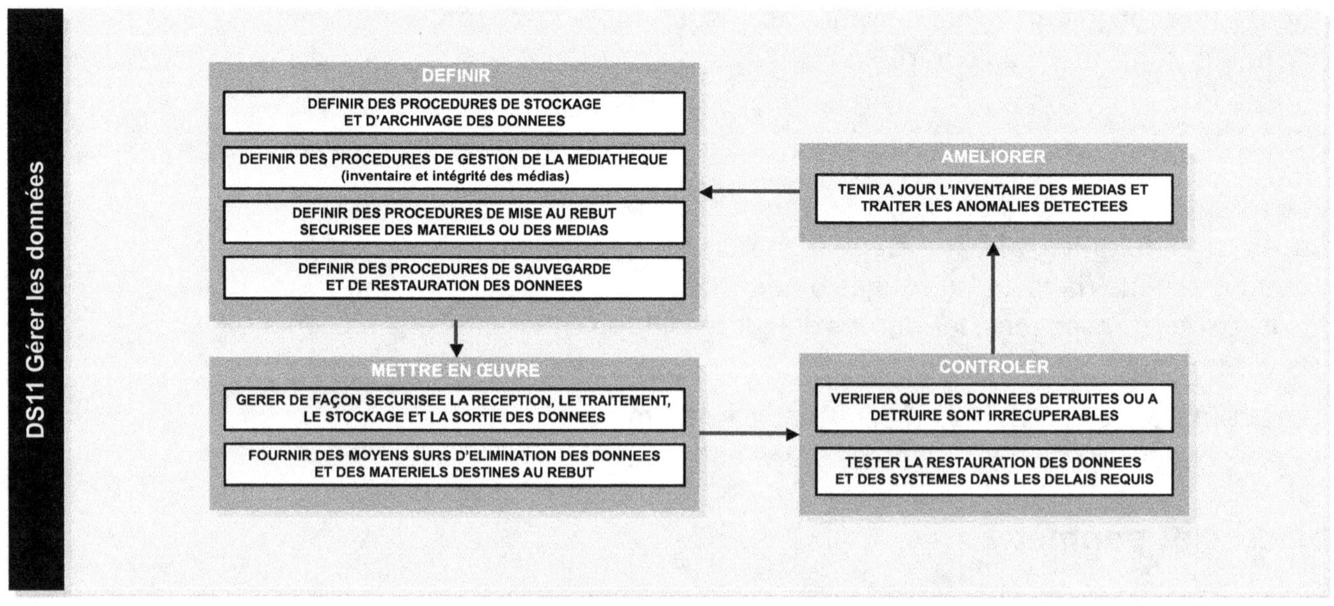

Figure 6-32 : Représentation schématique des flux internes du processus DS11

Planification et mise en œuvre

Le processus répond à la fois à des exigences de sécurisation des données vis-à-vis des ressources informatiques (taille des bases de données, saturation des médias, temps d'accès, etc.) et aux exigences des métiers (durée de conservation, modalités de restitution, criticité, etc.).

Tout part d'une définition des principales procédures à mettre en œuvre (stockage, archivage, mise au rebut, sauvegarde) et d'une vision claire et fiable de la « médiathèque », c'est-à-dire de la gestion des supports de stockage.

La mise en œuvre passe par la rigueur d'application des procédures sans en oublier les objectifs qui sont essentiellement la mise à disposition d'informations dans des délais convenus. Le processus comprend donc à la fois une série de dispositions habituelles en exploitation et les tests associés qui seuls valident la pertinence d'ensemble.

Une attention particulière est apportée à la mise au rebut des données qui peut aller jusqu'au suivi de la destruction physique de certains supports.

Notons enfin qu'une des difficultés du processus concerne la relation aux métiers, au moins sur trois aspects :

- la clarification du périmètre de gestion des données numérisées (prise en compte des médias gérés par les métiers) ;
- la définition des exigences métier et leur négociation dans des SLA spécifiques (durée de conservation, délais de restitution, règles d'historisation et de mise au rebut) ;
- les incidences du réglementaire à la fois sur les données et sur les applications, qui peuvent amener à reconstituer une configuration complète pour exécuter des applications.

Mesures et contrôles

Il faudra contrôler la complétude, la fiabilité et la mise à jour de la médiathèque dans son rôle de recensement de l'ensemble des informations.

Les procédures de sauvegarde et d'archivage font l'objet d'exécutions régulières dont on vérifiera la mise en œuvre et les résultats (cycles de sauvegarde, supports d'archivage, stockage, liens avec le PRA).

Le test d'ensemble (récupération des informations) est un contrôle essentiel à mener sur le processus.

On mesurera en particulier les incidents et les problèmes relevant de ce processus et conduisant à une indisponibilité des données pour les utilisateurs.

Enfin, on vérifiera la cohérence du processus global de gestion des données entre les métiers et la DSI.

Rôles et responsabilités

Le responsable exploitation

Le service exploitation est habituellement responsable de l'ensemble du processus de sauvegarde, d'archivage et de sécurisation des données. Il s'agit du volet « industriel » du processus, lequel est bien souvent inséré dans un contrat tiers.

Le contrôle interne

Il est souhaitable de confier à une entité de contrôle interne à la DSI la responsabilité de tester les dispositions prises dans le plan de gestion des données : essais de récupération, examen des indicateurs de pilotage et des incidents.

Cette instance pourra aussi avoir un rôle dans le cadre des relations avec les métiers afin de compléter le fonctionnement industriel du processus avec des exigences métier plus nuancées (données critiques, règles de mise au rebut, règles d'historisation, etc.).

Les entrées-sorties du processus

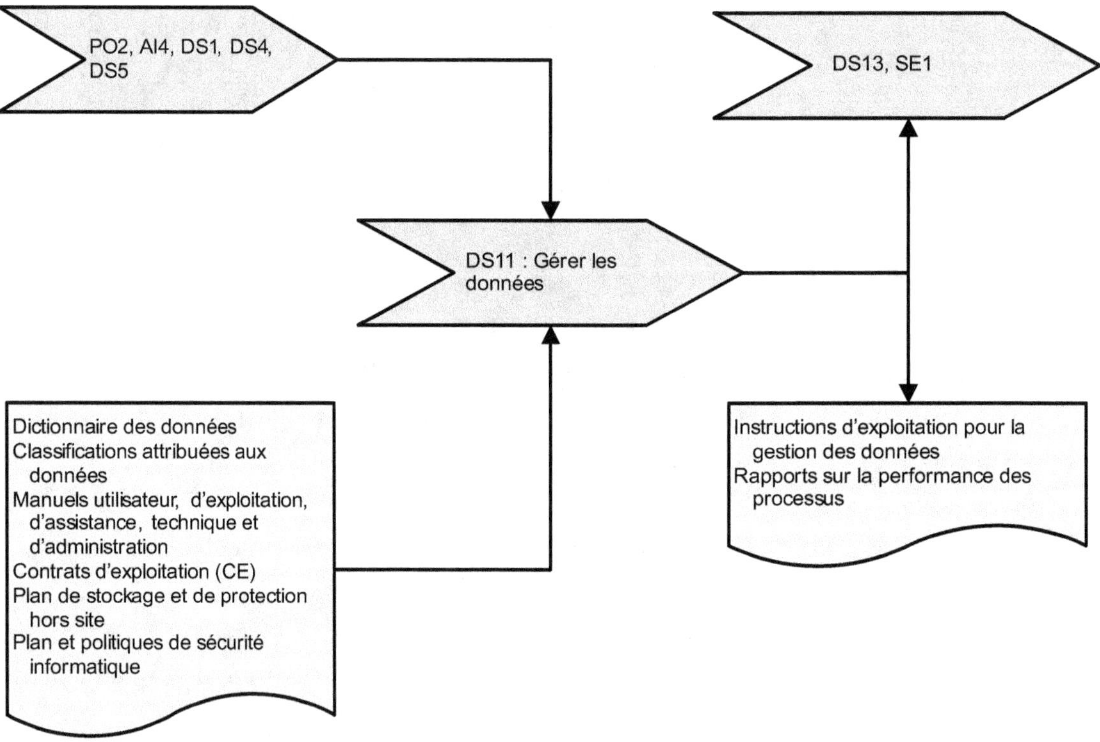

Figure 6-33 : Les entrées-sorties du processus DS11

DS12 | Gérer l'environnement physique

L'environnement physique sous-tend le fonctionnement des installations informatiques et doit à ce titre faire l'objet d'une gestion adaptée.

Il s'agit de choisir les installations adéquates et de concevoir des processus efficaces de gestion des accès physiques permettant de limiter les risques d'interruption de l'activité du fait de dommages subis par le matériel ou le personnel.

Vue d'ensemble

Le processus de gestion de l'environnement physique relève essentiellement de la gestion des risques dans une optique d'optimisation des ressources informatiques d'infrastructures.

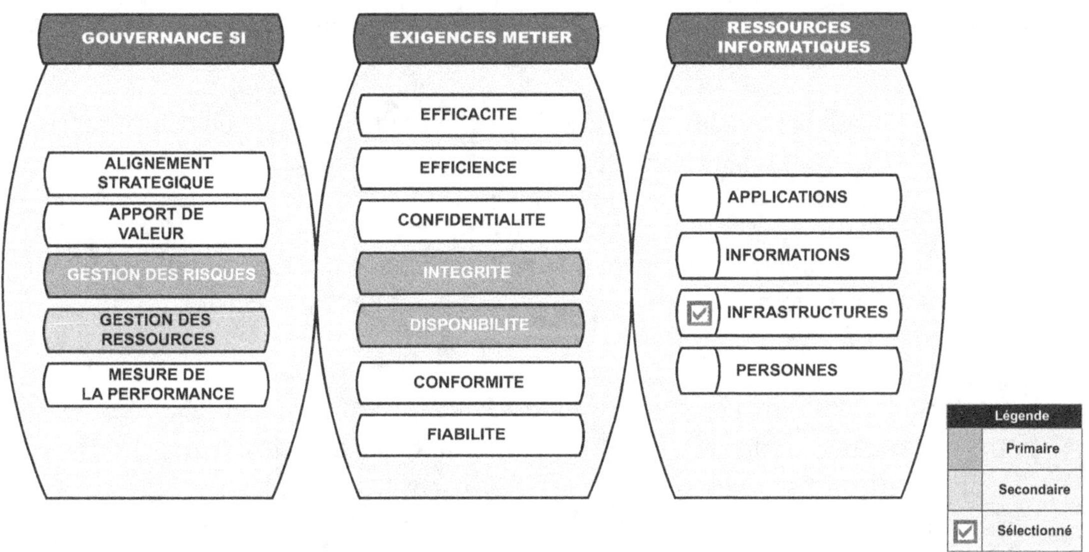

Figure 6-34 : Gérer l'environnement physique : DS12

En termes d'exigences métier, l'emphase est mise sur l'intégrité et la disponibilité.

Pourquoi ?

L'environnement physique, comprenant les sites d'hébergement des installations et les alimentations (électricité, fluides et lignes de communication), doit être géré pour protéger les ressources informatiques des sinistres possibles (détérioration ou destruction accidentelle, accès indésirables, vols, sabotages et malveillance).

Objectifs et périmètre

Vis-à-vis des 28 objectifs globaux assignés au système d'information (voir annexe 2, « Objectifs du système d'information et processus CobiT »), le processus DS12 doit permettre de maîtriser les objectifs présentés dans le tableau 6-12.

Tableau 6-12 : Objectifs du processus DS12

Obj. 14	Protéger tous les actifs informatiques et en être comptable.
Obj. 19	S'assurer que l'information critique et confidentielle n'est pas accessible à ceux qui ne doivent pas y accéder.
Obj. 21	S'assurer que les services et l'infrastructure informatique peuvent résister/se rétablir convenablement en cas de panne due à une erreur, à une attaque délibérée ou à un sinistre.
Obj. 22	S'assurer qu'un incident ou une modification dans la fourniture d'un service informatique n'a qu'un impact minimum sur l'activité.

Le périmètre du processus comprend les sites physiques et les équipements ou raccordements permettant aux installations informatiques de fonctionner. Seront pris en considération tous les risques de rupture d'alimentation de fluides, d'électricité ou des télécommunications.

Les vulnérabilités liées à l'environnement sont également étudiées de façon à y apporter une réponse dans le cadre des plans de secours. À ce titre, on s'intéressera en particulier aux risques d'intrusion physique et de vol ou aux risques liés aux facteurs environnementaux (inondations, incendie, explosions, etc.).

Le périmètre doit inclure aussi bien les sites propres à l'entreprise que les sites gérés par des tiers, même si les modalités de gestion sont différentes.

Description du processus

La figure 6-35 représente les flux internes du processus DS12.

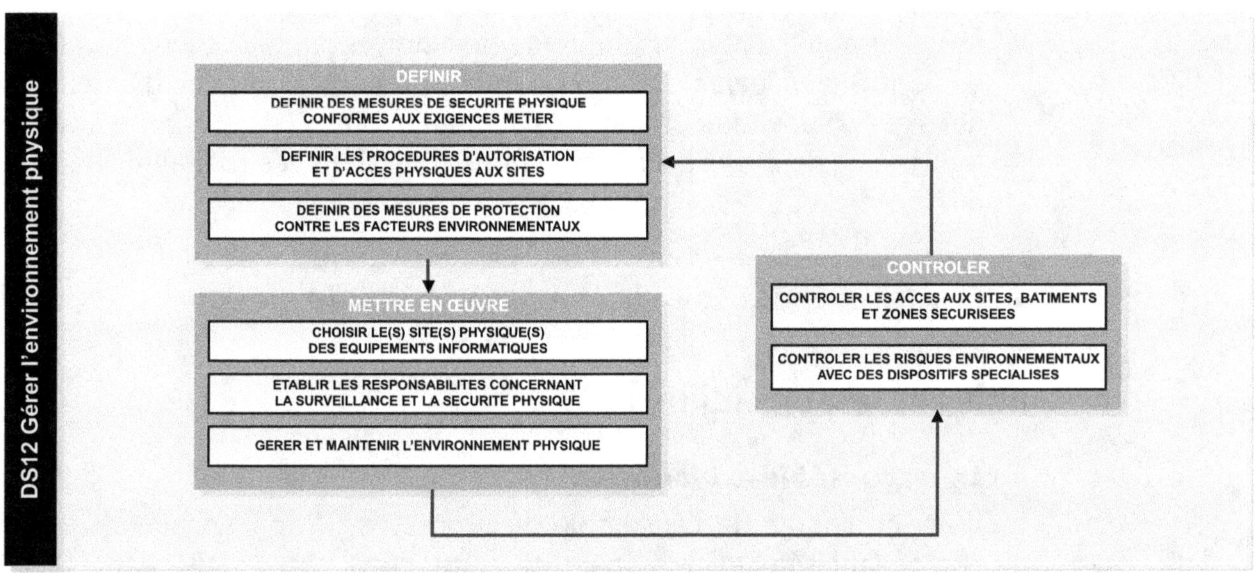

Figure 6-35 : Représentation schématique des flux internes du processus DS12

Planification et mise en œuvre

Le processus est basé sur la définition des exigences métier, les procédures d'accès aux sites et les mesures de protection vis-à-vis des risques environnementaux.

Notons que ces exigences doivent faire l'objet de négociations pour qu'elles correspondent à peu près à l'état du marché, en particulier en termes de sous-traitance aux tiers.

Une fois ces procédures établies, il s'agit de définir un responsable par site et de déployer les procédures correspondantes. Ensuite, les procédures et les responsabilités étant fixées, on passe à la gestion opérationnelle de la sécurité physique.

Le processus DS12, comme tous les processus liés à la sécurité, est sujet à des contrôles périodiques, à la fois sur les risques environnementaux et sur les accès.

Mesures et contrôles

Les mesures liées au processus conduisent à élaborer un tableau de bord des incidents segmentés par domaine, site et criticité : intrusions, facteurs environnementaux, pertes de disponibilité (et leurs impacts).

Les sites sous la responsabilité de tiers doivent faire l'objet de mesures et de contrôles séparés de façon à faire peser les exigences d'amélioration dans les dispositifs contractuels. On aura soin en particulier d'aligner les indicateurs de mesure aux obligations contractuelles (pénalités, responsabilité civile, etc.).

Les contrôles porteront sur les tests périodiques des plans de secours, la pertinence des procédures et la formation des personnes concernées.

Rôles et responsabilités

Le responsable exploitation

Il est en charge de l'ensemble du processus. Il doit ensuite déléguer sa responsabilité par site ou par tiers contractant.

Les entrées-sorties du processus

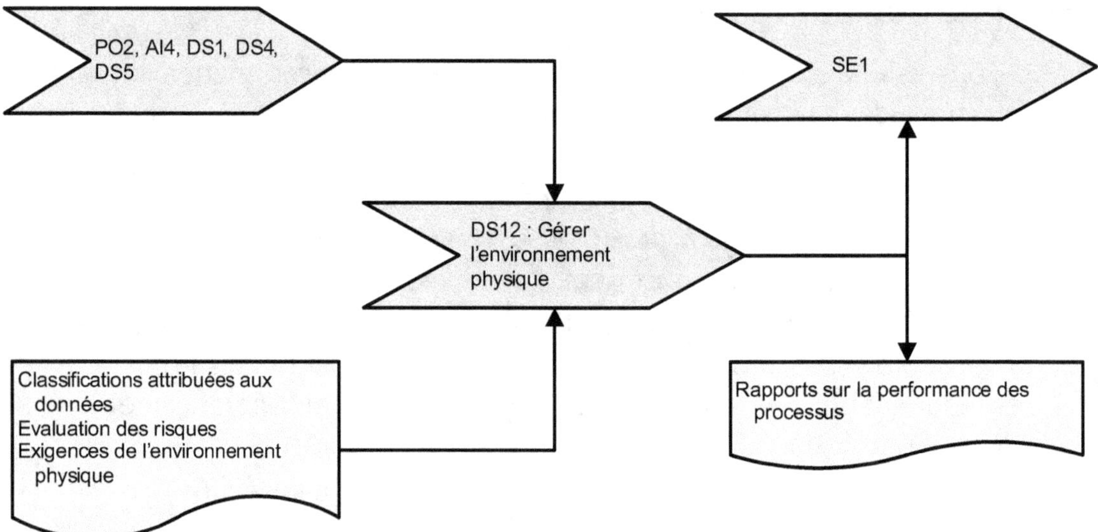

Figure 6-36 : Les entrées-sorties du processus DS12

DS13 | Gérer l'exploitation

Le processus de gestion de l'exploitation concerne l'ensemble du fonctionnement et de la maintenance des ressources informatiques.

Ce processus conduit à définir des procédures d'exploitation permettant une gestion efficace des traitements programmés et une protection des données sensibles, afin de garantir les niveaux de services d'exploitation ; il est aussi nécessaire de surveiller et de maintenir l'infrastructure informatique.

Vue d'ensemble

Le processus DS13 est un processus opérationnel orienté sur l'optimisation de l'ensemble des ressources informatiques dans une optique d'efficacité et d'efficience.

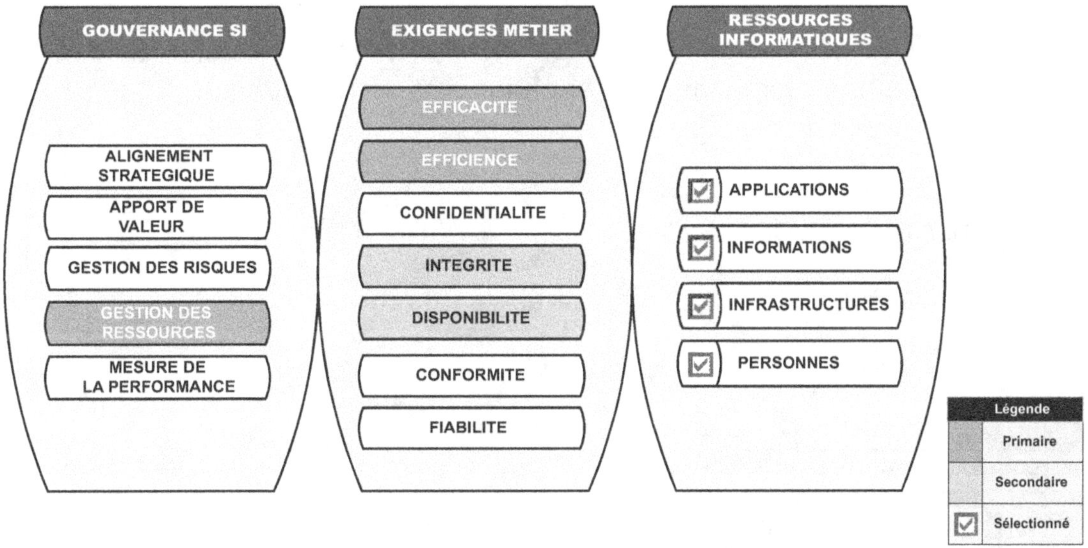

Figure 6-37 : Gérer l'exploitation : DS13

Pourquoi ?

L'exploitation des ressources informatiques devient de plus en plus « industrialisée » au sens de l'automatisation et du caractère répétitif des tâches. Les opérations de base ne laissent pas place à l'improvisation ce qui signifie que la totalité des tâches d'exploitation fait l'objet de procédures précises et détaillées, y compris les demandes de dérogations ou les exceptions.

Objectifs et périmètre

Vis-à-vis des 28 objectifs globaux assignés au système d'information (voir annexe 2, « Objectifs du système d'information et processus CobiT »), le processus DS13 doit permettre de maîtriser les objectifs présentés dans le tableau 6-13.

Tableau 6-13 : Objectifs du processus DS13

Obj. 03	S'assurer de la satisfaction des utilisateurs finaux à l'égard des offres et des niveaux de services.
Obj. 21	S'assurer que les services et l'infrastructure informatique peuvent résister/se rétablir convenablement en cas de panne due à une erreur, à une attaque délibérée ou à un sinistre.
Obj. 23	S'assurer que les services informatiques sont disponibles dans les conditions requises.

Ces objectifs sont considérés du côté de l'utilisateur et nécessitent d'être traduits de façon opérationnelle dans les procédures.

Le périmètre du processus DS13 comprend l'ensemble des ressources informatiques, que ce soit les infrastructures, les applications, les données et le personnel intervenant. Il s'applique au fonctionnement régulier, à la maintenance et à la réponse aux incidents d'exploitation.

Description du processus

La figure 6-38 représente les flux internes du processus DS13.

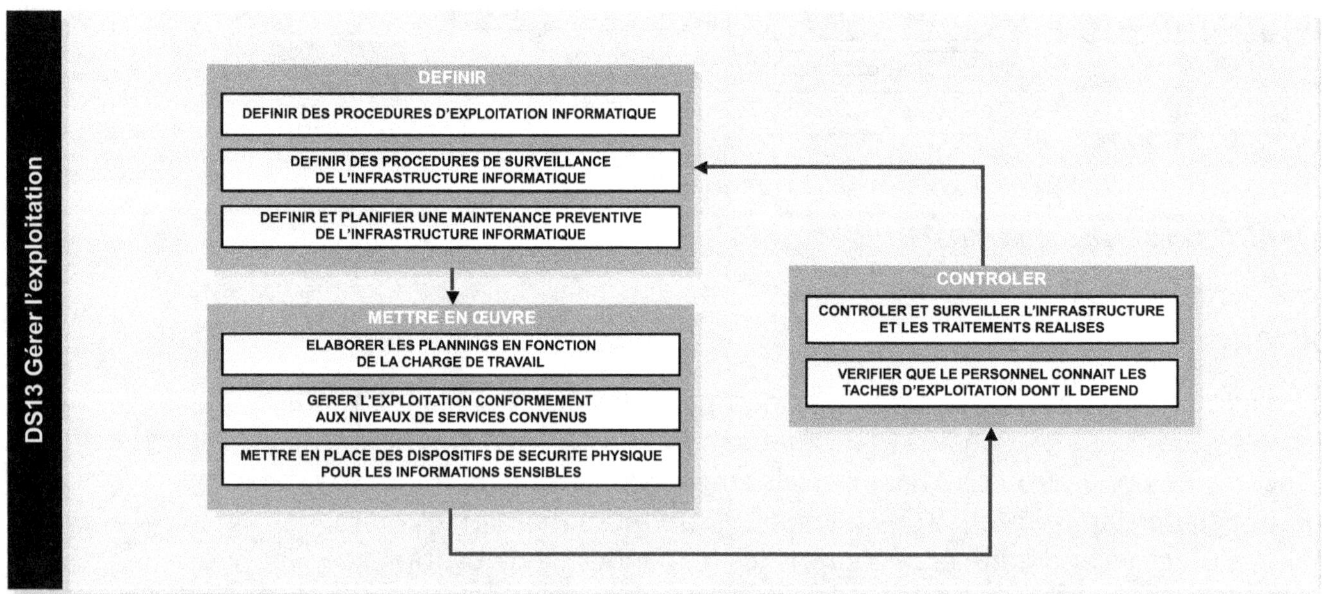

Figure 6-38 : Représentation schématique des flux internes du processus DS13

Planification et mise en œuvre

Le processus part d'une définition de l'ensemble des procédures d'exploitation et de surveillance des ressources informatiques. On s'intéresse également au plan de maintenance préventive des installations.

La mise en œuvre porte tout d'abord sur les planifications journalière, hebdomadaire et mensuelle pour, en particulier, concilier les exigences de disponibilité et les opérations à mener (changements, maintenance).

La prise en compte des niveaux de services contractés pour bien gérer l'exploitation reste une exigence permanente traduite dans les procédures.

On s'intéressera également aux dispositifs déployés pour assurer la sécurité physique des installations.

Enfin, le processus devra contribuer à la mise à jour de l'inventaire des équipements.

Mesures et contrôles

Les mesures s'exercent essentiellement sur le plan de la disponibilité et des performances : nombre d'interruptions de services, pourcentage de traitements effectués en respect du planning de production, causes des interruptions (inadaptation des procédures, non-respect des procédures par le personnel, indisponibilités matérielles, etc.).

La stabilité de l'ensemble peut être appréciée au travers du nombre de changements effectués par type de ressource (personnel, applications, infrastructures).

Les événements indésirables (incidents, problèmes) feront l'objet de tickets d'incident à destination des processus concernés.

Rôles et responsabilités

Le responsable exploitation

Il est naturellement le pilote et le responsable du processus.

Les entrées-sorties du processus

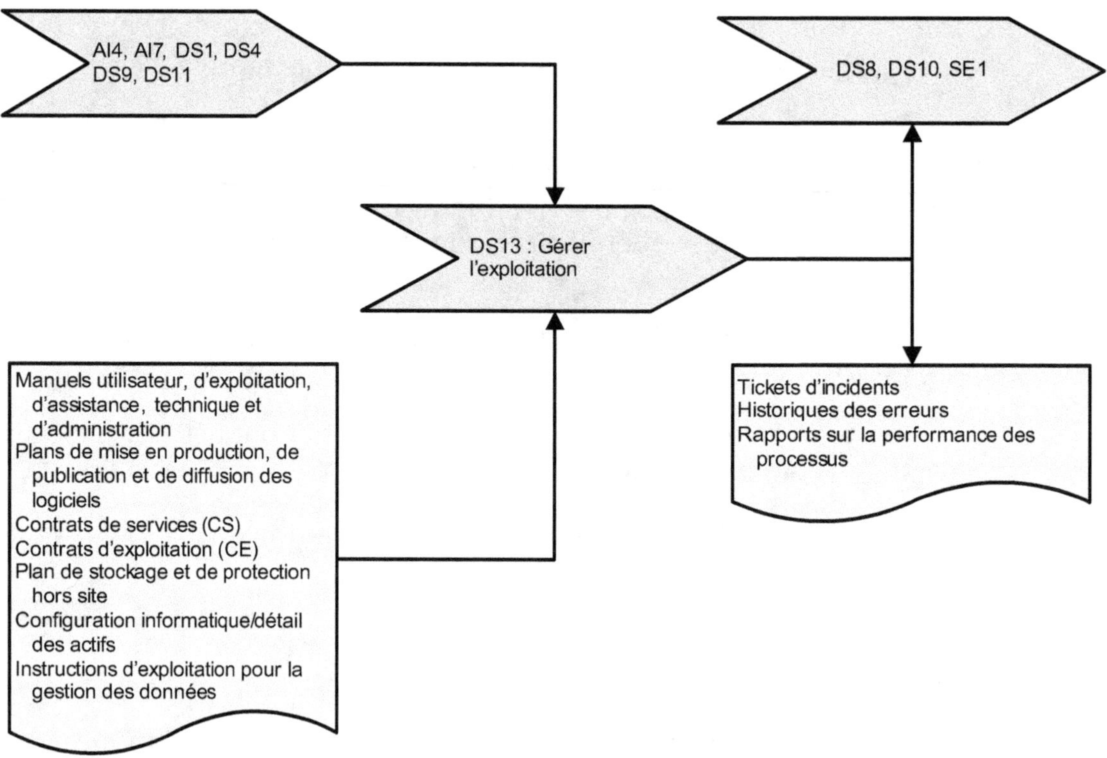

Figure 6-39 : Les entrées-sorties du processus DS13

En résumé

Le domaine DS décrit complètement les conditions de fourniture des services informatiques. Il décrit en premier lieu les relations avec les métiers (DS1) et avec les tiers (DS2). Ce préambule permet de cadrer contractuellement l'ensemble des services.

Pour l'essentiel, ce domaine est le plus proche des processus d'ITIL correspondants. Seul le DS7 semble ne pas être décrit dans ITIL.

Chapitre 7

Surveiller et Évaluer

Les processus décrits dans ce chapitre traitent de la gestion de la performance, de la surveillance du contrôle interne, du respect des normes réglementaires et de la gouvernance.

Les processus de ce domaine sont les suivants :

- SE1 – Surveiller et évaluer la performance des SI
- SE2 – Surveiller et évaluer le contrôle interne
- SE3 – S'assurer de la conformité aux obligations externes
- SE4 – Mettre en place une gouvernance des SI

SE1 Surveiller et évaluer la performance des SI

La performance du système d'information doit faire l'objet d'une surveillance et d'une évaluation afin de s'assurer que la politique informatique est mise en œuvre de façon performante, que les ressources sont utilisées de façon optimisée et que les projets et services sont réalisés conformément aux objectifs fixés. Le Balanced Scorecard (BSC) est un outil adapté pour servir de support au processus de surveillance et d'évaluation.

Vue d'ensemble

Le processus SE1 résulte principalement d'une volonté de mettre en place un mécanisme de mesure de la performance du système d'information qui permette de répondre aux critères d'efficacité et d'efficience du système d'information pour les métiers.

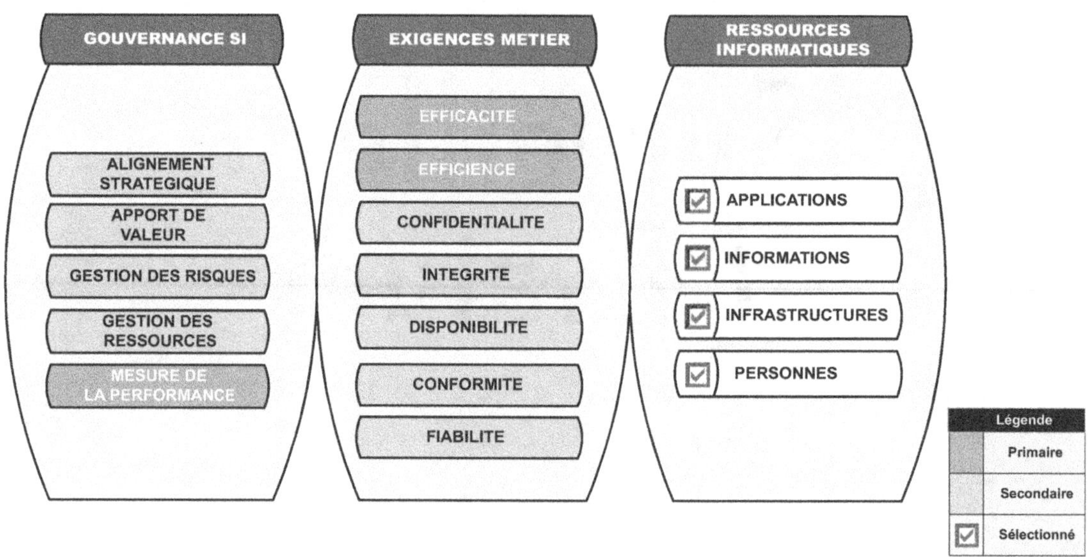

Figure 7-1 : Surveiller et évaluer la performance du SI : SE1

Cette volonté amène la DSI à dresser des tableaux de bord et un mécanisme de reporting propre à informer la direction générale et le conseil d'administration de l'entreprise de la contribution de l'informatique aux métiers de l'entreprise et de l'atteinte des objectifs fixés.

Pourquoi ?

Le processus SE1 centralise les indicateurs de fonctionnement des processus CobiT des domaines PO, AI et DS. Il permet donc de construire un tableau de bord du fonctionnement de la DSI.

La mesure de la performance de l'informatique conduit le DSI à planifier des actions correctives pour remédier aux écarts constatés grâce au tableau de bord. Ceci est à la base de la boucle d'améliorations de tous les processus de CobiT.

Objectifs et périmètre

Vis-à-vis des 28 objectifs globaux assignés au système d'information (voir annexe 2, « Objectifs du système d'information et processus CobiT »), le processus SE1 doit permettre de maîtriser les objectifs présentés dans le tableau 7-1.

Tableau 7-1 : Objectifs du processus SE1

Obj. 01	Réagir aux exigences métier en accord avec la stratégie métier.
Obj. 02	Réagir aux exigences de la gouvernance en accord avec les orientations du CA.

Tableau 7-1 : Objectifs du processus SE1 (suite)

Obj. 12	S'assurer de la transparence et de la bonne compréhension des coûts, bénéfices, stratégie, politiques et niveaux de services des SI.
Obj. 28	S'assurer que l'informatique fait preuve d'une qualité de service efficiente en matière de coûts, d'amélioration continue et de capacité à s'adapter à des changements futurs.

Le processus SE1 couvre l'ensemble des mesures et des contrôles de la performance du SI, effectués sur les processus des domaines PO, AI et DS de la DSI.

Description du processus

La figure 7-2 représente les flux internes du processus SE1.

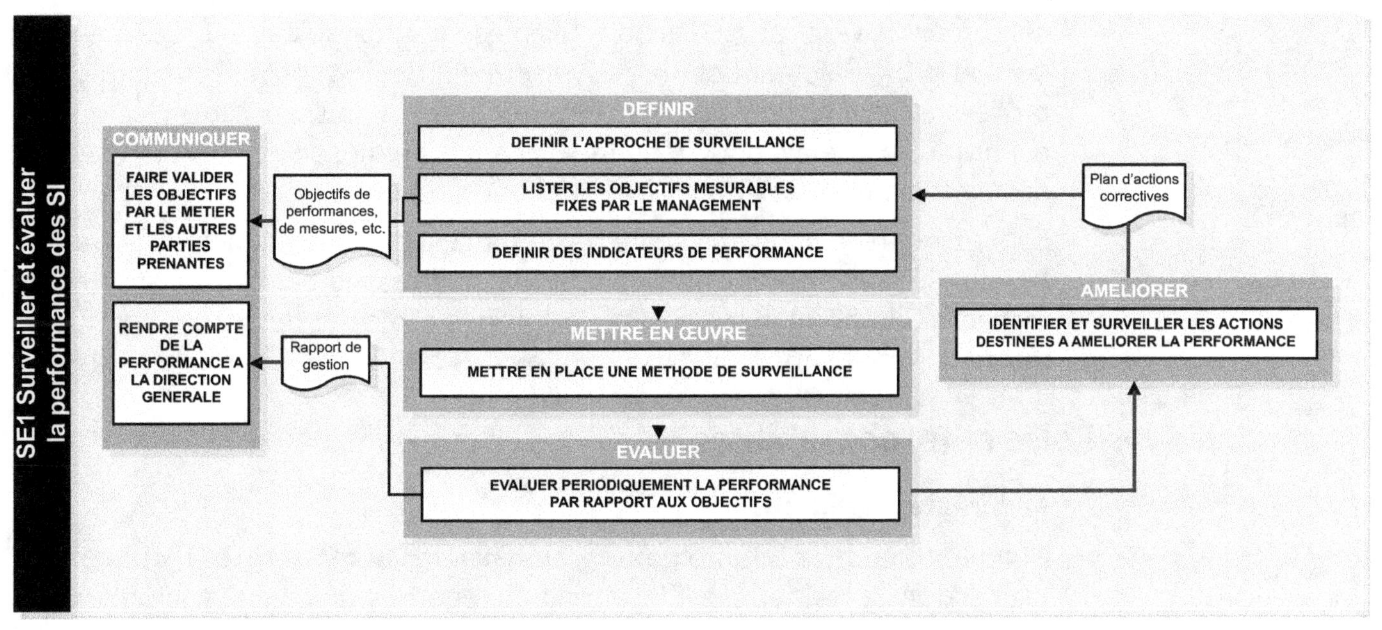

Figure 7-2 : Représentation schématique des flux internes du processus SE1

Planification et mise en œuvre

La mise en place d'un processus de surveillance s'apparente au processus d'amélioration continue (roue de Deming ou boucle PDCA) prôné par les normes de système de management. Ce processus s'intéresse à l'analyse des résultats des activités de surveillance des processus, fournis par les activités de contrôle (comme la revue des processus/projets/opérations, les enquêtes de satisfaction, les auto-évaluations, les contrôles intégrés/automatisés dans les processus des métiers), et à la mise en place des actions issues de ces analyses ainsi qu'à leur suivi.

Le processus SE1 est alimenté par les résultats de la majeure partie des processus opérationnels, en particulier DS et AI. Un cadre précis permet de collecter les informations pour les rendre pertinentes dans le cadre de la surveillance.

Le processus SE1 permet de proposer une évaluation de la performance des SI et d'en suivre l'évolution. L'ensemble fait l'objet de comptes-rendus destinés à la direction générale ou aux rapports annuels.

Enfin, la surveillance conduit à un plan d'actions correctives qui est le résultat de l'analyse des causes des écarts et des dysfonctionnements. Le plan d'actions correctives doit faire apparaître les responsabilités associées et les modalités de suivi de celles-ci.

Mesures et contrôles

Les métriques à mettre en place pour s'assurer de l'efficacité du processus concernent la vérification des objectifs présentés au tableau 7-1. Ces mesures portent principalement sur la couverture par des revues de l'ensemble des processus, sur le nombre d'actions réellement mis en œuvre selon les conditions de délais et de résultats fixés initialement, et sur la satisfaction des parties prenantes quant à la qualité du reporting.

La mesure de la mise en œuvre de ce processus passe principalement par le taux de couverture de l'ensemble des processus par des métriques, le respect de la fréquence de publication des tableaux de bord ainsi que le taux d'automatisation de la production des tableaux de bord.

Rôles et responsabilités

Le directeur général

Compte tenu de la finalité de ce processus, le client sera très logiquement la direction de l'entreprise. Elle attend un reporting de qualité conformément à l'approche de la surveillance qu'elle a fixée.

Le directeur des systèmes d'information

Son rôle est de s'assurer que ce processus est bien mis en œuvre, conformément aux exigences de la direction générale. Le DSI est le pilote de ce processus.

Le contrôle interne

On parle parfois de fonction audit au sein de la DSI, ce qui n'est pas conforme aux règles de séparation des tâches en la matière. Nous préférons parler de contrôle interne pour qualifier la fonction qui va se charger de façon opérationnelle de piloter les résultats des contrôles remontés par l'ensemble des processus de la DSI.

Les entrées-sorties du processus

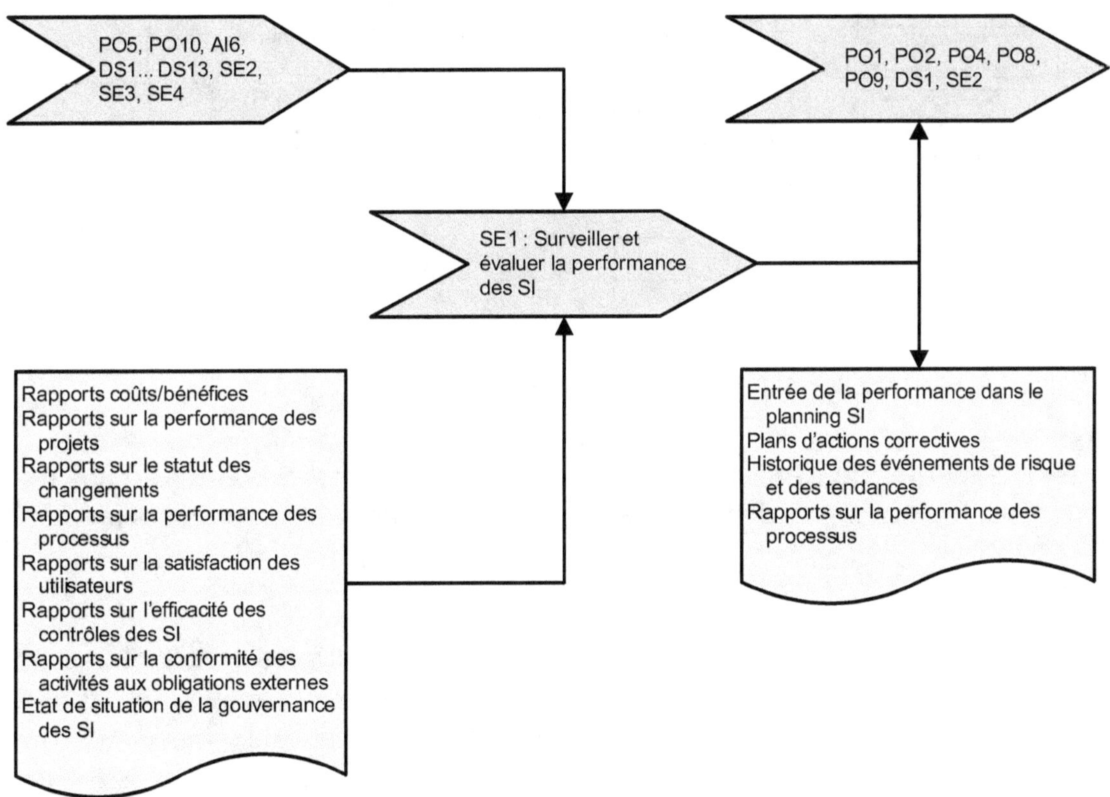

Figure 7-3 : Les entrées-sorties du processus SE1

SE2 | Surveiller et évaluer le contrôle interne

Il s'agit du contrôle que la DSI doit mettre en place pour s'assurer que les contrôles et les vérifications mis en œuvre pour évaluer la performance du SI sont bien exploités et toujours appropriés. Dans le référentiel CobiT, le contrôle interne est délégué à chacun des responsables (études, exploitation) de la DSI. Cependant, il existe une fonction de contrôle interne qui vérifie que l'ensemble du processus fonctionne.

Vue d'ensemble

Le processus SE2 résulte principalement d'une volonté de mettre en place un mécanisme de surveillance du contrôle interne afin d'apprécier les risques de dérives du fonctionnement de la DSI (gestion des risques) et ainsi

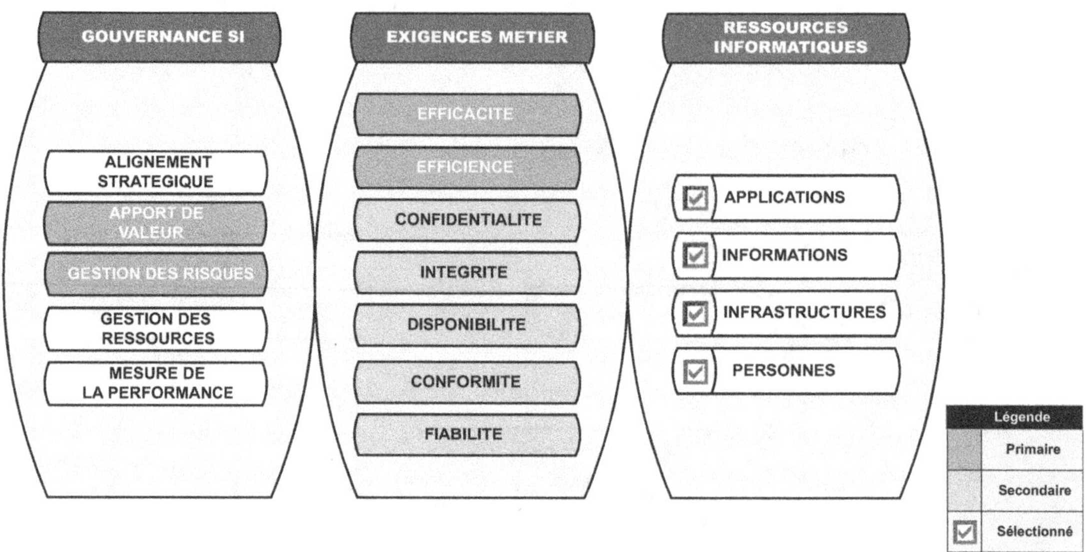

Figure 7-4 : Surveiller et évaluer le contrôle interne : SE2

de s'assurer de l'apport de valeur du SI. Ceci permet de répondre aux critères d'efficacité et d'efficience du système d'information pour les métiers.

Pourquoi ?

Le fonctionnement de la DSI est soumis à de multiples contraintes et ce qui était performant à un moment donné ne le sera probablement plus à un autre. De plus, la routine des activités de contrôle et l'absence de recul des acteurs de ces activités peuvent aboutir à des manquements ou des erreurs d'appréciation.

Objectifs et périmètre

Vis-à-vis des 28 objectifs globaux assignés au système d'information (voir annexe 2, « Objectifs du système d'information et processus CobiT »), le processus SE2 doit permettre de maîtriser les objectifs présentés dans le tableau 7-2.

Tableau 7-2 : Objectifs du processus SE2

OBJ. 14	Protéger tous les actifs informatiques et en être comptable.
OBJ.17	Protéger l'atteinte des objectifs informatiques.
OBJ. 21	S'assurer que les services et l'infrastructure informatique peuvent résister/se rétablir convenablement en cas de panne due à une erreur, à une attaque délibérée ou à un sinistre.
OBJ. 27	Assurer la conformité de l'informatique aux lois et aux règlements.

Le processus couvre l'ensemble du contrôle interne de la DSI : il est la tour de contrôle de l'ensemble vers laquelle convergent les résultats des indicateurs de mesure de chaque processus.

Description du processus

La figure 7-5 représente les flux internes du processus SE2.

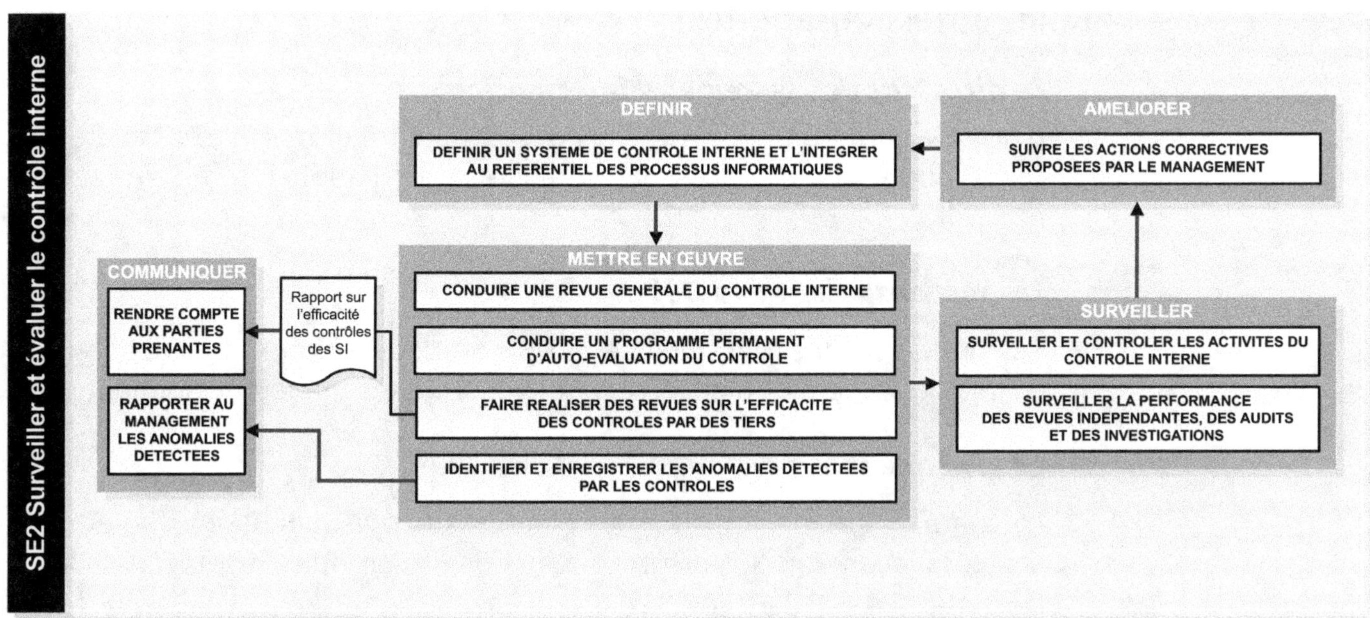

Figure 7-5 : Représentation schématique des flux internes du processus SE2

Planification et mise en œuvre

La mise en place d'un processus de surveillance et d'évaluation du contrôle interne est un mécanisme d'assurance qui nécessite une prise de conscience du management de la DSI. Il s'agit en effet de mettre en place un double niveau de contrôle, au-dessus du DSI.

Ce processus s'intéresse principalement à l'analyse des résultats des activités de contrôle interne pour en apprécier la pertinence et lancer des actions correctives afin de faire évoluer les pratiques du contrôle interne. Il suppose au préalable la mise en place effective du contrôle interne de l'informatique. Le processus SE2 s'alimente à partir des contrôles effectués sur les principaux processus de la DSI.

Mesures et contrôles

Les métriques à mettre en place pour s'assurer de l'efficacité du processus concernent la vérification des objectifs présentés au tableau 7-2. Ces mesures portent principalement sur le nombre de faiblesses identifiées qui concernent la pratique du contrôle interne et sur le nombre d'actions d'amélioration des pratiques du contrôle interne.

La mesure de la mise en œuvre de ce processus passe principalement par le taux de couverture de l'ensemble des activités du contrôle interne, le délai entre la détection d'une défaillance et l'action corrective associée.

Rôles et responsabilités

Le directeur des systèmes d'information

Il doit s'assurer que ce processus est bien défini et mis en œuvre. Le DSI est le pilote de ce processus en liaison avec l'audit interne de l'entreprise.

Les responsables de la DSI

Les principaux responsables de la DSI (études, exploitation, etc.) sont en charge des contrôles à effectuer sur les processus qui leur reviennent.

Le contrôle interne

Le contrôle interne contribue à ce processus puisqu'il est chargé de présenter la façon dont il s'organise pour ensuite produire le tableau de bord DSI.

Les entrées-sorties du processus

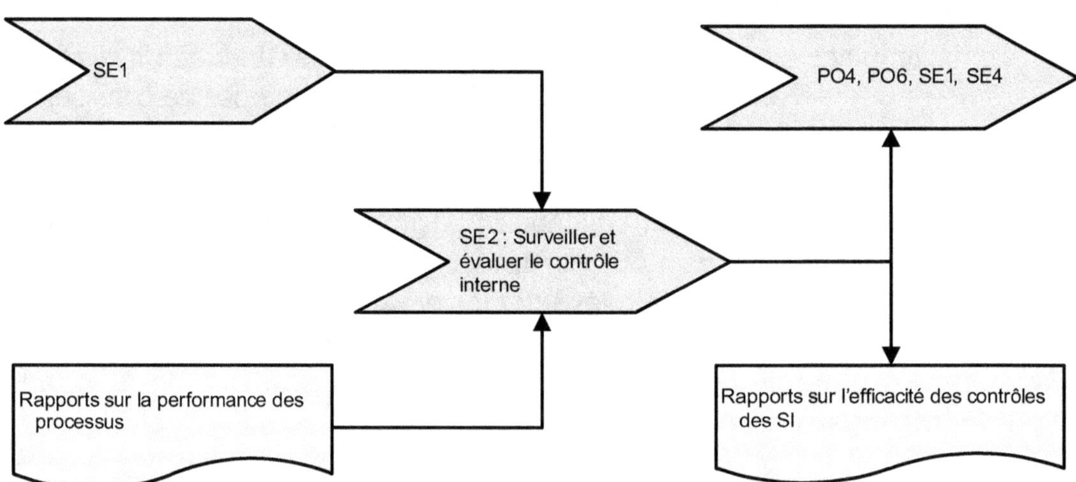

Figure 7-6 : Les entrées-sorties du processus SE2

SE3 — S'assurer de la conformité aux obligations externes

Les entreprises sont de plus en plus soumises à des exigences règlementaires liées aux métiers dont l'évolution est souvent rapide. La contribution du SI aux métiers expose la DSI à l'obligation de conformité. De plus, les clients de l'entreprise peuvent avoir leurs propres exigences vis-à-vis des métiers qui s'imposent à la DSI, en particulier lorsque les produits et les services de la DSI sont livrés aux clients de l'entreprise.

Vue d'ensemble

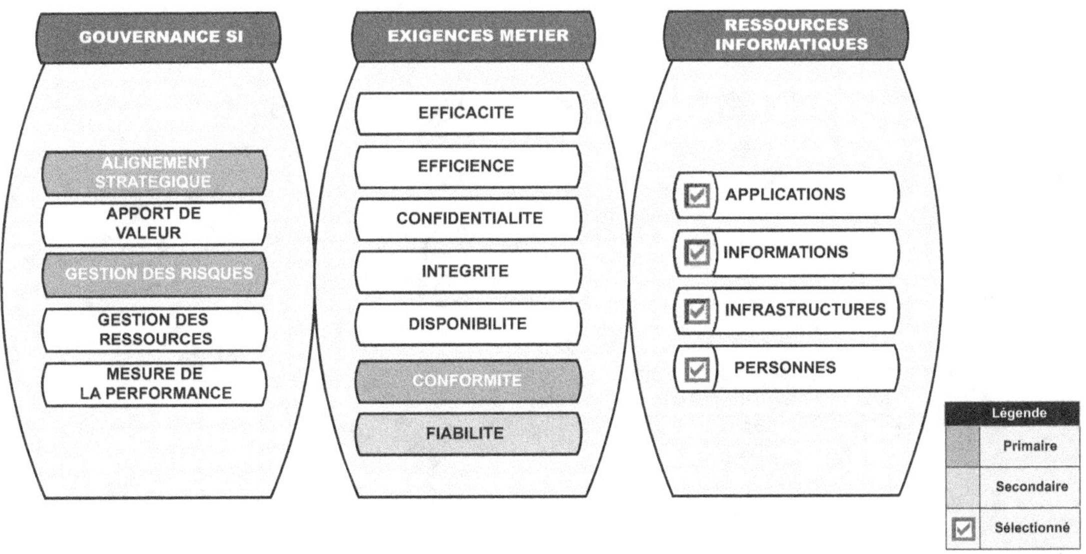

Figure 7-7 : S'assurer de la conformité aux obligations externes : SE3

Le processus SE3 résulte principalement d'une volonté de mettre en place un mécanisme de contrôle de conformité afin de répondre aux exigences légales et réglementaires, et ainsi contribuer à l'alignement stratégique et à la gestion des risques. Ceci permet de répondre aux critères de conformité et de fiabilité du système d'information pour les métiers.

Pourquoi ?

La conformité réglementaire est une obligation légale (par exemple, la conformité à SOX ou à l'IFRS, ou encore la déclaration des données personnelles à la CNIL). La conformité aux exigences des clients ressortit du contrat qui lie les parties (exemple d'obligation contractuelle : la confidentialité de certaines informations).

Ces deux facettes des obligations externes nécessitent d'être soigneusement prises en compte, car les conséquences peuvent être graves en cas de problème.

Objectifs et périmètre

Vis-à-vis des 28 objectifs globaux assignés au système d'information (voir annexe 2, « Objectifs du système d'information et processus CobiT »), le processus SE3 doit permettre de maîtriser l'objectif présenté dans le tableau 7-3.

Tableau 7-3 : Objectifs du processus SE3

OBJ. 27	Assurer la conformité de l'informatique aux lois et aux règlements.

Le périmètre du processus englobe donc l'ensemble des lois et des règlements qui s'appliquent à l'informatique de l'entreprise.

Ce processus intègre aussi la prise en compte des obligations contractuelles.

Description du processus

La figure 7-8 représente les flux internes du processus SE3.

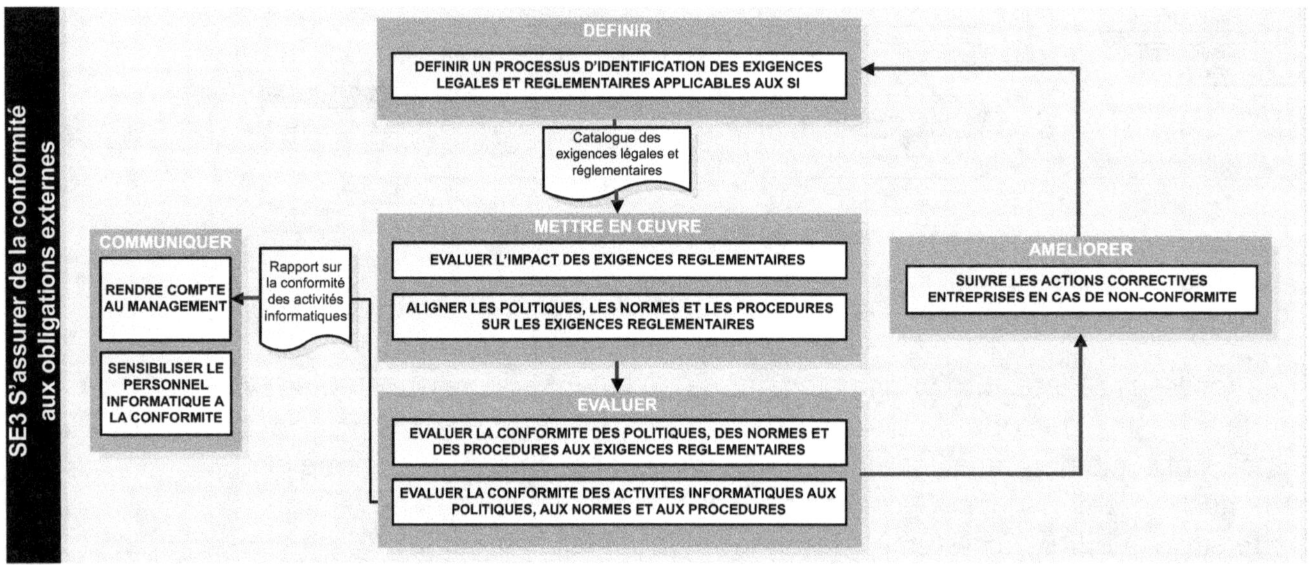

Figure 7-8 : Représentation schématique des flux internes du processus SE3

Planification et mise en œuvre

La mise en place de ce processus passe par la définition d'une fonction de veille réglementaire et de conformité aux diverses exigences. Cette fonction a un rôle de contrôle sur l'ensemble des pratiques de la DSI vis-à-vis de l'ensemble de ces exigences ; elle doit avoir toute l'autorité nécessaire pour faire évoluer les pratiques de la DSI et les mettre en conformité.

Mesures et contrôles

Les métriques à mettre en place pour s'assurer de l'efficacité du processus concernent la vérification de l'objectif présenté au tableau 7-3. Ces mesures portent principalement sur le nombre de non-conformités détectées dès lors qu'une action corrective a été mise en œuvre.

La mesure de la mise en place de ce processus passe principalement par la vérification du délai entre l'apparition d'une nouvelle exigence et sa prise en compte dans les pratiques de la DSI, et la vérification du délai entre la détection d'une non-conformité et la mise en œuvre d'une action corrective associée.

Rôles et responsabilités

Le directeur des systèmes d'information

Il s'assure que ce processus est bien défini et mis en œuvre, et à ce titre, il en est à la fois le garant et le responsable.

La fonction contrôle de conformité

Elle doit s'assurer que l'ensemble des pratiques liées au SI est conforme aux exigences légales et contractuelles.

À noter que cette fonction doit s'appuyer sur une instance de coordination avec les métiers de façon à actualiser sans délai les évolutions constatées sur les exigences légales et réglementaires auxquelles se conformer.

Les entrées-sorties du processus

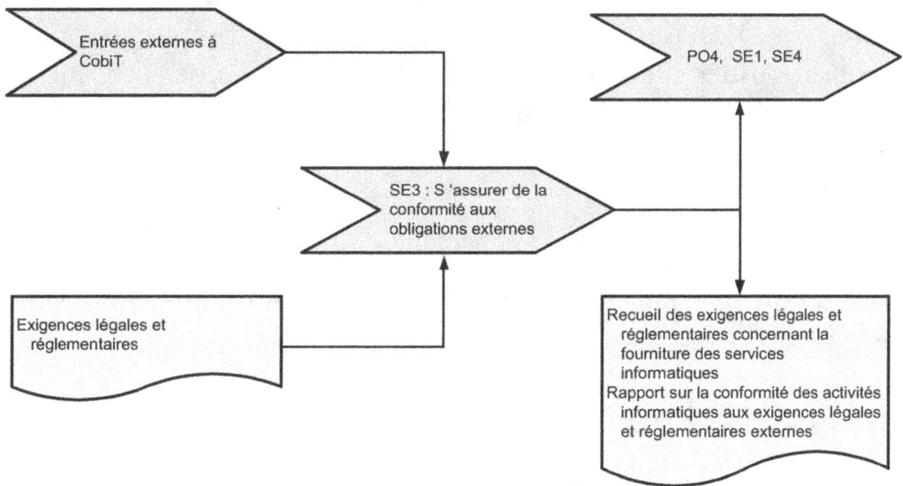

Figure 7-9 : Les entrées-sorties du processus SE3

SE4 | Mettre en place une gouvernance des SI

La mise en place d'une gouvernance des SI est une responsabilité de la direction de l'entreprise au plus haut niveau. Celle-ci doit s'intégrer dans la gouvernance générale de l'entreprise, et être compatible avec les différents référentiels applicables dans cette dernière.

Vue d'ensemble

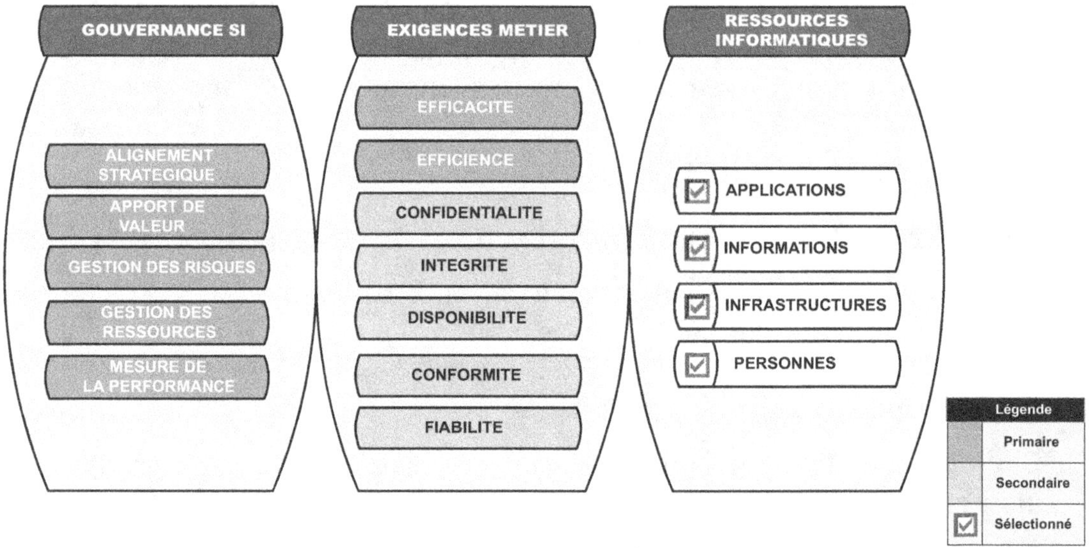

Figure 7-10 : Mettre en place une gouvernance des SI : SE4

Le processus SE4 résulte principalement d'une volonté de mettre en place un référentiel de gouvernance relatif aux 5 domaines de gouvernance préconisés par CobiT (alignement stratégique, apport de valeur, gestion des ressources, gestion des risques et mesure de la performance). Ceci permet de répondre principalement aux critères d'efficacité et d'efficience du système d'information pour les métiers.

Pourquoi ?

Il s'agit de l'essence même de CobiT. Le processus SE4 pilote d'une certaine façon la conformité de l'entreprise aux bonnes pratiques de la gouvernance SI.

Objectifs et périmètre

Vis-à-vis des 28 objectifs globaux assignés au système d'information (voir annexe 2, « Objectifs du système d'information et processus CobiT »), le

processus SE4 doit permettre de maîtriser les objectifs présentés dans le tableau 7-4.

Tableau 7-4 : Objectifs du processus SE4

OBJ. 02	Réagir aux exigences de la gouvernance en accord avec les orientations du CA.
OBJ. 12	S'assurer de la transparence et de la bonne compréhension des coûts, bénéfices, stratégie, politiques et niveaux de services des SI.
OBJ. 27	Assurer la conformité de l'informatique aux lois et aux règlements.
OBJ. 28	S'assurer que l'informatique fait preuve d'une qualité de service efficiente en matière de coûts, d'amélioration continue et de capacité à s'adapter à des changements futurs.

Le périmètre du processus comprend l'ensemble des processus de la DSI. Il s'agit de mettre en place une organisation qui puisse garantir que la gouvernance des systèmes d'information sera effective.

Description du processus

La figure 7-11 représente les flux internes du processus SE4.

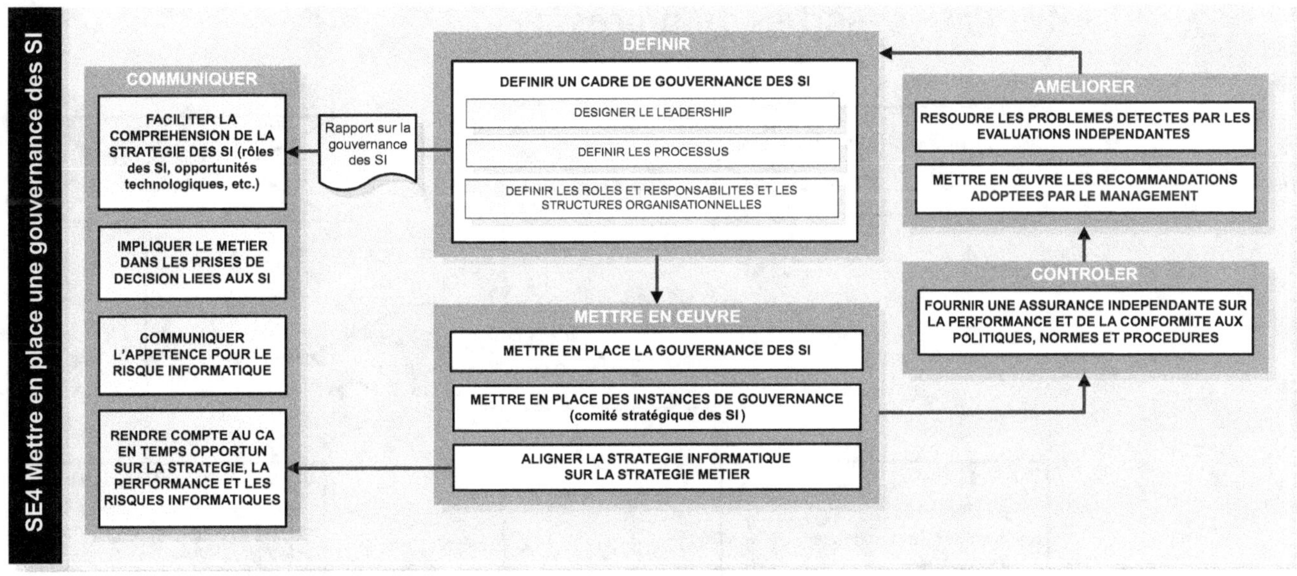

Figure 7-11 : Représentation schématique des flux internes du processus SE4

Planification et mise en œuvre

La mise en place de ce processus nécessite que la contribution des SI à la performance de l'entreprise soit parfaitement comprise à tous les niveaux de l'entreprise, que tous les autres processus soient mis en œuvre et qu'ils produisent les effets escomptés.

Mesures et contrôles

Les métriques à mettre en place pour s'assurer de l'efficacité du processus concernent la vérification des objectifs présentés au tableau 7-4. Ces mesures portent principalement sur le nombre d'écarts détectés dans la mise en œuvre de la gouvernance.

La mesure de la mise en œuvre de ce processus passe principalement par celle du nombre de personnes sensibilisées et formées aux principes de gouvernance, y compris au plus haut niveau de l'entreprise (conseil d'administration, direction générale), et du temps consacré par la direction générale et le conseil d'administration aux aspects liés au SI (le nombre de rapports d'enquêtes de satisfaction demandés et produits).

Rôles et responsabilités

Le conseil d'administration et le directeur général

Il s'agit d'une responsabilité dévolue au plus haut niveau de direction de l'entreprise (le conseil d'administration avec l'assistance de la direction générale). Son rôle est de s'assurer que toutes les instances parties prenantes dans la gouvernance des SI ont bien été mises en place et sont opérationnelles.

Les entrées-sorties du processus

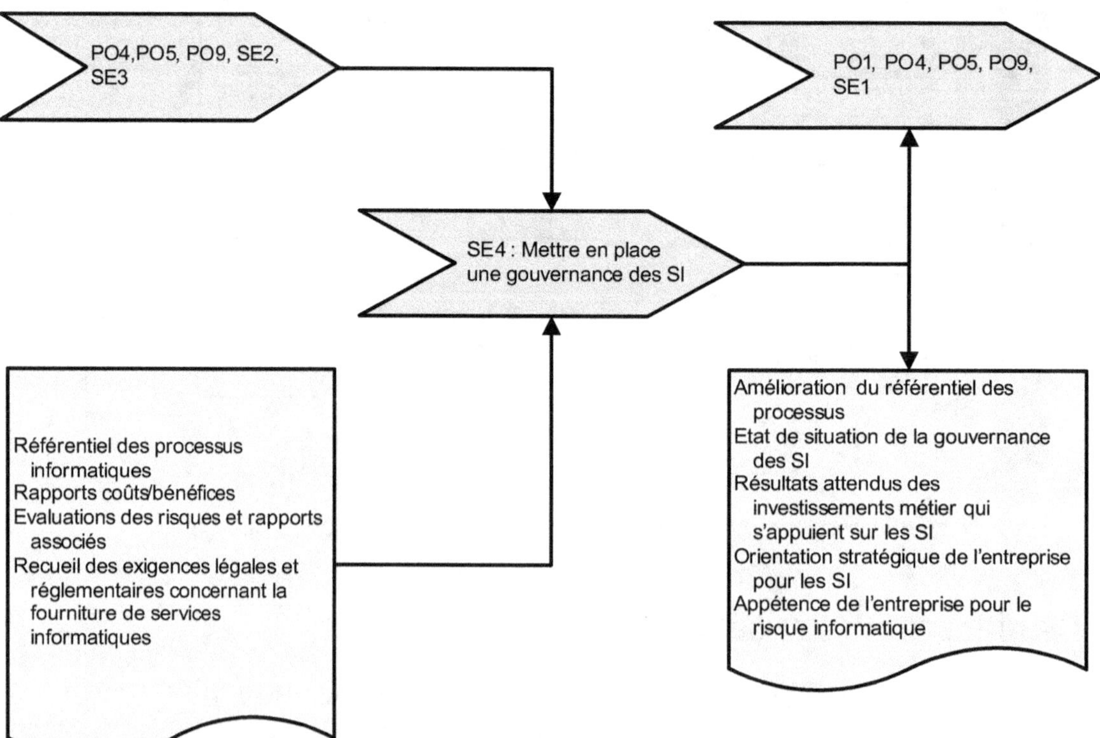

Figure 7-12 : Les entrées-sorties du processus SE4

En résumé

Les processus du domaine SE décrivent 4 niveaux de surveillance et d'évaluation de l'ensemble du dispositif (PO, AI et DS). Le processus SE1 est central du fait de son rôle de contrôle interne de l'ensemble. Il doit servir de point de départ à la boucle d'amélioration des processus déployés (un peu comme l'« amélioration continue » dans ITIL V3).

Le processus SE2 est plus difficile à cerner, car il est mis en place pour surveiller le bon fonctionnement du précédent. Cela impose qu'un responsable indépendant, de préférence à l'audit interne, soit désigné.

Le processus SE3 a le mérite d'isoler le contrôle de la conformité. Enfin, SE4 donne un moyen d'auditer la mise en place de la gouvernance des SI.

PARTIE III

Mettre en œuvre CobiT

Les grandes directions des systèmes d'information font parfois penser à des petites entreprises qui seraient pilotées à partir de la production industrielle et du service de recherche et développement. C'est assez normal, pensera-t-on, puisque la direction informatique doit trouver au sein de son entreprise l'ensemble des services de support complémentaires à ses activités.

Les services de support (contrôle de gestion, achats, ressources humaines, communication) offrent un cadre incontournable en garantissant le fonctionnement de processus clés. Cependant, ils se révèlent inadaptés à la prise en compte des spécificités de la DSI pour la gouvernance des SI.

Implanter CobiT, c'est se mettre dans une perspective de plus grande autonomie de gestion en déclinant en particulier les fonctions de support de l'entreprise au sein de la direction informatique et pour le SI au sens large. Ceci étant, il est illusoire et dangereux de vouloir embrasser trop large car il s'agit toujours *in fine* de projets de transformation.

Au cours des chapitres suivants, nous allons présenter quelques exemples de mise en œuvre, tirés de cas réels, avec différents angles d'attaque.

Chapitre 8

CobiT pour l'audit

CobiT a été et reste le référentiel d'audit de la gouvernance des SI. Son utilisation dans les missions d'audit est quasi immédiate grâce à sa structure de base, aux nombreuses publications qui viennent détailler encore les objectifs de contrôle et aux outils proposés sur le marché pour automatiser les contrôles.

Le code professionnel d'éthique

L'ISACA a établi un code professionnel d'éthique pour cadrer les interventions d'audit de ses membres. Il s'applique à tous les auditeurs certifiés CISA (*Certified Information Systems Auditor*), lesquels s'engagent à respecter les points suivants :

- soutenir la mise en œuvre et encourager la conformité aux standards, procédures et contrôles appropriés pour les systèmes d'information ;
- remplir leurs devoirs avec la diligence et la conscience professionnelle appropriées, en accord avec les standards professionnels et les bonnes pratiques ;
- servir l'intérêt des parties prenantes de manière licite et honnête, tout en observant une conduite exemplaire, sans s'impliquer dans des actes qui pourraient discréditer la profession ;
- protéger la propriété et la confidentialité des informations recueillies lors de leurs missions, à moins qu'une communication ne soit requise par une autorité légale. Ces informations ne seront pas utilisées pour en tirer un bénéfice personnel, ni communiquées à des tiers non autorisés ;
- maintenir leur compétence à niveau dans leurs domaines respectifs, et accepter d'entreprendre uniquement les activités que leur compétence professionnelle permettra de raisonnablement mener à bien ;

- informer les parties appropriées des résultats des travaux effectués, en communiquant tous les faits significatifs à connaître ;

- contribuer à la formation des parties prenantes en améliorant leur compréhension de la sécurité et du contrôle des systèmes d'information.

Cette charte place l'auditeur devant ses responsabilités, lesquelles seront d'autant plus faciles à respecter qu'il aura une indépendance complète par rapport au périmètre de l'audit.

La mission d'audit

Une mission d'audit part d'une lettre de mission fixant le périmètre de l'audit et les responsabilités attribuées. Ensuite, l'auditeur doit construire un référentiel d'audit qui établira une transparence totale entre la mission confiée et les investigations à mener.

CobiT est utilisé comme une base solide de points de contrôle, il permet de sélectionner les processus critiques et de les évaluer. Il est parfois nécessaire de le compléter en fonction des spécificités du sujet (pour un audit de sécurité, il conviendra, par exemple, d'ajouter les aspects propres aux dispositifs de sécurité existants ; il en sera de même pour tout ce qui a trait au domaine légal et réglementaire). Enfin, CobiT permet à des auditeurs non informaticiens de mener de façon professionnelle des audits informatiques intégrés aux audits généraux.

Les objectifs de contrôle de CobiT constituent une excellente base pour préparer un référentiel d'audit. Il suffit ensuite, au cas par cas, de les étoffer de tests détaillés en fonction de la spécificité du périmètre à auditer (ils sont parfois décrits dans des publications spécialisées publiées par l'ISACA).

Le tableau 8-1 donne une idée du formalisme d'un référentiel d'audit qui procède par étape et précise des objectifs de contrôle, lesquels sont ensuite détaillés.

Tableau 8-1 : Structure d'un référentiel d'audit

Obtenir l'information	
Étape 1	**Procédures**
Test détaillé	Identifier et recueillir toutes les procédures qui existent concernant la continuité de service et le plan de secours en cas de sinistre.

Tableau 8-1 : Structure d'un référentiel d'audit (suite)

Étape 2	Recueillir la documentation applicable
Test détaillé	Recueillir : – une copie du plan d'organisation en cas de sinistre ; – une liste des responsables ; – l'inventaire ; – les contrats avec les tiers.
Étape 3	**Objectifs de contrôle**
	Vérifier que le plan de secours en cas de sinistre majeur est adapté pour garantir la remise en route du système d'information en temps voulu, en accord avec les exigences des métiers.
Test détaillé	Existence du plan de secours, etc.

La mission d'audit se déroule en général en trois phases.

1. L'étude préliminaire, qui comprend la prise de connaissance de l'entité à contrôler, le dépistage des risques et l'orientation de la mission.

2. La réalisation de l'audit à proprement parler (exécution des travaux de contrôle).

3. La conclusion de la mission (synthèse, présentation orale et rédaction du rapport).

Il existe aussi d'autres classifications des audits selon leur profondeur technique, les moyens d'investigation utilisés (intrusion, outillage) ou le périmètre appréhendé.

L'apport de CobiT

La structure de CobiT offre à l'auditeur une classification très solide :

- domaines, processus, objectifs de contrôle ;
- critères d'information (efficacité, efficience, confidentialité, intégrité, disponibilité, conformité et fiabilité) ;
- ressources (applications, infrastructure, information et personnes).

À cette structure se rattache un détail « générique » pour chaque objectif de contrôle, présenté comme suit dans le document *Guide d'audit des systèmes d'information – Utilisation de CobiT*.

Objectifs de contrôle	Énoncés de valeur	Énoncés de risques

Cette notion de valeur liée à un objectif de contrôle est tout à fait intéressante puisqu'elle étend le périmètre du contrôle, en incluant non seulement la maîtrise des risques, mais aussi la création de valeur.

On trouve ensuite un plan de contrôle pour cet objectif, puis des tests détaillés. À titre d'exemple, l'objectif de contrôle DS5.8 sur la gestion des clés de chiffrement donne lieu à quatre pages extrêmement précises de tests à réaliser. Et si ce niveau de détail se révélait insuffisant, il suffirait de puiser dans d'autres publications (voir chapitre 3, « Présentation détaillée de CobiT ») pour en définir encore un autre.

Enfin, ce référentiel peut être enrichi pour prendre en compte des aspects techniques pointus.

Le contrôle interne

La loi Sarbanes-Oxley et ses déclinaisons, IFRS (*International Financial Reporting Standards*) et LSF (Loi sur la sécurité financière), ont mis l'accent sur le contrôle interne et les responsabilités des dirigeants. Le président de toute société anonyme doit présenter un rapport sur les procédures de contrôle interne mises en place. De son côté, le commissaire aux comptes émet un rapport sur les procédures de contrôle interne relatives à l'élaboration et au traitement de l'information comptable et financière.

Les entreprises ont donc l'obligation de rendre compte des procédures de contrôle interne et, à ce titre, le système d'information est concerné à trois niveaux :

- la prise en compte de l'informatique comme domaine de gouvernance de l'entreprise ;

- les contrôles propres à la fonction informatique, y compris les procédures de sécurité ;

- l'insertion de contrôles « embarqués » dans les processus automatisés.

Le guide IT *Control Objectives for Sarbanes-Oxley, 2nd edition* peut servir de base à une approche détaillée de l'évaluation du contrôle interne du système d'information. Il s'appuie sur CobiT et liste les objectifs de contrôle de la fonction informatique ainsi que les principales applications informatiques qui supportent les processus de l'entreprise.

Le contrôle interne peut s'effectuer de façon continue grâce à des outils : les CAAT (*Computer Assisted Audit Techniques* ou techniques d'audit assisté par ordinateur). Le guide G3 *Use of Computer-Assisted Audit Techniques* (CAATs), relatif à l'usage des techniques d'audit assisté par ordinateur, est particulièrement instructif sur :

- la compétence de l'auditeur pour l'utilisation des CAAT ;

- la confiance à accorder aux CAAT elles-mêmes ;

- la confiance à accorder aux données traitées.

- Ce guide est disponible sur le site de l'ISACA à l'adresse suivante :
  *http://www.isaca.org/AMTemplate.cfm?Section=Standards,_Guide-lines,_Procedures_*
  for_IS_Auditing&Template=/ContentManagement/ContentDisplay.cfm&ContentID=39261
- La majeure partie de ces outils est basée sur la structure CobiT.

L'outil Quick Scan de CobiT

La société de conseil en management ASK Conseil, membre du réseau PricewaterhouseCoopers depuis janvier 2009, a capitalisé sur son expérience pour appliquer un référentiel simplifié et adapté aux besoins des entreprises, qui décline les préconisations du référentiel CobiT en actions concrètes. Les résultats du Quick Scan de CobiT sont élaborés sur cette base.

Les entreprises qui cherchent à optimiser leur démarche de progrès vers une bonne gouvernance de leur SI peuvent utiliser l'outil Quick Scan de CobiT, qui répond à cette problématique en utilisant une méthodologie visant à linéariser la trajectoire d'amélioration et à générer des gains rapides en matière de gouvernance.

Quick Scan en quelques mots

Quick Scan permet d'obtenir :

- un état des lieux rapide de la gouvernance d'une entreprise sur la base de CobiT sous les deux axes suivants : la maturité et l'organisation ;
- le positionnement de l'entreprise par rapport à d'autres entreprises du même secteur d'activité ;
- un plan d'action sur mesure qui tient compte à la fois de l'existant et des apports de vos projets et actions en cours en la matière.

Il s'adresse aux directeurs des SI des moyennes ou grandes entreprises. Il s'agit d'une « photo » de la gouvernance SI d'une entreprise à un instant donné, accompagnée d'un plan d'action concret adapté aux besoins. Cette photo s'obtient au moyen d'une série d'entretiens : 10 à 15 personnes sont interviewées individuellement durant 1 h 30 (le DSI et les principaux managers).

Quick Scan en questions

Selon l'ISACA, CobiT donne un cadre de référence en matière de gouvernance du SI, mais concrètement ?

Pourquoi travailler à partir de CobiT ?

CobiT couvre l'ensemble des processus (34 au total) qu'une DSI doit maîtriser. Il est donc le point d'entrée idéal pour effectuer l'analyse globale d'une DSI. Si l'on veut approfondir, il convient ensuite de se focaliser sur un référentiel plus approprié (CMMI, ITIL, etc.).

Sur quel périmètre intervient Quick Scan ?

On s'intéresse surtout au pilotage stratégique et aux contrôles :

- les processus du domaine Planifier et Organiser (PO) qui sont les plus orientés « gouvernance informatique » ;

- les processus du domaine Surveiller et Évaluer (SE) vont alimenter les processus PO et aideront à la prise de décisions stratégiques et tactiques.

Quick Scan focalise son analyse sur les processus PO, tout en vérifiant l'existence et la bonne intégration du contrôle interne (SE1 surtout).

Quelle est la méthodologie utilisée par Quick Scan

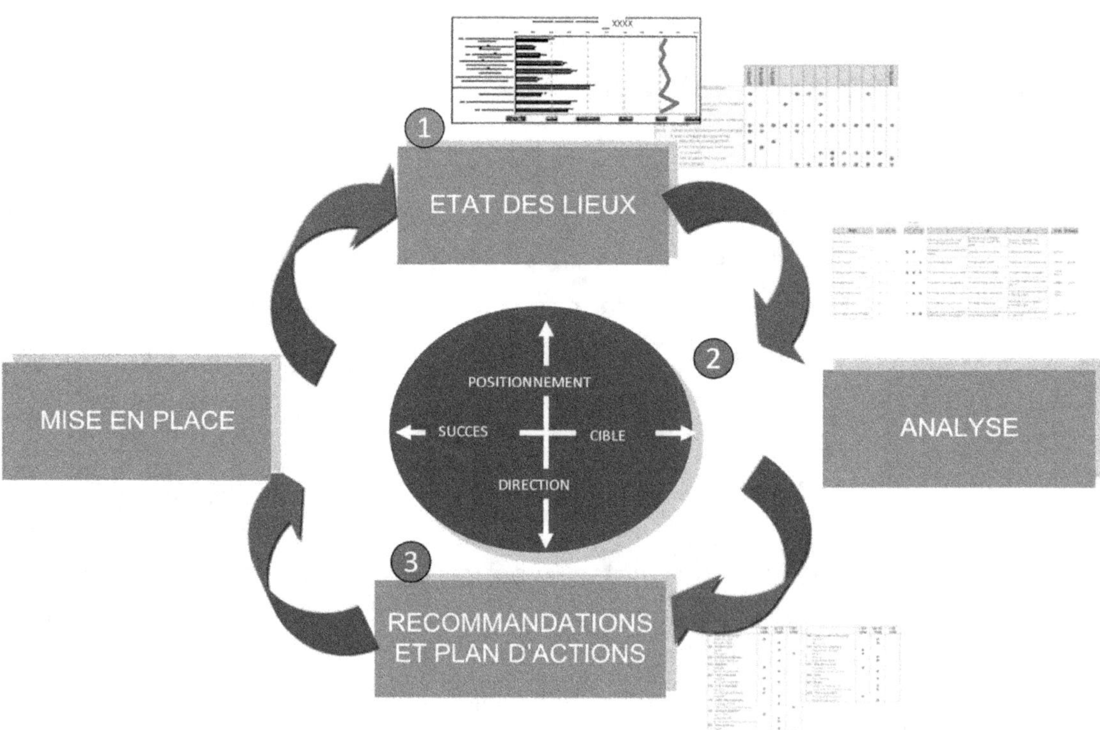

Figure 8-1 : Le Quick Scan de CobiT

État des lieux

Le Quick Scan évalue tout d'abord le niveau de maturité de chaque processus PO dans la DSI. Cette évaluation est effectuée sur la base des cinq niveaux de maturité définis dans CobiT, pour chaque objectif de contrôle préconisé. Les paramètres de l'étude sont ajustables selon l'organisation considérée.

Il établit ensuite une matrice d'organisation qui photographie la contribution des entités de l'organisation de la DSI à chaque processus PO. Ce livrable révèle le périmètre non couvert par l'organisation en matière de gouvernance, les doublons dans l'attribution des rôles et des responsabilités, et enfin met en évidence les régulations informelles.

Analyse

Sur la base du référentiel simplifié, l'exercice consiste à identifier le niveau actuel pour chaque critère, puis celui atteint à l'issue des projets et actions en cours. Ainsi, les lacunes sur le chemin de la gouvernance apparaîtront.

Recommandations et plan d'action

Il s'agit enfin de proposer des recommandations se matérialisant soit par un changement des priorités et/ou de rythme des projets et actions en cours, soit par l'identification d'actions complémentaires à engager.

Grâce au Quick Scan de CobiT, il est possible de déterminer les actions à prioriser et l'ordonnancement nécessaire pour une mise en pratique des recommandations formulées.

Autres outils d'évaluation de la gouvernance des TI

La société PricewaterhouseCoopers (PwC) a développé ses propres outils d'évaluation de la performance et de benchmark de la fonction SI :

- *Global Best Practices* ou GBP ;
- IT *Performance Framework* ou *The Blue Wheel*.

Global Best Practices (GBP)

Global Best Practices est une base de connaissances de premier plan associée à un outil de benchmark de la fonction SI. Elle permet d'effectuer un diagnostic flash de l'efficacité et de la maîtrise de la fonction Système d'Informations dans une organisation, puis d'identifier rapidement des pistes d'amélioration.

Global Best Practices est une base de connaissances qui regroupe :

- un ensemble de bonnes pratiques ;
- des outils de benchmark qualitatifs et quantitatifs faciles à mettre en œuvre ;

- les principaux risques et contrôles associés issus d'analyses de marché approfondies et identifiées par les équipes du réseau Pricewaterhouse-Coopers.

Global Best Practices s'appuie sur un échantillon large d'entreprises de différents secteurs industriels, implantations géographiques et tailles (chiffre d'affaires, effectifs).

Le cadre de référence de GBP est bâti autour de 13 processus métier. Les 7 premiers sont des processus de réalisation permettant à l'organisme de réaliser ses produits et/ou services. Les 6 derniers sont des processus de management et de support.

La figure 8-2 représente la cartographie des processus de GBP.

Cartographie des processus GBP

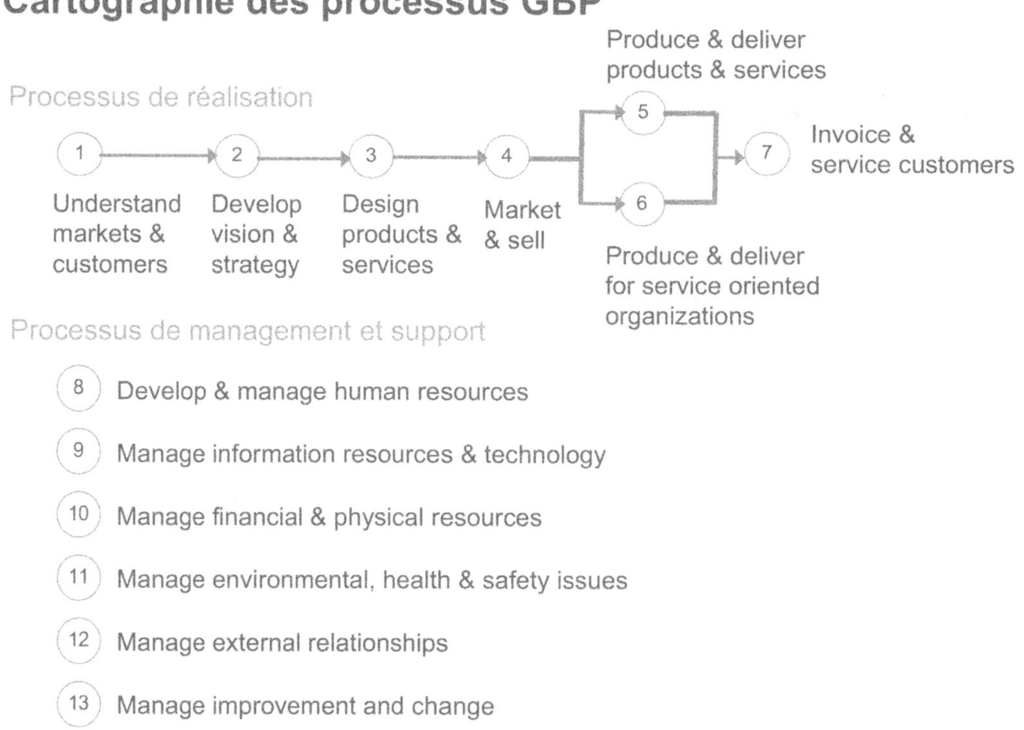

Figure 8-2 : La cartographie des processus de GBP

Pour chaque processus, GBP apporte les éléments suivants :

- la définition du processus ;
- la cartographie détaillée du processus ;
- un ensemble de bonnes pratiques, c'est-à-dire des explications sur la mise en œuvre, les différentes étapes, des conseils et outils, des métriques et une évaluation de la mise en œuvre du processus :
  - 1 000 bonnes pratiques détaillées au travers de 150 processus métier.

- une liste d'entreprises « Modèles », c'est-à-dire des profils d'entreprises qui mettent en œuvre ces bonnes pratiques :
  - 5 000 exemples d'application des bonnes pratiques par les entreprises répondantes.
- un benchmarking regroupant des outils quantitatifs et qualitatifs de mesure de la performance :
  - 20 outils quantitatifs couvrant plus de 900 indicateurs de performance fondés sur les données propriétaires de plus de 2 600 entreprises (dont 588 sur l'IT au 30 octobre 2009) ;
  - 1 100 outils de benchmark qualitatif.
- un volet risque comprenant la définition des risques, des objectifs de contrôle, un guide des principes de base de l'évaluation du contrôle interne :
  - 350 objectifs de contrôle définis avec les contrôles correspondants.

Les benchmarks de GBP

Les benchmarks de Global Best Practices permettent de comparer une entreprise avec l'ensemble de ses pairs présents dans la base ou avec un sous-ensemble.

Le benchmark de la fonction Système d'Informations couvre l'ensemble des problématiques de pilotage :

- la stratégie du système d'information, notamment en matière de prospective SI, de mesure de la satisfaction des utilisateurs, etc.
- la gestion des ressources humaines avec, par exemple, la gestion des compétences des équipes, la formation, le turn-over ou encore les programmes de rétention des collaborateurs ;
- une analyse des coûts du système d'information par nature de dépenses, par destination ou par client, ainsi que des ratios standards de dépenses par rapport au chiffre d'affaires ou au nombre d'utilisateurs ;
- la gestion du patrimoine applicatif et l'équilibre entre l'utilisation de progiciels du marché et le développement de systèmes spécifiques ;
- les moyens mis en œuvre pour assurer le contrôle et la sécurité du système d'information.

Démarche de réalisation du benchmark

Le benchmark permet une analyse quantitative sur l'ensemble des critères. Cette analyse est complétée du retour d'expérience des consultants PwC qui accompagnent l'organisation.

Le benchmark de la fonction SI s'appuie sur une démarche en six phases successives :

1. Lancement
2. Collecte des données

3. Contrôle des données

4. Extraction des données

5. Production des livrables et des analyses

6. Restitution client

IT Performance Framework : The « Blue Wheel »

IT *Performance Framework* est un cadre de référence utilisé pour évaluer la performance des systèmes d'information (SI).

Cette méthodologie a été développée à partir des meilleures pratiques de PricewaterhouseCoopers, d'ITIL et du référentiel CobiT.

L'objectif d'IT Performance Framework est d'évaluer la maturité et la qualité des structures de management des SI.

L'évaluation est réalisée suivant quatre axes :

- l'alignement des SI avec les métiers (alignement stratégique, innovation, clients externes, gouvernance et performance) ;
- la qualité de service ;
- la livraison des SI ;
- le management des ressources SI (personnels, fournisseurs, finances).

L'axe alignement des SI avec les métiers s'attache à répondre aux questions suivantes : le SI est-il bien aligné aux objectifs d'affaires ? Apporte-t-il de la valeur ajoutée à la réputation de l'entreprise ? Répond-il aux principales priorités de l'entreprise ? Réalise-t-on les bénéfices escomptés ?

L'axe qualité de service s'attache à la satisfaction des clients sur la réponse de la solution à leurs besoins, les délais de livraison, les niveaux de services (conformité, sécurité, etc.) et le support qui leur est fourni.

L'axe livraison des SI évalue les aspects conformité aux bonnes pratiques de travail, performance de la planification et de la gestion des projets.

L'axe management des ressources des SI évalue la performance économique des projets et la productivité des ressources.

L'approche

L'évaluation s'appuie sur un ensemble de 135 questions réparties en 39 thèmes (cercle extérieur de la roue) et 13 segments (cercle intermédiaire). Les 13 segments sont répartis suivant les 4 axes clés (centre de la roue, voir figure 8-3).

Les réponses sont évaluées sur une échelle de niveau 1 à 5 (5 = excellence).

La collecte des données est réalisée au travers d'entretiens « face à face » ou de groupes de travail. Les réponses sont enregistrées par les consultants PwC dans une base d'enquêtes Web. Des outils de restitution sont disponibles sous forme de rapports et de graphiques exportables sous différents formats (.xls, .html, .pdf, etc.).

La démarche

IT Performance Framework s'appuie sur une démarche en cinq phases successives.

1. Définition du périmètre de l'évaluation et compréhension du contexte

2. Validation des parties prenantes

3. Conduite des entretiens

4. Analyse des résultats d'entretiens

5. Restitution des résultats de l'évaluation sous la forme d'une roue bleue : The Blue Wheel (voir figure 8-3) et débat avec les parties prenantes

La roue bleue (The Blue Wheel) a été conçue de façon logique afin de mettre en évidence les quatre axes clés de la gouvernance des SI :

- apport de valeur business ;
- qualité de service ;
- efficacité de la gouvernance SI ;
- efficience de la gouvernance SI.

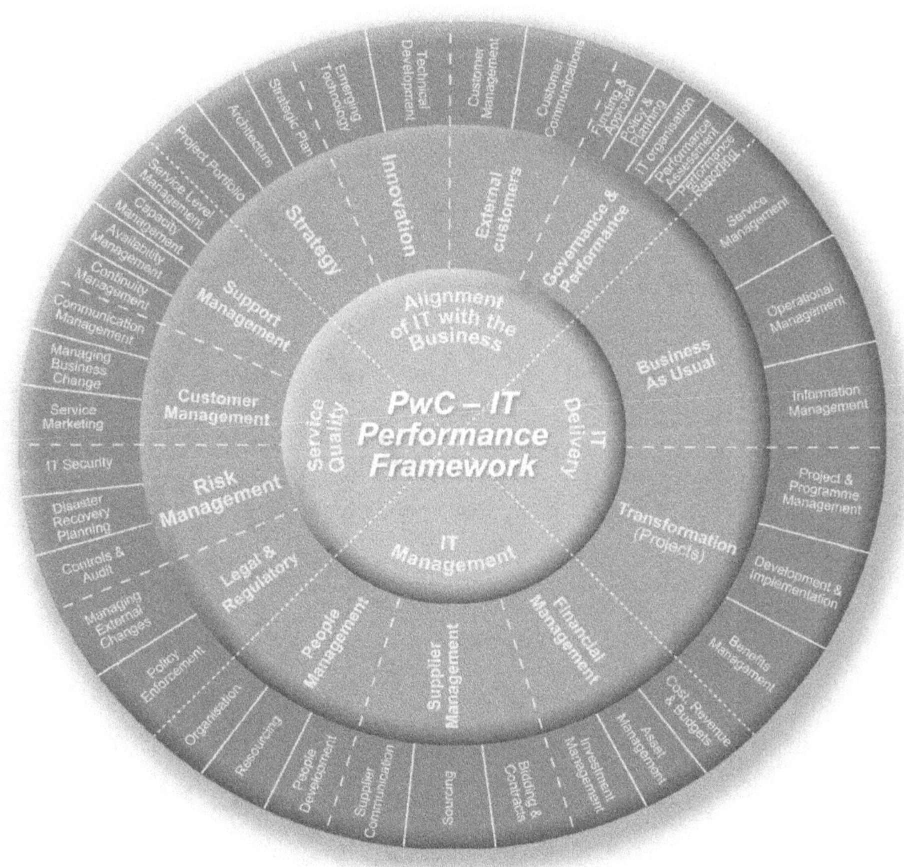

Figure 8-3 : The Blue wheel

Le modèle de maturité

Comme le modèle de maturité de CobiT, l'évaluation *Blue Wheel* est basée sur 5 niveaux de maturité (le niveau 0 n'étant pas compté).

0 : Inexistant.

1 : Initialisé.

2 : Reproductible.

3 : Défini.

4 : Géré.

5 : Optimisé.

En résumé

CobiT est le référentiel incontournable de l'audit de la gouvernance des systèmes d'information. Sa structure, ses objectifs de contrôle détaillés, les travaux incessants de recherche et les publications associées en font un outil vivant et reconnu.

Chapitre 9

CobiT fédérateur

L'implémentation pragmatique de CobiT vise à donner une réponse rapide et évolutive au souci de gouvernance des TI. En s'appuyant sur l'existant, on choisit l'angle d'attaque le plus approprié aux priorités à gérer. La question est à chaque fois de savoir jusqu'où aller dans les processus à déployer en restant dans les limites d'un projet d'envergure appropriée.

Le pilotage stratégique

L'une des conditions essentielles du pilotage stratégique est l'engagement de la direction générale et des métiers. De la même façon, la stratégie d'entreprise est une condition nécessaire à sa déclinaison sur le domaine des TI.

Le Balanced Scorecard (BSC) est une représentation intéressante pour illustrer le pilotage stratégique des SI. Certains clients nous demandent souvent s'il est nécessaire que le BSC soit adopté au niveau de l'entreprise. Il est certain que ce serait bon signe mais ce n'est pas indispensable à la tenue d'un BSC sur la gouvernance des TI.

Les sections suivantes présentent l'utilisation des quatre cadrans du BSC.

Cadran 1 – Contribution stratégique

La contribution stratégique se reflète au travers des résultats des processus de haut niveau.

On y trouve en particulier le plan à trois ans (processus PO1), les investissements (processus PO5), la gestion des risques (processus PO9), le portefeuille de projets (processus PO10) et la surveillance de la gouvernance (processus SE4). D'autres processus peuvent y être ajoutés mais ceux précités nous semblent être les plus importants.

Cadran 2 – Relation client

La relation aux clients de l'informatique concerne essentiellement les utilisateurs du SI (internes ou externes à l'entreprise) et les donneurs d'ordre dans les métiers (maîtrises d'ouvrage). Ce cadran est piloté par la contractualisation des niveaux de services (processus DS1) qui fixe non seulement des seuils aux objectifs de performance mais aussi des devoirs pour les métiers (former les utilisateurs) et des limites (c'est-à-dire consommation des services prévue, comme le nombre d'utilisateurs susceptibles de contacter l'assistance).

Les processus DS8 et DS10 sont essentiels au fonctionnement de cette relation client.

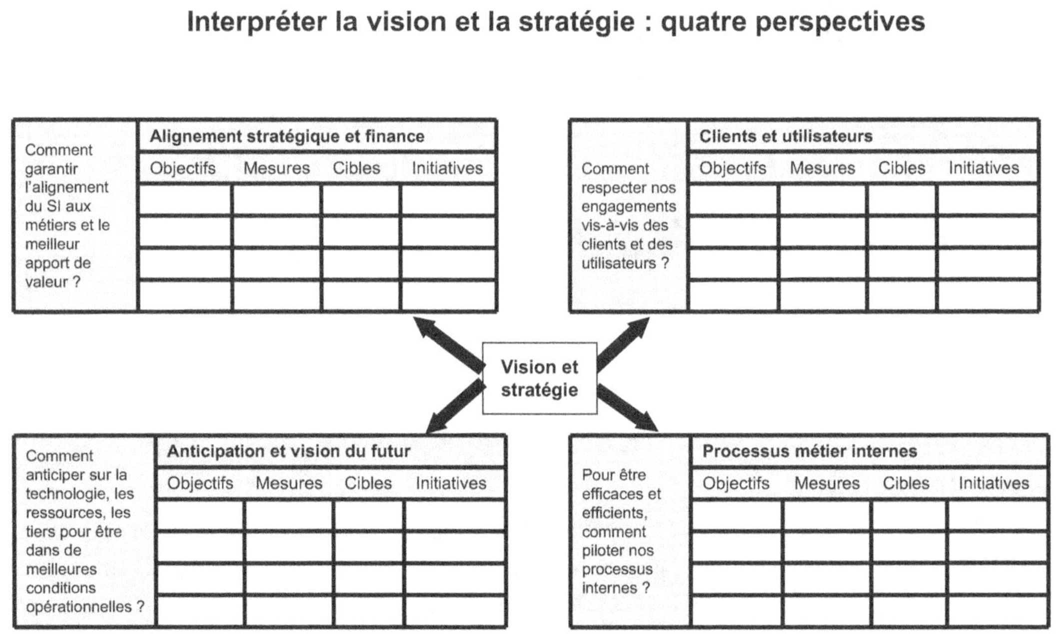

Interpréter la vision et la stratégie : quatre perspectives

Figure 9-1 : Le Balanced Scorecard (BSC)

Cadran 3 – Futur et anticipation

C'est d'une certaine façon le domaine de la stratégie de la DSI : comment anticiper les besoins en ressources humaines (processus PO7), s'organiser (processus PO4 et PO8), assurer une veille des fournisseurs (processus DS2), anticiper les évolutions technologiques et les besoins métier (processus PO2 et AI1) ou encore faire évoluer les architectures (processus PO3). Tout cet ensemble conditionne le fonctionnement du SI et son coût.

Cadran 4 – Excellence opérationnelle

C'est le fonctionnement de la DSI au quotidien. Il faut, par exemple, gérer l'exploitation (processus DS13), l'environnement physique (processus DS12), les changements (processus AI6), etc.

Les performances opérationnelles sont liées pour partie à des questions intrinsèques et pour une grande part à des considérations autres (anticipation, niveau de risque et alignement stratégique, contrats avec les clients).

Certains exemples de situations observées chez des clients illustrent ce qui ressemble à des compromis :

- administration de 60 serveurs Lotus, là où un projet de regroupement de ces serveurs aboutirait à trois serveurs seulement. Il est clair que tant que ce projet n'a pas été décidé, leur maintenance coûtera plus cher et sera moins fiable ;
- palier technologique permettant de réduire les coûts de maintenance des postes de travail ;
- veille sur les contrats des infogérants et choix d'un redécoupage des domaines externalisés afin d'optimiser la performance des sous-traitants et de minimiser les ressources internes en gestion de contrat ;
- négociation avec les utilisateurs sur la nécessité de développer des programmes spécifiques plutôt que de s'accommoder d'un standard. Arbitrage entre développements et évolution de la demande.

À chaque fois, l'excellence opérationnelle dépend des conditions négociées à d'autres niveaux.

ITIL et le management des services TI

ITIL est le cadre de référence le plus diffusé dans le monde pour le management des services TI ; il est devenu un standard de fait. Notons que le référentiel, qui se présente comme une vaste librairie, comprend aussi d'autres processus mais que le cœur du système et des certifications associées se réfère au management des services TI. C'est le cas en particulier de la certification de la norme ISO/IEC 20000.

Il comporte 10 processus classés en deux domaines principaux, à savoir le support aux services (aspect opérationnel) et la fourniture des services (aspect tactique).

ITIL et CobiT : la complémentarité

ITIL structure son approche du management des services autour de la relation avec les parties prenantes : utilisateurs des TI au quotidien et maîtrises d'ouvrage pour le pilotage (directions métiers, etc.). CobiT, de la même manière, a mis systématiquement en avant la finalité des TI, à savoir la réponse aux besoins des métiers et le souci d'aligner l'offre à la demande. Les deux approches partagent donc les mêmes valeurs s'agissant du management des services TI.

La figure ci-dessous liste les processus CobiT qui sont les plus proches des processus ITIL. Notons que les noms des processus sont souvent les mêmes, ce qui illustre la prise en compte croissante d'ITIL par les concepteurs de CobiT au fil des versions.

Figure 9-2 : Les processus de CobiT V4.1 couverts par ITIL V3

Une publication (*CobiT Mapping : mapping of* ITIL V3 *with CobiT* 4.1) est consacrée aux correspondances (*mapping*) entre CobiT et ITIL ; elle décrit deux niveaux de comparaison. Un niveau global compare les objectifs d'ITIL aux objectifs globaux de CobiT. Pour un détail plus fin, on se base sur la granularité des objectifs de contrôle de CobiT. ITIL a été détaillé en sous-parties associées à un ou plusieurs objectifs de contrôle de CobiT.

Ceux qui s'intéressent ainsi aux correspondances entre CobiT et d'autres référentiels ne manqueront pas d'être frappés du degré très élevé de similitude entre les processus concernés. Sur ITIL V2 par exemple, il semble que l'on puisse pratiquement substituer les 10 processus correspondants de CobiT et réciproquement.

En revanche, deux différences apparaissent clairement : la première concerne la complétude, et CobiT couvre délibérément l'ensemble de la gouvernance des TI ; la seconde concerne le classement en domaines. CobiT privilégie le distinguo entre la fourniture des services (domaine DS) et tout ce qui concerne la mise en œuvre (domaine AI) correspondant à des changements impactant les ressources informatiques.

Pourquoi les associer ?

Les démarches ITIL et CobiT sont souvent menées de façon séparée. ITIL a été une réponse au souci de mieux structurer les centres de services ; c'est pour cette raison que le centre de services est la seule fonction représentée au cœur des processus. Les procédures du centre de services autour de la gestion des incidents (structuration en niveaux, escalade, enregistrement des tickets d'appel, enrichissement des bases de données de résolution, etc.) avaient à s'industrialiser pour faire face aux sollicitations à moindre coût.

Simultanément, un nombre croissant d'organismes a cherché à externaliser ces fonctions de support, qui n'entraient pas forcément dans leur cœur de métier et se révélaient compliquées à gérer et à optimiser en interne. Du côté des outils, les éditeurs en ont proposé des plus en plus complets permettant de gérer l'ensemble des procédures et d'y associer une base de données des ressources informatiques au sens large (tickets d'appel, objets de configuration, mais aussi les descriptions de poste, etc.). Tout cet « arsenal » a été bâti avec le cadre de référence d'ITIL.

Le DSI qui s'intéresse aux référentiels constate donc rapidement que tout un pan du système d'information de la DSI pour elle-même existe ou pourrait rapidement exister, entre le centre de services et l'exploitation, entre les services internes et les tiers. Le travail considérable de structuration, de conception de SI interne, de conduite du changement et de tableaux de bord est fait, et mieux encore, il est opérationnel, à un niveau de détail que CobiT n'atteint pas. La question n'est plus de savoir s'il faut garder ITIL mais comment l'intégrer au mieux dans une vision complète pour la gouvernance des TI.

Conjuguer ITIL et CobiT

Les points clés à prendre en compte pour conjuguer les deux approches sont les suivants.

- **Concilier deux cultures**

  La culture ITIL est pragmatique, sans cesse confrontée aux réalités quotidiennes et orientée plutôt vers le service offert (continuité de service, performance). Elle gère souvent les objets informatiques à un niveau de détail qui ne concerne que les acteurs du support, de la maintenance ou de l'exploitation.

  CobiT, au contraire, risque d'être perçu comme trop théorique, peu applicable et pas assez concret pour être déployé facilement et utilement.

- **Structurer le référentiel d'ensemble**

  Il faut éviter les doublons de processus, ce qui se produit inexorablement si l'on ne décrit pas une cartographie des processus garantissant une cohérence d'ensemble.

- **Réaliser le lien avec les études et les développements**

  ITIL a du mal à se propager vers les équipes d'études et de développements et parfois même, vers l'exploitation. Il n'est reconnu ni dans le pilotage de projets au niveau élémentaire, ni dans la gestion globale des portefeuilles ou des investissements.

  CobiT présente l'avantage de donner un cadre complet qui offre un processus de transition, le PO10, entre ITIL et les études.

- **Bâtir progressivement le modèle de données de la DSI**

  Les acquis d'ITIL sont intéressants mais le risque est grand de tomber dans le détail. Il faut s'appuyer sur la CMDB pour créer le modèle de données de la DSI, veiller à s'en distancier et définir la granularité pertinente des données pour le pilotage.

Deux exemples concrets

Juxtaposition

Dans cet exemple, la DSI a lancé la réorganisation de son service support et exploitation. Cela s'est traduit par la création d'un service desk et la mise en place de contrats d'infogérance pour l'exploitation des ordinateurs centraux et des réseaux. Ensuite, l'externalisation du service desk a permis de gagner plus de 20 % sur les coûts du support.

Notons que l'infogérant avait été aussi choisi pour sa capacité à déployer ITIL. En apparence, la partie était gagnée et pourtant la situation s'est ensuite dégradée, essentiellement en raison de l'absence de vision systémique mais également par ignorance des points à mettre sous contrôle.

Simultanément, la DSI s'intéressait à CobiT, au moins pour le domaine PO, afin de lancer les bases d'une gouvernance stratégique des systèmes d'information.

Avec le recul, il est manifeste que l'organisation interne au service, la gestion des compétences et de la formation ont été des éléments clés. Les profils ne sont pas les mêmes entre ceux qui lancent une nouvelle organisation et ceux qui vont ensuite la faire fonctionner. Comme toujours, la situation était un peu hybride. Les principaux points de dérive observés sont les suivants.

- **Les processus et leur répartition interne/externe**

  Le service d'assistance et la gestion des incidents étaient clairement sous la responsabilité de l'infogérant, mais :

  – le niveau ultime d'expertise (niveau 3) restait à la charge du client, que ce soit sur des questions génériques (bureautique) ou spécifiques à la société (applications) ;

  – certains processus (par exemple, l'installation d'un nouveau PC) faisaient s'imbriquer les responsabilités selon les activités du processus (achats, demande de rendez-vous, installation, configuration des droits, etc.) ;

– le processus de gestion des problèmes devenait une sorte d'instance aux frontières du contrat d'infogérance ;

– le service informatique interne avait tendance à rester sur un positionnement technique en recréant en double des activités de surveillance, de veille ou de contrôle minutieux.

- **L'absence de vision systémique au sein de la DSI**

Le déploiement d'ITIL était limité aux processus liés à l'infogérant et au périmètre du support qui était externalisé. Les interfaces avec les autres services (exploitation, études, pilotage de la DSI) demeuraient des points de friction constants, concernant :

– la faiblesse du processus de gestion des changements, ce qui réduisait considérablement les bénéfices du support ;

– l'éclatement de la vision contractuelle « gestion des tiers » et ce, à des niveaux de compétence insuffisants, limitant l'alignement et la cohérence entre les contrats et les obligations. En conséquence, il était difficile de responsabiliser le sous-traitant, mais aussi de créer du travail en interne aux interfaces entre les sous-traitants ;

– l'absence de levier sur les services études pour faire valoir les priorités à régler, d'où l'impuissance du responsable de gestion des problèmes ;

– la croissance simultanée du domaine SAP avec son centre de compétences et son organisation propre (centre d'appels, support, TMA, mise en exploitation, etc.), limitant ainsi la pertinence du « point d'accès unique » vu du client.

- **La multiplicité des outils de pilotage**

La DSI est bien sûr le cordonnier le plus mal chaussé quand il s'agit du système d'information sous-tendant son activité interne. ITIL donne une réponse partielle, sur un périmètre réduit, limité à la gestion des incidents et à la gestion du parc (embryon de gestion des configurations). Les points à régler ne sont pas simples :

– l'outil de gestion du service d'assistance avait été développé et maintenu par le client et l'infogérant en était un des utilisateurs. Ce point limite bien sûr la responsabilité du tiers mais permet d'assurer un support aux processus aussi bien internes qu'externes. Le choix inverse aurait conduit à créer une interface entre l'outil de l'infogérant et l'outil interne de gestion de la DSI ;

– les autres services avaient leurs outils (études, centre de compétences SAP, exploitation) et la communication avec les interfaces s'effectuait par e-mails ;

> – le service études était assez peu homogène. Un système de management de la qualité et des procédures de gestion de projets existaient mais, dans les faits, les pratiques étaient assez variées et les outils disparates (Excel), voire inexistants.

Dans ce contexte, les principaux indicateurs de pilotage qui émergent durablement sont ceux qui servent aussi à gérer les contrats tiers, dans la mesure où ils sous-tendent des enjeux financiers.

En résumé, l'analyse de la situation doit prendre en compte le contexte de la DSI et de l'entreprise. Le changement doit se faire un peu partout simultanément, il ne peut y avoir immobilisme d'un côté (les métiers ou les études, par exemple) et révolution de l'autre (les services de la DSI). La mise en œuvre de l'opération peut s'analyser comme une montée progressive en maturité. En ce sens, lancer simultanément une approche stratégique sur les processus PO et une refonte des services autour d'ITIL (ou des processus DS) peut se révéler efficace si elle est bien managée. Ensuite, il faut faire « bouger » les études et établir la jonction entre les processus PO et AI.

Intégration

Dans cet exemple, la DSI décide d'implanter simultanément CobiT et ITIL en créant un référentiel d'entreprise commun. Il faut dire que les services partent d'une situation où un grand travail a été effectué sur la structuration du centre d'assistance aux utilisateurs, la certification ISO 9001 de la production (avec une culture des indicateurs et de l'amélioration) et la mise en place d'un outil de gestion des incidents.

La durée qui sépare le cas précédent de celui-ci est de l'ordre de trois ans. Il nous semble que, pour la plupart, les grandes DSI sont plus proches de ce cas récent que du précédent.

L'intégration passe par une vision stratégique partagée au sein de la DSI et la définition d'un référentiel de processus dans une logique ISO 9001 reprenant les processus PO de CobiT et l'ISO/IEC 20000 (ITIL V2). Simultanément, une démarche très volontariste est menée sur les études (nomination de PMO, formation et déploiement de CMMI). Il faut dire que le périmètre études de la DSI est important (plus de 800 personnes avec les externes).

Les principales difficultés rencontrées sont :

- **le décalage entre la logique d'entreprise et celle de la DSI**

  Les services de support (comptabilité, budget, ressources humaines, achats) de l'entreprise ont leur logique propre et des systèmes d'information adaptés à leurs besoins. Pour la DSI, il faut à la fois s'y conformer et créer une vision adaptée à la gouvernance des SI, par exemple :

  – une comptabilité analytique et un contrôle de gestion adaptés aux objets à gérer dans le cadre de la gouvernance ;

- la réconciliation entre les dépenses de personnel internes et les achats externes, de façon à alimenter le suivi des consommations (temps passé, coût) ;

- une procédure d'achat plus conforme aux exigences (réactivité) et aux enjeux (référencement) ;

- des achats mieux coordonnés au plus haut niveau de la DSI pour rendre une vision homogène et définir une stratégie claire (processus DS2) ;

- une gestion des compétences qui permette de réduire le grand écart entre les compétences nécessaires dans le cadre d'une DSI et le référentiel de compétences de l'entreprise qui est le fil rouge de la carrière des agents.

- **les processus aux interfaces**

  La DSI est de facto organisée en silos (études, réseau, exploitation, centre de services, etc.) et les problèmes surgissent aux interfaces. Les principaux processus impactés sont les suivants :

  - tests et mise en production (processus AI7) ;

  - gestion des problèmes (processus DS10) et des changements (processus AI6) ;

  - relations avec les métiers (processus DS1) ;

  - gestion des données (processus DS11) à défaut de relation efficace avec les métiers ;

  - PMO (processus PO10) et gestion du portefeuille de projets.

- **le système d'information de la DSI**

  En partant des systèmes existants, le système de gestion de l'entreprise et la base de gestion des appels (embryon de la CMDB), on a évidemment la mauvaise surprise de constater que le système d'information de la DSI ne sera ni l'un (trop global, trop orienté entreprise) ni l'autre (trop détaillé). Il reste donc à le construire.

- **la culture de la mesure et de l'amélioration de processus**

  Il est bon de rappeler que la description des processus n'est rien sans culture de la mesure pour l'amélioration. Le défaut de système d'information fiable excuse l'absence d'indicateur. Ne faut-il pas prendre la question dans l'autre sens : bâtir des indicateurs, même temporaires, et améliorer l'ensemble, y compris la production d'indicateurs ?

Cet exemple illustre la difficulté à trouver les leviers de progrès de la DSI tant les chantiers à ouvrir sont nombreux, chacun semblant être le préalable à la réussite du tout !

La sécurité

Jusqu'à un passé récent, la sécurité s'est limitée à la protection des systèmes informatiques concernés par le stockage et le traitement des informations plutôt que de la protection de l'information elle-même. Avec CobiT, la sécurité devient l'une des composantes de la gouvernance en proposant des bonnes pratiques de gouvernance de la sécurité de l'information. Cette dernière rejoint ainsi l'univers de la gestion des risques.

La sécurité de l'information n'est plus seulement un sujet de technicien mais devient un enjeu de direction générale et métiers. CobiT, en développant l'alignement stratégique et l'apport de valeur des systèmes d'information, met bien en évidence les risques que l'absence de mesure de sécurité de l'information fait courir à l'entreprise.

CobiT aborde la gouvernance de la sécurité de l'information en s'intéressant à :

- la prise en compte de la sécurité de l'information dans l'alignement stratégique ;
- la prise de mesures appropriées pour limiter les risques et leurs conséquences potentielles à un niveau acceptable ;
- la connaissance et la protection des actifs ;
- la gestion des ressources ;
- la mesure pour s'assurer que les objectifs de sécurité sont bien atteints ;
- l'apport de valeur par l'optimisation des investissements en matière de sécurité de l'information ;
- les bénéfices retirés ;
- l'intégration de la sécurité de l'information dans les processus.

Globalement, CobiT aborde la sécurité de l'information dans plus de 20 processus sur 34. Mais les processus suivants font apparaître une dimension sécurité importante dans les objectifs de contrôle :

- PO6 – Faire connaître les buts et orientations du management
- PO9 – Évaluer et gérer les risques
- DS4 – Assurer un service continu
- DS5 – Assurer la sécurité des systèmes

CobiT et la norme ISO/IEC 27002

L'ITGI a produit un rapport de correspondance entre les 34 processus CobiT et les 133 mesures préconisées par la norme ISO/IEC 27002. Ce rapport fait apparaître que CobiT offre une vision des mesures de plus haut niveau que celle proposée par l'ISO/IEC 27002. Ainsi, CobiT offre un cadre de gouvernance, et l'ISO/IEC 27002 complète ce cadre par la description de mesures de sécurité de l'information.

CobiT et l'ISO/IEC 27001

La norme ISO/IEC 27001, qui s'appuie sur l'ISO/IEC 27002, décrit les exigences de mise en place d'un système de management de la sécurité de l'information (SMSI). Les principes utilisés sont identiques à ceux exprimés dans la norme ISO 9001. CobiT, à travers le processus PO8, préconise la mise en place d'un système de management de la qualité (SMQ) qui reprend les finalités de l'ISO 9001. Quant aux exigences de l'ISO/IEC 27001, elles se retrouvent également dans les processus PO6, PO9, DS4 et DS5. En ce sens, CobiT est parfaitement compatible avec la mise en place d'un SMSI.

La mise en place d'un SMSI relève de la même logique que celle d'un SMQ ; c'est une question de stratégie et d'affichage. En effet, la mise en place d'un système de management ISO 9001 ou ISO/IEC 27001 est souvent motivée par un besoin de reconnaissance, lequel est matérialisé par la certification. Il est cependant important de noter que la manière de définir les périmètres est différente selon que l'on traite de l'ISO 9001 ou de l'ISO/IEC 27001. Pour le management de la qualité, le périmètre est défini par la détermination des activités réalisées par une organisation identifiée. Pour le management de la sécurité de l'information, le périmètre est déterminé par l'identification des actifs devant être protégés.

Cette question du périmètre est importante et CobiT, de par sa dimension de gouvernance de la sécurité de l'information, permet de mieux l'appréhender. Il est donc à utiliser en amont de la mise en place d'un SMSI. Le résultat d'un Quick Scan peut d'ailleurs être, pour une direction, l'événement déclencheur de la mise en place d'un SMSI.

Le management des études

Il existe de nombreux référentiels de processus pour l'amélioration du management de projet (PRINCE2, PMBOK, CMMI, etc.), et des méthodes sont également largement diffusées (PERT, GANTT, points de fonction, etc.). Nous nous intéressons ici à l'amélioration des processus de production de logiciel (couramment nommé « service études »). Ce chapitre ne concerne que les grandes DSI qui gardent en interne une part importante de développements.

CobiT et CMMI

Les raisons du déploiement de CMMI sont de deux ordres : la nécessité d'atteindre un certain niveau de maturité pour satisfaire des obligations contractuelles ou améliorer le pilotage des études, et l'amélioration de la performance. Dans les grandes DSI, il s'agit surtout de performance, des processus et des équipes. On part donc du principe que l'atteinte d'un niveau de maturité CMMI entraînera de facto des gains (durée, coût, qualité).

Notons qu'il est inutile de tenter de concilier les modèles de maturité de CobiT et de CMMI. Le premier est vraiment indicatif et destiné au management, le second conduit à une vraie certification.

Les processus de CMMI se répartissent en quatre domaines (management des processus, management de projet, engineering et support). Dans l'exemple qui suit, une DSI décide un programme important de déploiement de CMMI sans que les actions au niveau du référentiel qualité à partir de CobiT ne soient abouties. Les principales difficultés ou déconvenues qui apparaissent au fil du déploiement sont les suivantes :

- **La conduite du changement dans les équipes**

  Outre les méthodes qui peuvent se révéler plus ou moins adaptées, la conduite du changement pose deux problèmes assez cruciaux dans la pratique :

  – les processus de management de projet et d'engineering supposent l'existence de méthodes (planification, estimation, suivi du reste à faire, tests, etc.). La formation des groupes de travail révèle la disparité des méthodes et pose la question de leur harmonisation, ce qui met au second plan les processus CMMI ;

  – les domaines management des processus et processus support sont très fortement reliés aux processus CobiT ou ITIL. Il est nécessaire d'harmoniser le référentiel de la DSI plutôt que de prendre en compte CMMI comme tel.

  Dans les deux cas, le risque est grand de devoir faire marche arrière si ces questions ne sont pas tranchées en amont.

- **Le système de mesure**

  Lorsque les enjeux sont polarisés sur les coûts, on se demande comment mesurer la performance et l'amélioration espérée. Là encore, les préalables sont assez nombreux pour ne pas viser d'emblée un système intégré mais plutôt procéder par étapes. Citons quelques exemples.

  – Comment mesurer la durée d'un projet si la fin n'est pas certaine ? Par exemple, la fin du contrat d'un intégrateur et le passage en TMA peut signifier que le projet est terminé, mais aussi que le budget initial est consommé ! La mise en production n'est pas synchrone de la fin de contrat.

  – Comment agréger des coûts internes et externes ? et des temps passés lorsque l'on a recours à des forfaits ?

  – Comment estimer un projet (coût, délai) selon les situations (progiciels, logiciel, TMA, etc.) et les technologies ? A-t-on une courbe d'expérience de mesure des points de fonctions ?

  – Comment reconstituer l'ensemble des coûts d'un projet ?

CMMI n'est pas un référentiel de gouvernance des TI. Pour s'en assurer, il suffit d'examiner le tableau 9-1, traduit du *mapping* entre CobiT et CMMI (publication *CobiT Mapping: Mapping of CMMI with CobiT v4.1*). Il donne une idée de l'ampleur des objectifs de contrôle non couverts par CMMI et qui sont pourtant à déployer si l'on vise un minimum de gouvernance des TI.

Tableau 9-1 : Les objectifs de CobiT n'ayant pas de correspondance dans CMMI

Objectifs de contrôle non couverts par CMMI	Mots-clés ou concepts non pris en compte par CMMI
PO2 – Définir l'architecture de l'information	Architecture des données, dictionnaire des données, classification, management des données.
PO3 – Déterminer l'orientation technologique	Cible technologique, architecture, infrastructure, urbanisation.
PO5 – Gérer les investissements informatiques	Gestion des investissements, management des coûts, priorisation des programmes, cycle de vie, portefeuille de projets, budget TI, apport de valeur.
DS3 – Gérer la performance et la capacité	Management de la performance, de la capacité et de la disponibilité.
DS4 – Assurer un service continu	Continuité de service pour les métiers, référentiel de secours, ressources critiques, reprise de service, site de secours.
DS5 – Assurer la sécurité des systèmes	Sécurité.
DS6 – Identifier et imputer les coûts	Imputation des coûts, définition des services, catalogue des services, modèle de coût et de refacturation.
DS8 – Gérer le service d'assistance client et les incidents	Service d'assistance, gestion des incidents, enregistrement des demandes, escalade.
DS11 – Gérer les données	Intégrité des données, propriété des données et des systèmes, management des données, stockage.
DS12 – Gérer l'environnement physique	Environnement physique.
DS13 – Gérer l'exploitation	Gestion des opérations.
SE2 – Surveiller et évaluer le contrôle interne	Contrôles internes, référentiel de management des risques.
SE3 – Assurer la conformité aux obligations externes	Gouvernance TI, conformité réglementaire.

Il semble assez risqué et coûteux de déployer CMMI avant d'avoir réuni au niveau de la DSI certains préalables, que ce soit sur le plan de la gouvernance d'ensemble (CobiT), de l'évaluation des charges (évaluation de charge, estimation du reste à faire), des outils de mesure élémentaires (points de fonction, temps passés) ou sur le plan des méthodes diffusées et généralisées dans les équipes (pilotage de projet, tests, spécifications).

Une fois réunis les préalables de mise en cohérence des méthodes au sein des études et de déploiement des principaux processus de CobiT, CMMI vient très facilement s'intégrer dans le référentiel d'ensemble.

La certification

La certification ISO 9001 obéit à des règles strictes, en particulier concernant la structuration des processus en domaines (management, support, réalisation). Pour conjuguer CobiT et la certification, deux scénarios sont possibles.

- Scénario 1 : certifier ISO 9001 l'ensemble de la DSI en s'appuyant sur les bonnes pratiques CobiT, voire en y ajoutant les bonnes pratiques CMMI, ITIL et ISO/IEC 27002.
- Scénario 2 : identifier et sélectionner dans le référentiel CobiT, quelques processus suffisamment matures pour les intégrer au périmètre de certification ISO 9001 de l'entreprise.

Scénario 1

Conditions de mise en œuvre

Ce scénario implique la mise en œuvre de tous les processus de la DSI et de toutes les bonnes pratiques CobiT, CMMI, ITIL et ISO/IEC 27002.

Il impose de définir un système de management de la qualité (SMQ) dédié à la DSI qui accueille les processus en cours de définition, avec tout le référentiel documentaire exigé par la norme ISO 9001 :

- le manuel qualité ;
- les 6 procédures documentées :
    - maîtrise de la documentation ;
    - maîtrise des enregistrements qualité ;
    - audit interne ;
    - maîtrise du produit non conforme ;
    - actions correctives ;
    - actions préventives.
- mise en œuvre des revues de direction.

Le périmètre de ce scénario englobe tous les processus. La certification suppose donc une maturité importante du système de management dans son ensemble.

Effort de mise en œuvre

La mise en œuvre de ce scénario est assez lourde. En effet, il suppose de mettre en place une organisation dédiée au système de management, et de respecter toutes les exigences d'un système de management.

Une équipe projet spécifique doit être désignée pour mettre en place la démarche, composée, par exemple, d'une personne à mi-temps pour piloter le projet et des représentants des directions de la DSI avec une disponibilité d'environ 25 %.

Intérêt pour la DSI

Ce scénario résulte d'une décision stratégique de positionner la DSI comme un prestataire créateur de valeur et de s'inscrire dans la logique de gouvernance pouvant mener au BSC.

Scénario 2

Conditions de mise en œuvre

Ce scénario n'implique pas de définir une structure complète de processus. Il s'agit de sélectionner, dans le modèle proposé par CobiT, les processus les plus matures ou les plus déterminants afin de les piloter selon la logique du système management global de l'entreprise.

Pour être certifiables, les processus sélectionnés doivent être déployés au sein de la DSI, et être suffisamment mûrs pour être mesurés ou, pour les plus critiques, pilotés.

Ce scénario nécessite de définir une cartographie présentant une cohérence entre les processus sélectionnés pour la DSI et ceux déjà définis pour l'entreprise.

Effort de mise en œuvre

La démarche de la DSI s'intègre complètement dans la démarche globale de management de l'entreprise. Seules des actions d'harmonisation documentaire sont nécessaires. Ce scénario nécessite de se coordonner avec les autres directions de l'entreprise et la direction générale.

Intérêt pour la DSI

Ce scénario permet à la DSI d'insérer sa démarche processus dans un programme d'excellence de la direction de l'entreprise. Ainsi, les calendriers de la DSI dans ses démarches et celui de la direction générale peuvent s'aligner. Cet alignement laisse alors à la DSI le temps de progresser dans son niveau de maturité. Il présente l'avantage de positionner les processus SI comme des contributeurs directs à la création valeur des processus produits (voir le référentiel des processus présenté à la figure 9-1).

Comparaison des scénarios

Tableau 9-2 : Comparaison des scénarios de certification

	Scénario 1	Scénario 2
Principe	Certifier ISO 9001 l'ensemble de la DSI.	Certifier les processus les plus matures ou prioritaires déjà déployés dans le cadre DSI.
Effort DSI	Mise en place d'une organisation dédiée.	Démarche intégrée dans une démarche globale d'entreprise.
Délai de mise en œuvre	2 à 3 ans	Par tranches de 1 an
Intérêt pour la DSI	Stratégie du directeur des systèmes d'information, autonomie de la DSI.	Prise en compte des démarches DSI dans un programme d'excellence ou d'amélioration continue de l'entreprise.

Exemples de déploiement

Scénario 1

Étudions un exemple de mise en place du scénario 1 pour une entreprise ayant engagé une démarche de certification ISO 9001 et ISO/IEC 27001, en s'appuyant sur les bonnes pratiques CobiT et ITIL.

Le choix de cette DSI a été motivé par un besoin de reconnaissance de la qualité des prestations offertes, car celle-ci était exigée par les clients des directions métiers de l'entreprise, c'est-à-dire le marché.

La DSI s'est donc dotée d'un système de management intégré (qualité et sécurité de l'information). La cartographie des processus est structurée selon les trois catégories de processus : management, réalisation et support. Pour l'élaborer, la DSI a pioché parmi les 34 processus de CobiT en sélectionnant des pratiques ou activités issues des objectifs de contrôle et en les regroupant en macroprocessus. Cette sélection a été opérée en fonction de la capacité de la DSI à les mettre en œuvre dans un avenir à court terme, cette capacité ayant été appréciée après l'évaluation du niveau de maturité des pratiques existantes. La logique est ensuite d'améliorer ces processus dans le temps via la démarche de progrès continue induite par la mise en place du système de management.

CobiT a donc servi de guide pour modéliser les processus opérationnels en se centrant sur la responsabilité de la DSI en tant que fournisseur. Ainsi, toutes les responsabilités décrites dans CobiT extérieures à l'organisation de la DSI n'ont donc pas été mises en œuvre car elles n'étaient pas comprises dans le périmètre de management de la DSI.

Scénario 2

À présent, étudions un exemple de mise en place du scénario 2 pour une entreprise ayant engagé une démarche d'excellence ciblée sur l'obtention du prix EFQM.

Pour être intégrés dans le périmètre de certification de l'entreprise, les processus sélectionnés de CobiT doivent cependant répondre aux exigences classiques d'une démarche processus. Les critères sont les suivants :

* le processus est défini, décrit et documenté ;
* le processus est mis en œuvre ;
* le processus est mesuré et des indicateurs sont mis en place ;
* le périmètre d'application couvre l'ensemble de la DSI ;
* le processus est ouvert vers l'extérieur (orientation client).

Par ailleurs, les processus sont classés en trois catégories :

* les processus de management ;
* les processus de réalisation ;
* les processus supports.

Les processus de management

Dans cette catégorie, trois processus ont été identifiés :

* PO1 – Définir un plan informatique stratégique pour le SI
* PO10 – Manager les projets SI (guide de la gouvernance des SI)
* PO9 – Évaluer et gérer les risques (définir la politique de sécurité de gestion de l'information de l'entreprise)

Les processus de réalisation

Au niveau de la DSI, les processus de réalisation sont de deux types : le développement du SI (gérer le projet et fabriquer la solution) et la production (exploitation du SI).

* Processus de développement du SI (domaine AI)

  Mise en œuvre des processus CMMI de niveau 2 sur l'ensemble de la DSI.

* Processus de gestion des services (domaine DS)

  La démarche ITIL est utilisée pour définir les processus de gestion des services (fourniture et soutien des services) en suivant le modèle de maturité de l'itSMF (IT *Service Management Forum*) pour la priorité de mise en place (1 an par niveau).

Les processus supports

Les processus supports identifiés dans cette catégorie sont :

- manager les ressources humaines (processus groupe) ;
- gérer la refacturation des prestations (spécifique DSI) ;
- réaliser les achats (processus groupe) ;
- définir des directives de sécurité (spécifique DSI) ;
- maîtriser les risques business liés au SI (spécifique DSI) ;
- mettre en place un tableau de bord sécurité (spécifique DSI) ;
- définir un plan de reprise d'activité (PRA) et assurer le support au déploiement (spécifique DSI).

En résumé

CobiT a choisi de se positionner en fédérateur. Aucun référentiel n'a à ce jour la couverture que CobiT propose sur l'ensemble des TI. Les travaux permanents qui sont engagés et l'esprit d'ouverture qui préside au sein des groupes de bénévoles justifient cette image de fédérateur. Les autres standards ont une vision beaucoup plus limitée, se contentant de querelles aux frontières, chacun briguant la position de leader. Tant qu'il y aura des mondes aussi inconciliables que les études (projets) et les services, CobiT aura son rôle à jouer !

Transformer la DSI

Le parti pris de cette implémentation est de s'attaquer à une transformation de fond de la DSI. Les thèmes à aborder sont incontournables, même si certains prennent plus de temps que d'autres. CobiT peut paraître compliqué à mettre en œuvre et, surtout, demander des préalables importants. Comment aborder et résoudre ce problème ?

Nous proposons deux solutions :

- la première, celle de l'ISACA, consiste à déployer une partie restreinte de CobiT dans certaines conditions, c'est CobiT Quickstart ;
- la seconde propose un modèle de maturité tiré de l'expérience pour un déploiement de CobiT en différentes étapes.

CobiT Quickstart

Présentation

CobiT Quickstart peut être considéré comme un point de départ pour une extension ultérieure à l'ensemble de CobiT, ou comme un objectif, en particulier pour les PME et aussi pour les entreprises pour lesquelles les TI ne constituent pas un enjeu stratégique à proprement parler.

CobiT Quickstart concerne les parties prenantes au sein des entreprises concernées : auditeurs, responsables des TI et acteurs de la mise en place de la gouvernance des TI. Pour eux, cette première approche simplifiée est une chance de lancer le projet sur un périmètre raisonnable. CobiT Quickstart est un puissant outil de démarrage qui suggère les « choses intelligentes à faire », même si dans de nombreux cas, il faudra ajouter des contrôles complémentaires pour constituer la base d'une gouvernance efficace de tous les processus informatiques. CobiT Quickstart est donc une version allégée de CobiT, plus facile d'accès et plus simple à mettre en œuvre.

Les hypothèses de CobiT Quickstart

Pour appliquer efficacement et sans risque CobiT Quickstart, l'ISACA propose les hypothèses suivantes pour le choix de cette implémentation simplifiée :

- l'infrastructure informatique n'est pas complexe ;
- du fait de la taille de l'entreprise, les TI et l'activité sont bien alignés ;
- le but est de privilégier l'achat de services plutôt que la réalisation en interne ;
- les compétences informatiques internes sont limitées ;
- la tolérance au risque est relativement élevée ;
- l'entreprise est très attentive aux coûts ;
- la structure de commandement est simple ;
- l'éventail des contrôles est peu étendu.

Ces hypothèses correspondent à la culture du contrôle et de l'environnement informatique de la plupart des PME et, sans doute aussi, à celle de petites entités secondaires ou autonomes d'organisations de plus grande taille.

Deux tests sont proposés permettant de se situer et, si possible, d'éviter la zone rouge :

- « Rester dans le bleu » conduit à une évaluation du bien-fondé d'utiliser CobiT Quickstart ;
- « Surveiller le thermomètre » complète cette évaluation à partir de 7 critères globaux.

Le principe est de se contenter de CobiT Quickstart tant qu'on est loin du « rouge ».

Le contenu

CobiT Quickstart conserve la structuration classique de CobiT en domaines, processus et objectifs de contrôle. Le modèle de maturité est supprimé et le RACI simplifié. Ainsi, sont conservés (dans sa version V2.0) :

- 32 processus sur les 34 présents dans CobiT.

  Manquent les processus DS6 (Identifier et imputer les coûts), DS7 (Instruire et former les utilisateurs) et SE4 (Mettre en place une gouvernance des SI) ;

- 59 objectifs de contrôle détaillés sur les 210 présents dans CobiT V4.1.

  Leur description renvoie aux objectifs de contrôle détaillés de CobiT, référencés par leur numéro d'objectifs. Pour chaque objectif, deux à trois facteurs clés de succès sont présentés alors qu'une dizaine est proposée dans CobiT.

On parle de « bonnes pratiques » à mettre en œuvre plus que d'objectifs de contrôle, ce qui manifeste la volonté de présenter CobiT Quickstart comme un outil pour le management.

Une série de tableaux illustre les liens entre les 62 bonnes pratiques et les principaux axes de gouvernance TI.

Le premier tableau répartit des attributs « risques » selon deux catégories de « thèmes ».

- Les cinq premiers thèmes correspondent aux domaines de la gouvernance des TI (alignement stratégique, apport de valeur, gestion des ressources, gestion des risques et gestion des performances).
- Les neuf thèmes suivants résument concrètement les principales préoccupations des dirigeants (optimisation des coûts, délivrance de service, externalisation, sécurité, architecture, intégration des systèmes, priorités et planification, contrôles programmés et sécurité des applications).

Le second tableau répartit les objectifs de contrôle de CobiT Quickstart selon les mêmes thèmes généraux.

Pour résumer, CobiT Quickstart est orienté bonnes pratiques et guide de management des TI plus qu'audit ; il peut convenir à une première implémentation. Il met de côté le processus DS6, lequel peut représenter effectivement un très gros effort. Toutefois, même si le nombre d'objectifs est divisé par trois, il reste un grand nombre de processus à déployer, ce qui représente d'emblée une lourde charge et ne résout pas la question de la conduite du changement au sein de la DSI.

Pour un déploiement étagé

Si l'ampleur du déploiement de CobiT devient un risque en tant que tel, il faut imaginer des manières plus progressives de le mettre en place. La première approche consiste à se demander quelles sont les préoccupations auxquelles on souhaite répondre afin de mettre en priorité certains processus, la seconde partirait plutôt de l'ensemble des préalables à recueillir pour savoir ce que l'on peut faire et à quel stade ; une combinaison des deux serait idéale. Au fil des missions, nous avons dégagé une proposition de modèle de maturité « étagé » pour la mise en place progressive de CobiT.

Les préalables à recueillir

CobiT se place dans une situation un peu idéale dans laquelle l'organisation serait conforme au RACI, les mesures des indicateurs seraient remontées dans un système d'information de la DSI avec un effort minimum, les coûts seraient connus, les acteurs internes seraient rôdés à la notion de processus et de boucle d'amélioration, etc.

La situation réelle est bien différente, et tellement en deçà des attentes, que le projet de déploiement tourne court bien souvent. Il faut donc faire des choix, lesquels dépendent de la situation de la DSI mais aussi des parties prenantes et des objectifs de gouvernance qui se font jour. Les principaux obstacles au déploiement de CobiT sont les suivants.

- **Le système de mesure des indicateurs de fonctionnement**

  Dans le meilleur des cas, il est hétérogène avec une couverture correcte ; le plus souvent, il est hétéroclite, incomplet et surtout centré autour des domaines qui bénéficient de systèmes d'information existants (automates d'exploitation, centre d'assistance, comptabilité, facturation, paie, achats). Les éléments sont donc parfois mesurés avec une finalité qui n'est pas celle de CobiT.

  De la même manière, le pilotage des projets informatiques mériterait d'être outillé pour produire des indicateurs cohérents (temps passé, coûts, estimations, etc.).

  En résumé, l'implémentation de CobiT nécessiterait de disposer d'un modèle de données adapté, propre à la DSI, conçu dans une logique de gouvernance IT.

- **Le contrôle de gestion de la DSI**

  Il se base généralement sur la comptabilité de la société sans qu'il existe un plan analytique de la DSI. Le préalable avant d'identifier et d'imputer les coûts peut se révéler très lourd.

- **La culture du management des processus**

  Il est fondamental que les équipes aient une culture de l'amélioration de processus, ce qui suppose d'accepter de parler des dysfonctionnements pour dépasser le stade élémentaire du chacun pour soi. Cette culture a pu être créée au fur et à mesure de la mise en place des processus (ISO 9001, etc.).

- **Les contrats avec les tiers**

  La gestion des tiers s'est faite au fil du temps. Son efficacité passe parfois par la renégociation de contrats (fournisseurs, constructeurs, intégrateurs, infogérants, éditeurs, etc.) et l'harmonisation des périmètres externalisés. Dans la réalité, certains contrats s'étalent sur de longues durées et le travail d'harmonisation et de négociation ne peut prendre place que dans certains intervalles de temps, plus ou moins espacés.

- **Les relations avec les métiers**

  La relation avec les métiers concerne l'ensemble de la DSI, aussi bien les services à fournir et la sécurité que les projets ou la maintenance. Ces relations sont plus ou moins formalisées et propres à s'inscrire dans une refonte des processus de la DSI.

- **Les méthodes mises en œuvre sur les projets**

  Les entreprises ont très souvent leur propre bibliothèque de procédures et de méthodes pour le cycle de développement de logiciels. Dans les faits, il est rare que les méthodes soient déployées de façon uniforme, et exceptionnel de déterminer un système d'information complet pour piloter les projets.

Cette liste non exhaustive d'obstacles rencontrés couramment donne une idée de la difficulté de transformer une DSI.

Exemple de déploiement progressif

Le choix des processus à déployer dépend à la fois des objectifs de gouvernance et des obstacles rencontrés. Parmi les objectifs identifiés dans notre exemple, nous avons retenu :

- la conformité avec les exigences réglementaires de la loi Sarbanes-Oxley et, plus généralement, la réduction des risques ;
- le management des ressources.

Cela signifie que l'alignement stratégique, la mesure de la valeur et la mesure de performance ne sont pas dans ce premier lot.

Niveau 0

C'est l'inexistence de processus formalisés et déployés. On est au niveau le plus artisanal de l'organisation.

Niveau 1 – Sécurité et fonctionnement

Le choix stratégique se porte en priorité sur la mise en œuvre d'une politique de sécurité et le bon fonctionnement de la DSI. Cela correspond à plusieurs processus à déployer, essentiellement dans les domaines AI et DS qui contrôlent la grande partie des ressources TI.

- Groupe 1 – Sécurité, conformité SOX et disponibilité :
    - PO9 – Évaluer et gérer les risques
    - AI3 – Acquérir une infrastructure technique et en assurer la maintenance
    - AI6 – Gérer les changements
    - AI7 – Installer et valider des solutions et des modifications
    - DS1 – Définir et gérer les niveaux de services
    - DS2 – Gérer les services tiers
    - DS4 – Assurer un service continu
    - DS5 – Assurer la sécurité des systèmes
    - DS8 – Gérer le service d'assistance client et les incidents
    - DS9 – Gérer la configuration
    - DS10 – Gérer les problèmes
    - DS13 – Gérer l'exploitation

- Groupe 2 – Piloter les ressources TI (hormis les projets applicatifs) :
  - PO4 – Définir les processus, l'organisation et les relations de travail
  - AI3 – Acquérir une infrastructure technique et en assurer la maintenance
  - AI4 – Faciliter le fonctionnement et l'utilisation
  - AI5 – Acquérir des ressources informatiques
  - AI6 – Gérer les changements
  - AI7 – Installer et valider des solutions et des modifications
  - DS8 – Gérer le service d'assistance client et les incidents
  - DS9 – Gérer la configuration
  - DS13 – Gérer l'exploitation

Plusieurs processus sont communs aux deux groupes. L'ensemble donne un premier niveau de 15 processus à déployer (processus PO4, PO9, DS1, DS2, DS4, DS5, DS8, DS9, DS10, DS13, AI3, AI4, AI5, AI6 et AI7). Les puristes remarqueront que d'autres processus devraient être également embarqués à ce stade (processus PO10, AI1 et AI2, par exemple) mais le but est de se concentrer sur un projet pragmatique pour lequel le périmètre ne devient pas un risque.

Le parti pris de ne pas inclure les projets (processus PO10, AI1 et AI2) vient de l'ampleur des changements à mener et des préalables à réaliser (harmonisation des pratiques). Concrètement, il faut les démarrer parallèlement sans qu'ils ne soient encore matures à ce stade.

Déploiement

Il commence par une vision claire de l'organisation et de la politique de maîtrise des risques. Pour le fonctionnement, le déploiement de cet ensemble de processus couvre bien les processus ITIL (ou ISO/IEC 20000), la production, les contrats tiers et la sécurité. Sur ces zones, il existe des indicateurs remontés par les outils (gestion d'appels, etc.) ; il convient de les identifier et de les sélectionner pour le pilotage des processus.

Le déploiement s'accompagne d'une sérieuse conduite du changement sur les fonctions impactées dans les processus, en particulier entre service d'assistance, exploitation, tiers et études. Deux cas sont privilégiés pour cela, dans la mesure où ils concernent la plupart des fonctions de la DSI :

- la maintenance applicative sur son cycle de vie ;
- la gestion des problèmes en relation avec les acteurs de la DSI.

L'organisation doit être revue pour faire émerger les pilotes des processus, en particulier le responsable assistance/incidents et le responsable des contrats tiers.

Ce déploiement dure six mois environ et nécessite ensuite au moins six mois de fonctionnement pour être bien rôdé. Des consultants externes assurent un coaching périodique pour actionner la boucle d'amélioration permanente.

Niveau 2 – Mesures et pilotage

Au deuxième niveau de déploiement, on doit bénéficier des travaux qui auront été effectués en amont pour embarquer les projets et le service études. Il est toutefois prématuré de gérer les coûts, compte tenu du travail à faire en amont sur le système d'information concerné. À ce stade, on commence à piloter les processus déployés (processus SE1), ce qui représente en tant que tel un enjeu majeur et un effort considérable. La mise en place du responsable de ce pilotage est un facteur de succès pour la boucle d'amélioration à entretenir.

- PO6 – Faire connaître les buts et les orientations du management
- PO7 – Gérer les ressources humaines
- PO8 – Gérer la qualité
- PO10 – Manager les projets
- AI1 – Trouver des solutions informatiques
- AI2 – Acquérir des applications et en assurer la maintenance
- DS3 – Gérer la performance et la capacité
- DS7 – Instruire et former les utilisateurs
- DS11 – Gérer les données
- DS12 – Gérer l'environnement physique
- SE1 – Surveiller et évaluer la performance des SI

Ce niveau permet d'être quasiment complet sur les objectifs de management des ressources et de sécurité. Il comprend aussi le pilotage général (processus PO8 et SE1) et prévoit de s'occuper sérieusement de la communication. Simultanément, il faudra se préparer pour le niveau suivant. La gestion des coûts nécessite d'engager la conception du système d'information correspondant.

Niveau 3 – Apport de valeur

Au troisième niveau de déploiement, il devient crucial de gérer les coûts et les investissements (processus PO5 et DS6) : c'est l'objectif principal de ce niveau. Parallèlement, on complètera le dispositif sur les axes stratégiques (processus PO2 et PO3) et sur la surveillance du contrôle interne et de la conformité aux obligations externes (processus SE2 et SE3).

- PO2 – Définir l'architecture de l'information
- PO3 – Déterminer l'orientation technologique
- PO5 – Gérer les investissements informatiques
- DS6 – Identifier et imputer les coûts
- SE2 – Surveiller et évaluer le contrôle interne
- SE3 – S'assurer de la conformité aux obligations externes

Niveau 4 – Gouvernance des SI

Au dernier stade de déploiement, il reste à faire progresser en maturité les processus PO1 et SE4 qui finalisent la construction de l'alignement stratégique.

Le tableau 10-1 représente ce modèle de maturité pragmatique, résultat des travaux réalisés par les consultants de la société ASK Conseil chez leurs clients.

Tableau 10-1 : Proposition de modèle de maturité étagé, © ASK Conseil

Niveau 1 - Sécurité et fonctionnement

- PO4 - Définir les processus, l'organisation et les relations de travail
- PO9 - Évaluer et gérer les risques
- AI3 - Acquérir une infrastructure technique et en assurer la maintenance
- AI4 - Faciliter le fonctionnement et l'utilisation
- AI5 - Acquérir des ressources informatiques
- AI6 - Gérer les changements
- AI7 - Installer et valider des solutions et des modifications
- DS1 - Définir et gérer les niveaux de services
- DS2 - Gérer les services tiers
- DS4 - Assurer un service continu
- DS5 - Assurer la sécurité des systèmes
- DS8 - Gérer le service d'assistance client et les incidents
- DS9 - Gérer la configuration
- DS10 - Gérer les problèmes
- DS13 - Gérer l'exploitation

Niveau 2 - Mesures et pilotage

- PO6 - Faire connaître les buts et les orientations du management
- PO7 - Gérer les ressources humaines
- PO8 - Gérer la qualité
- PO10 - Manager les projets
- AI1 - Trouver des solutions informatiques
- AI2 - Acquérir des applications et en assurer la maintenance
- DS3 - Gérer la performance et la capacité
- DS7 - Instruire et former les utilisateurs
- DS11 - Gérer les données
- DS12 - Gérer l'environnement physique
- SE1 - Surveiller et évaluer la performance des SI

Niveau 3 - Apport de valeur

- PO2 - Définir l'architecture de l'information
- PO3 - Déterminer l'orientation technologique
- PO5 - Gérer les investissements informatiques
- DS6 - Identifier et imputer les coûts
- SE2 - Surveiller et évaluer le contrôle interne
- SE3 - S'assurer de la conformité aux obligations externes

Niveau 4 - Gouvernance des SI

- PO1 - Définir un plan informatique stratégique
- SE4 - Mettre en place une gouvernance des SI

En résumé

CobiT peut donner l'image d'un idéal inaccessible : 34 processus avec chacun son niveau de maturité, ses sous-processus, ces mesures et objectifs. Par où prendre le problème du déploiement ? Il est manifeste que l'organisation doit suivre un rythme approprié, certains processus passant en priorité par rapport à d'autres.

À condition de respecter ces précautions, le déploiement de CobiT, surtout en association avec ITIL, est un objectif facile à atteindre pour la majeure partie des DSI. La difficulté principale, on s'y attendait, est informatique : quelle application développer pour gérer les processus CobiT ?

PARTIE IV

Annexes

Glossaire

A

Agilité

L'agilité informatique est un concept utilisé dans le domaine des systèmes d'information. Il est mis en œuvre par un certain nombre de méthodes visant à avoir une grande réactivité face aux évolutions des besoins des métiers, grâce à une collaboration étroite avec le client tout au long du développement.

Alignement stratégique

L'alignement stratégique consiste à :

- s'assurer que les plans stratégiques restent alignés sur les plans des métiers ;
- définir, mettre à jour et valider les propositions de valeur ajoutée de l'informatique ;
- aligner le fonctionnement de l'informatique sur le fonctionnement de l'entreprise.

Apport de valeur

L'apport de valeur consiste à :

- mettre en œuvre la proposition de valeur ajoutée tout au long du cycle de fourniture de services ;
- s'assurer que l'informatique apporte bien les bénéfices attendus sur le plan stratégique ;

- s'attacher à optimiser les coûts ;
- prouver la valeur intrinsèque des SI.

Architecture informatique

Cadre de référence intégré pour faire évoluer ou tenir à jour les technologies existantes et en acquérir de nouvelles afin d'atteindre les objectifs stratégiques et les objectifs métier.

B

Balanced Scorecard (BSC)

Tableau de bord prospectif (ou équilibré), décliné selon quatre axes :
- l'axe Contribution et alignement, qui représente la valeur pour l'entreprise des investissements informatiques consentis ;
- l'axe Clients et utilisateurs, qui représente l'évaluation de la DSI par les utilisateurs et clients des systèmes ;
- l'axe Futur et anticipation, qui représente la veille qu'il faut mener pour optimiser le système d'information (choix d'investissement, ressources humaines…) afin de répondre aux besoins et aux enjeux à venir de l'entreprise ;
- l'axe Performances opérationnelles, qui représente les processus informatiques.

C

Catalogue des services

Document produit par la direction informatique dans le but d'informer ses clients et ses utilisateurs sur les services et l'infrastructure disponible.

Conformité

Mesure par laquelle les processus sont en conformité avec les lois, les règlements et les contrats.

Confidentialité

Mesure par laquelle l'information est protégée des accès non autorisés.

Contrat d'exploitation (CE)

Accord entre les différentes structures internes de la DSI chargées, ensemble, de la fourniture des services aux clients (OLA, *Operational Level Agreement*).

Contrat de services (CS)

Accord entre un fournisseur de services et le client/utilisateur qui définit les niveaux convenus pour un service et la façon dont ils sont mesurés (SLA, *Service Level Agreement*).

Contrôle interne

Politiques, procédures, pratiques et structures organisationnelles conçues pour fournir une assurance raisonnable que les objectifs métier seront atteints et que les événements indésirables seront prévenus ou détectés et corrigés.

D

Dictionnaire de données

Base de données précisant, pour chaque donnée, le nom, le type, les valeurs minimale et maximale, la source, les autorisations d'accès, le(s) programme(s) applicatif(s) utilisant cette donnée.

Disponibilité

Mesure par laquelle l'information est disponible pour les destinataires en temps voulu.

E

Efficacité

Mesure par laquelle l'information contribue au résultat des processus métier par rapport aux objectifs fixés.

Efficience

Mesure par laquelle l'information contribue au résultat des processus métier au meilleur coût.

F

Fiabilité

Correspond à l'aptitude d'un système à fonctionner durablement avec un minimum d'incidents ou d'interruptions.

G

Gestion des ressources

La gestion des ressources consiste à optimiser l'investissement dans les ressources informatiques vitales et à bien les gérer (applications, informations, infrastructures et personnes).

Gestion des risques

La gestion des risques exige :

- une conscience des risques de la part des cadres supérieurs de l'entreprise ;
- une vision claire de l'appétence de l'entreprise pour le risque ;
- une bonne connaissance des exigences de conformité ;
- de la transparence à propos des risques significatifs encourus par l'entreprise ;
- l'attribution des responsabilités dans la gestion des risques au sein de l'entreprise.

Gouvernance

La gouvernance décrit comment un système est dirigé et contrôlé. Elle associe le pilotage, c'est-à-dire s'assurer que les décisions actuelles préparent convenablement l'avenir, et le contrôle, c'est-à-dire mesurer l'écart par rapport à ce qui était prévu (CIGREF).

Gouvernance d'entreprise

Ensemble des responsabilités et pratiques assurées par le conseil d'administration et la direction générale, dont le but est de fixer la stratégie, de garantir que les objectifs sont atteints et que les risques sont gérés correctement, et de vérifier que les ressources de l'entreprise sont utilisées à bon escient.

I

Incident

Tout événement qui ne fait pas partie du fonctionnement standard d'un service et qui cause, ou peut causer, une interruption ou une réduction de la qualité de ce service.

Infrastructures

Technologies, ressources humaines et équipements qui permettent le traitement des applications.

Intégrité

Mesure par laquelle l'information correspond à la réalité de la situation.

K

Key Goal Indicator (KGI)

Indicateur lié à un processus donné permettant de vérifier que ce processus atteint ses objectifs.

Key Performance Indicator (KPI)

Indicateur lié à un objectif donné permettant de suivre la réalisation de cet objectif.

M

Mesure de la performance

La mesure de la performance consiste en un suivi et une surveillance de la mise en œuvre de la stratégie, de l'aboutissement des projets, de l'utilisation des ressources, de la performance des processus et de la fourniture des services.

O

Operational Level Agreement (OLA)

Voir Contrat d'exploitation.

P

Problème

Origine inconnue d'un ou plusieurs incidents existants ou potentiels.

R

Risque

Potentialité d'une menace donnée à exploiter les points faibles d'un actif ou d'un groupe d'actifs pour provoquer des pertes et/ou des dommages à ces actifs. Il se mesure en général par une combinaison de conséquences et de probabilités d'occurrence.

S

Service Level Agreement (SLA)

Voir Contrat de service.

Service Level Requirement (SLR)

Document décrivant les niveaux de services demandés par le client.

U

Underpinning Contract (UC)

Niveaux de services négociés avec les tiers.

Objectifs du système d'information et processus CobiT

Les tableaux suivants, classés par domaine, récapitulent l'ensemble des liens entre les 28 objectifs du système d'information et les 34 processus CobiT.

Tableau II-1 : Objectifs du système d'information et processus du domaine Planifier et Organiser

Objectifs		PO1 : Définir un plan informatique stratégique	PO2 : Définir l'architecture de l'information	PO3 : Déterminer l'orientation technologique	PO4 : Définir les processus, l'organisation et les relations de travail	PO5 : Gérer les investissements informatiques	PO6 : Faire connaître les buts et les orientations du management	PO7 : Gérer les ressources humaines de l'informatique	PO8 : Gérer la qualité	PO9 : Évaluer et gérer les risques	PO10 : Gérer les projets
Obj. 01	Réagir aux exigences métier en accord avec la stratégie métier.	✔	✔		✔						✔
Obj. 02	Réagir aux exigences de la gouvernance en accord avec les orientations du CA.	✔			✔						
Obj. 03	S'assurer de la satisfaction des utilisateurs finaux à l'égard des offres et des niveaux de services.								✔		
Obj. 04	Optimiser l'utilisation de l'information.		✔								
Obj. 05	Donner de l'agilité à l'informatique.		✔		✔			✔			
Obj. 06	Déterminer comment traduire les exigences métier de fonctionnement et de contrôle en solutions automatisées efficaces et efficientes.										
Obj. 07	Acquérir et maintenir fonctionnels des systèmes applicatifs intégrés et standardisés.			✔							
Obj. 08	Acquérir et maintenir opérationnelle une infrastructure informatique intégrée et standardisée.										
Obj. 09	Se procurer et conserver les compétences nécessaires à la mise en œuvre de la stratégie informatique.							✔			
Obj. 10	S'assurer de la satisfaction réciproque dans les relations avec les tiers.										
Obj. 11	S'assurer de l'intégration progressive des solutions informatiques aux processus métier.		✔								
Obj. 12	S'assurer de la transparence et de la bonne compréhension des coûts, bénéfices, stratégies, politiques et niveaux de services des SI.					✔	✔				
Obj 13	S'assurer d'une bonne utilisation et des bonnes performances des applications et des solutions informatiques.						✔				
Obj. 14	Protéger tous les actifs informatiques et en être comptable.									✔	
Obj. 15	Optimiser l'infrastructure, les ressources et les capacités informatiques.			✔							

Tableau II-1 : Objectifs du système d'information et processus du domaine Planifier et Organiser (suite)

Objectifs		PO1 : Définir un plan informatique stratégique	PO2 : Définir l'architecture de l'information	PO3 : Déterminer l'orientation technologique	PO4 : Définir les processus, l'organisation et les relations de travail	PO5 : Gérer les investissements informatiques	PO6 : Faire connaître les buts et les orientations du management	PO7 : Gérer les ressources humaines de l'informatique	PO8 : Gérer la qualité	PO9 : Évaluer et gérer les risques	PO10 : Gérer les projets
Obj. 16	Réduire le nombre de défauts et de retraitements touchant à la fourniture de solutions et de services.								✔		
Obj. 17	Protéger l'atteinte des objectifs informatiques.									✔	
Obj. 18	Montrer clairement les conséquences pour l'entreprise des risques liés aux objectifs et aux ressources informatiques.									✔	
Obj. 19	S'assurer que l'information critique et confidentielle n'est pas accessible à ceux qui ne doivent pas y accéder.						✔				
Obj. 20	S'assurer que les transactions métier automatisées et les échanges d'informations sont fiables.						✔				
Obj. 21	S'assurer que les services et l'infrastructure informatique peuvent résister/se rétablir convenablement en cas de panne due à une erreur, à une attaque délibérée ou à un sinistre.						✔				
Obj. 22	S'assurer qu'un incident ou une modification dans la fourniture d'un service informatique n'a qu'un impact minimum sur l'activité.						✔				
Obj. 23	S'assurer que les services informatiques sont disponibles dans les conditions requises.										
Obj. 24	Améliorer la rentabilité de l'informatique et sa contribution à la profitabilité de l'entreprise.					✔					
Obj. 25	Livrer les projets à temps et dans les limites budgétaires en respectant les standards de qualité.								✔		✔
Obj. 26	Maintenir l'intégrité de l'information et de l'infrastructure de traitement.										
Obj. 27	Assurer la conformité de l'informatique aux lois et aux règlements.										
Obj. 28	S'assurer que l'informatique fait preuve d'une qualité de service efficiente en matière de coûts, d'amélioration continue et de capacité à s'adapter à des changements futurs.					✔					

Tableau II-2 : Objectifs du système d'information et processus du domaine Acquérir et Implémenter

Objectifs		AI1 : Trouver des solutions informatiques	AI2 : Acquérir des applications et en assurer la maintenance	AI3 : Acquérir une infrastructure technique et en assurer la maintenance	AI4 : Faciliter le fonctionnement et l'utilisation	AI5 : Acquérir des ressources informatiques	AI6 : Gérer les changements	AI7 : Installer et valider des solutions et des modifications
Obj. 01	Réagir aux exigences métier en accord avec la stratégie métier.	✔					✔	✔
Obj. 02	Réagir aux exigences de la gouvernance en accord avec les orientations du CA.							
Obj. 03	S'assurer de la satisfaction des utilisateurs finaux à l'égard des offres et des niveaux de services.				✔			
Obj. 04	Optimiser l'utilisation de l'information.							
Obj. 05	Donner de l'agilité à l'informatique.			✔				
Obj. 06	Déterminer comment traduire les exigences métier de fonctionnement et de contrôle en solutions automatisées efficaces et efficientes.	✔	✔				✔	
Obj. 07	Acquérir et maintenir fonctionnels des systèmes applicatifs intégrés et standardisés.		✔			✔		
Obj. 08	Acquérir et maintenir opérationnelle une infrastructure informatique intégrée et standardisée.			✔		✔		
Obj. 09	Se procurer et conserver les compétences nécessaires à la mise en œuvre de la stratégie informatique.					✔		
Obj. 10	S'assurer de la satisfaction réciproque dans les relations avec les tiers.							
Obj. 11	S'assurer de l'intégration progressive des solutions informatiques aux processus métier.				✔			✔
Obj. 12	S'assurer de la transparence et de la bonne compréhension des coûts, bénéfices, stratégie, politiques et niveaux de services des SI.							
Obj. 13	S'assurer d'une bonne utilisation et des bonnes performances des applications et des solutions informatiques.				✔			✔
Obj. 14	Protéger tous les actifs informatiques et en être comptable.							
Obj. 15	Optimiser l'infrastructure, les ressources et les capacités informatiques.			✔				

Tableau II-2 : Objectifs du système d'information et processus du domaine Acquérir et Implémenter (suite)

Objectifs		AI1 : Trouver des solutions informatiques	AI2 : Acquérir des applications et en assurer la maintenance	AI3 : Acquérir une infrastructure technique et en assurer la maintenance	AI4 : Faciliter le fonctionnement et l'utilisation	AI5 : Acquérir des ressources informatiques	AI6 : Gérer les changements	AI7 : Installer et valider des solutions et des modifications
Obj. 16	Réduire le nombre de défauts et de retraitements touchant à la fourniture de solutions et de services.				✓		✓	✓
Obj. 17	Protéger l'atteinte des objectifs informatiques.							
Obj. 18	Montrer clairement les conséquences pour l'entreprise des risques liés aux objectifs et aux ressources informatiques.							
Obj. 19	S'assurer que l'information critique et confidentielle n'est pas accessible à ceux qui ne doivent pas y accéder.							
Obj. 20	S'assurer que les transactions métier automatisées et les échanges d'informations sont fiables.							✓
Obj. 21	S'assurer que les services et l'infrastructure informatique peuvent résister/se rétablir convenablement en cas de panne due à une erreur, à une attaque délibérée ou à un sinistre.							✓
Obj. 22	S'assurer qu'un incident ou une modification dans la fourniture d'un service informatique n'a qu'un impact minimum sur l'activité.						✓	
Obj. 23	S'assurer que les services informatiques sont disponibles dans les conditions requises.							
Obj. 24	Améliorer la rentabilité de l'informatique et sa contribution à la profitabilité de l'entreprise.							
Obj. 25	Livrer les projets à temps et dans les limites budgétaires en respectant les standards de qualité.							
Obj. 26	Maintenir l'intégrité de l'information et de l'infrastructure de traitement.						✓	
Obj. 27	Assurer la conformité de l'informatique aux lois et aux règlements.							
Obj. 28	S'assurer que l'informatique fait preuve d'une qualité de service efficiente en matière de coûts, d'amélioration continue et de capacité à s'adapter à des changements futurs.							

Tableau II-3 : Objectifs du système d'information et processus du domaine Délivrer et Supporter

Objectifs		DS1 : Définir et gérer...	DS2 : Gérer les services tiers	DS3 : Gérer la performance...	DS4 : Assurer un service continu	DS5 : Assurer la sécurité...	DS6 : Identifier et imputer...	DS7 : Instruire et former...	DS8 : Gérer le service...	DS9 : Gérer la configuration	DS10 : Gérer les problèmes	DS11 : Gérer les données	DS12 : Gérer l'environnement physique	DS13 : Gérer l'exploitation
Obj. 01	Réagir aux exigences métier en accord avec la stratégie métier.	✔		✔										
Obj. 02	Réagir aux exigences de la gouvernance en accord avec les orientations du CA.													
Obj. 03	S'assurer de la satisfaction des utilisateurs finaux à l'égard des offres et des niveaux de services.	✔	✔					✔	✔		✔			✔
Obj. 04	Optimiser l'utilisation de l'information.											✔		
Obj. 05	Donner de l'agilité à l'informatique.													
Obj. 06	Déterminer comment traduire les exigences métier de fonctionnement et de contrôle en solutions automatisées efficaces et efficientes.													
Obj. 07	Acquérir et maintenir fonctionnels des systèmes applicatifs intégrés et standardisés.													
Obj. 08	Acquérir et maintenir opérationnelle une infrastructure informatique intégrée et standardisée.													
Obj. 09	Se procurer et conserver les compétences nécessaires à la mise en œuvre de la stratégie informatique.													
Obj. 10	S'assurer de la satisfaction réciproque dans les relations avec les tiers.		✔											
Obj. 11	S'assurer de l'intégration progressive des solutions informatiques aux processus métier.													
Obj. 12	S'assurer de la transparence et de la bonne compréhension des coûts, bénéfices, stratégie, politiques et niveaux de services des SI.	✔	✔				✔							
Obj. 13	S'assurer d'une bonne utilisation et des bonnes performances des applications et des solutions informatiques.							✔	✔					
Obj. 14	Protéger tous les actifs informatiques et en être comptable.					✔					✔		✔	
Obj. 15	Optimiser l'infrastructure, les ressources et les capacités informatiques.			✔				✔	✔					

Tableau II-3 : Objectifs du système d'information et processus du domaine Délivrer et Supporter (suite)

Objectifs		DS1 : Définir et gérer...	DS2 : Gérer les services tiers	DS3 : Gérer la performance...	DS4 : Assurer un service continu	DS5 : Assurer la sécurité...	DS6 : Identifier et imputer...	DS7 : Instruire et former...	DS8 : Gérer le service...	DS9 : Gérer la configuration	DS10 : Gérer les problèmes	DS11 : Gérer les données	DS12 : Gérer l'environnement physique	DS13 : Gérer l'exploitation
Obj. 16	Réduire le nombre de défauts et de retraitements touchant la fourniture de solutions et de services.										✓			
Obj. 17	Protéger l'atteinte des objectifs informatiques.										✓			
Obj. 18	Montrer clairement les conséquences pour l'entreprise des risques liés aux objectifs et aux ressources informatiques.										✓			
Obj. 19	S'assurer que l'information critique et confidentielle n'est pas accessible à ceux qui ne doivent pas y accéder.					✓						✓	✓	
Obj. 20	S'assurer que les transactions métier automatisées et les échanges d'informations sont fiables.					✓								
Obj. 21	S'assurer que les services et l'infrastructure informatique peuvent résister/se rétablir convenablement en cas de panne due à une erreur, à une attaque délibérée ou à un sinistre.				✓	✓							✓	✓
Obj. 22	S'assurer qu'un incident ou une modification dans la fourniture d'un service informatique n'a qu'un impact minime sur l'activité.				✓								✓	
Obj. 23	S'assurer que les services informatiques sont disponibles dans les conditions requises.				✓				✓					✓
Obj. 24	Améliorer la rentabilité de l'informatique et sa contribution à la profitabilité de l'entreprise.						✓							
Obj. 25	Livrer les projets à temps et dans les limites budgétaires en respectant les standards de qualité													
Obj. 26	Maintenir l'intégrité de l'information et de l'infrastructure de traitement.					✓								
Obj. 27	Assurer la conformité de l'informatique aux lois et aux règlements.											✓		
Obj. 28	S'assurer que l'informatique fait preuve d'une qualité de services efficiente en matière de coûts, d'amélioration continue et de capacité à s'adapter à des changements futurs.						✓							

Tableau II-4 : Objectifs du système d'information et processus du domaine Surveiller et Évaluer

	Objectifs	SE1 : Surveiller et évaluer la performance du SI	SE2 : Surveiller et évaluer le contrôle interne	SE3 : S'assurer de la conformité aux obligations externes	SE4 : Mettre en place une gouvernance des SI
Obj. 01	Réagir aux exigences métier en accord avec la stratégie métier.	✔			
Obj. 02	Réagir aux exigences de la gouvernance en accord avec les orientations du CA.	✔			✔
Obj. 03	S'assurer de la satisfaction des utilisateurs finaux à l'égard des offres et des niveaux de services.				
Obj. 04	Optimiser l'utilisation de l'information.				
Obj. 05	Donner de l'agilité à l'informatique.				
Obj. 06	Déterminer comment traduire les exigences métier de fonctionnement et de contrôle en solutions automatisées efficaces et efficientes.				
Obj. 07	Acquérir et maintenir fonctionnels des systèmes applicatifs intégrés et standardisés.				
Obj. 08	Acquérir et maintenir opérationnelle une infrastructure informatique intégrée et standardisée.				
Obj. 09	Se procurer et conserver les compétences nécessaires à la mise en œuvre de la stratégie informatique.				
Obj. 10	S'assurer de la satisfaction réciproque dans les relations avec les tiers.				
Obj. 11	S'assurer de l'intégration progressive des solutions informatiques aux processus métier.				
Obj. 12	S'assurer de la transparence et de la bonne compréhension des coûts, bénéfices, stratégie, politiques et niveaux de services des SI.	✔		✔	
Obj. 13	S'assurer d'une bonne utilisation et des bonnes performances des applications et des solutions informatiques.				
Obj. 14	Protéger tous les actifs informatiques et en être comptable.		✔		
Obj. 15	Optimiser l'infrastructure, les ressources et les capacités informatiques.				
Obj. 16	Réduire le nombre de défauts et de retraitements touchant à la fourniture de solutions et de services.				
Obj. 17	Protéger l'atteinte des objectifs informatiques.		✔		

Tableau II-4 : Objectifs du système d'information et processus du domaine Surveiller et Évaluer (suite)

	Objectifs	SE1 : Surveiller et évaluer la performance du SI	SE2 : Surveiller et évaluer le contrôle interne	SE3 : S'assurer de la conformité aux obligations externes	SE4 : Mettre en place une gouvernance des SI
Obj. 18	Montrer clairement les conséquences pour l'entreprise des risques liés aux objectifs et aux ressources informatiques.				
Obj. 19	S'assurer que l'information critique et confidentielle n'est pas accessible à ceux qui ne doivent pas y accéder.				
Obj. 20	S'assurer que les transactions métier automatisées et les échanges d'informations sont fiables.				
Obj. 21	S'assurer que les services et l'infrastructure informatique peuvent résister/se rétablir convenablement en cas de panne due à une erreur, à une attaque délibérée ou à un sinistre.		✔		
Obj. 22	S'assurer qu'un incident ou une modification dans la fourniture d'un service informatique n'a qu'un impact minimum sur l'activité.				
Obj. 23	S'assurer que les services informatiques sont disponibles dans les conditions requises.				
Obj. 24	Améliorer la rentabilité de l'informatique et sa contribution à la profitabilité de l'entreprise.				
Obj. 25	Livrer les projets à temps et dans les limites budgétaires en respectant les standards de qualité.				
Obj. 26	Maintenir l'intégrité de l'information et de l'infrastructure de traitement.				
Obj. 27	Assurer la conformité de l'informatique aux lois et aux règlements.		✔	✔	✔
Obj. 28	S'assurer que l'informatique fait preuve d'une qualité de service efficiente en matière de coûts, d'amélioration continue et de capacité à s'adapter à des changements futurs.	✔		✔	

Index

F

G

I

L

M